WALTER LIPPMANN

[美]沃尔特·李普曼 —— 著   文雯 —— 译

舆论
PUBLIC OPINION

只 为 优 质 阅 读

好读
Goodreads

推荐语

新媒体时代，信息传播呈现全民化、移动化、社会化、碎片化的特征，舆论生成机制发生了深刻变化，互联网下拟态环境产生的刻板印象不仅没有消失，反而更加突出，影响更为广泛。当前，绝大多数人已经习惯于通过海量的自媒体来了解、阐释世界上每天发生的事情，虽然观察、思考的角度更加多元，舆论生态更加多样，但是，信息传播碎片化、先入为主下定义贴标签、个体导向的盛行、算法机制导致的"信息茧房"效应、对点击率和流量的追逐、挑动情绪的煽动性语言和画面……这些都放大并强化了刻板印象的负面影响，让人难以辩证地感知、理解纷繁复杂的客观世界。如何构建正确的认知方式和思维模式，避免"用旧的图景来理解新的现实"，敏锐地识别、修正错误的刻板印象，在互联网时代显得尤为迫切和重要，这也是李普曼的《舆论》之于现实的意义所在。

——陈廷榔（中国环境报社总编辑）

在万众皆媒、万物皆媒的今天，媒介与人的关系发生了一些重大的变化，但李普曼在一百多年前对于媒介与舆论的深刻洞察并没有过时。虽然今天媒介环境的建构者不再只是媒体机构，但李普曼所揭示的媒介环境的"拟态性"依然存在甚至更为突出，他剖析的舆论生成的内在机理也并没有消失。在他的启发下，我们可以更好地认清媒介环境、脑中图景、现实世界这几者之间的勾连与差异，这也是"媒介化生存"的必备能力。

——彭兰（教育部长江学者特聘教授，中国人民大学新闻学院教授）

李普曼的《舆论》是传播学领域的必读著作，影响了无数学人。"拟态环境"和"刻板印象"等概念的提出，引发了学界长期的深入讨论和研究。然而，对普通大众而言，这本书还有些"曲高和寡"，能理解接受的人不多。文雯的译本明白晓畅，中文表达凝练、通俗、生动，兼具知识性和趣味性，读后不仅有助于提升媒介素养，也是一种精神上的滋养。

——刘滢（北京外国语大学国际新闻与传播学院副院长、教授）

序

再思舆论

一

李普曼的大名与《舆论》的大名紧密相连。事实上,本书的书名之译格外曲折。此前有翻译为《公众舆论》或《公共舆论》的,也有翻译为《舆论学》的。历经多年,眼下笔者还是认为翻译为《舆论》最准确。这里的文字方面的讨论关乎"舆"字,其本义即"众人"。

作为新闻传播学领域里的一部经典作品,《舆论》论及了许多概念——"拟态环境""刻板印象""情报工作""凹形社群"等,至今依然焕发着持久的学术生命力。其中最为人津津乐道的一个概念要数"刻板印象"。李普曼不吝笔墨,写得哀感顽艳:

> 一个人除了去乡下考察场地是否适合建房,很少去外面欣赏风景,但他看到了挂在客厅里的很多风景画。从这些画中,他了解到乡下的风景:有着玫瑰色的日落或一条旁边有

教堂尖塔的乡村小路，天空中挂着银色月亮。有一天他去乡下，花了好几个小时却没看到任何一处与他脑海中刻板印象相符的风景。但当玫瑰色的太阳落山时，他立刻认出了这一片风景，惊呼它的美丽。但是两天后，当他试图回忆起他所见的一切时，他极有可能想起的还是挂在客厅里的某幅画。

李普曼进而归纳说：

> 在大多数情况下，我们不是先看到再定义，而是先定义，再看到。在极度模糊、喊喊喳喳的混沌的外部世界中，我们挑选出已经被我们的文化定义好的东西，并倾向于按照自己的文化设置好的刻板印象去理解这些东西。

透过字里行间，我们不难读出李普曼的悲观情绪与消极态度：刻板印象若魂牵，如梦绕，终难避，躲不掉，恰恰因为"刻板印象是守护我们内心传统的堡垒"。而被刻板印象所羁绊、所困囿的芸芸众生，尚能抱有几分理性呢？李普曼继续刻画道：

> 对于坐在早餐桌旁看报的人而言，还有什么比在一张报纸上看到契合自己观点的报道更美妙的呢？因此，大多数人更倾向于选择在自己理解范围内的报纸，他们并非关注一般读者所关注的那些事务，而是关注与自身经验相关的事情。

总体看来，公众的理性只在一些具有明确程序的简单问题上或许才能够得到一定程度的信任。如果遇到前所未有的巨大挑战或危急时刻，最好将问题交给少数专家（隐形政府）解决。李普曼对芸芸众生感到失望以至绝望，只得把希望寄托在科学家身上，因为只有在科学研究这个领域，理性的曙光方才得以恒久照耀。《舆论》满怀憧憬地写道：

> 理论上，如果每个事实和关系都有一个独特的名称，而且每个人都同意这些名称，那么没有误解的沟通还是有可能的。在精密科学领域存在着一种接近这种理想状态的方法。这也是在世界范围内各种形式的合作中，科学研究始终是最有效的一种方式的原因。

李普曼所言几乎令人不得不立刻联想起"哥德尔不完全性定理"中的若干"形式化"细节，这或许正是"没有误解的沟通"的纯粹数学化表达。可是，李普曼这个讲法难免导致一个结果：他头也不回地滑向了精英主义。

李普曼是柏拉图的信徒，而柏拉图就是一位典型的秉持精英主义思想的哲学家。李普曼的很多论述都与柏拉图的思想"暗合"：譬如李普曼说要想环游世界，人们必须有世界地图；柏拉图则说要想造出床来，必须先有床的蓝图。倘若没有地图，人类便无法真正"涉足"世界；倘若没有蓝图，工匠便无法真正"着手"制作。李普曼此刻所论简直就是对柏拉图"理念论"（Eidos）的注解。如此仰慕而崇敬先贤柏拉图的李普曼成为精英主义思想的拥趸自然也就不难想见了。

李普曼的精英主义思想首先体现于他对媒介的若干评价——他似乎更情愿把媒介分出高下。在李普曼看来,在人的记忆和认知过程中,图像是优先于文字的,如同文字优先于更早的口述方式。他说:"我们是血肉之躯,不可能仅靠文字、名字和枯燥的理论为生。"与无聊的文字相比,图片、摄影、海报、漫画这些媒介可就好多了,最好的肯定是电影:"纵观人类历史,在对视觉的刺激方面,没有任何艺术形式可以与电影相媲美。"

话锋一转,李普曼的深层论证逻辑涌现出来:这并不仅仅是关乎媒介高下的问题,更是关乎人的高下的问题。一般人做不出电影来,那就必须依靠专家:"我们每个人对公共事务的了解都很少,因此,对我们来说,这些事务就会变得乏味且没有吸引力,除非有人用艺术天赋将它们转化成感人的画面。"

在对于人的评价上,李普曼的精英主义思想表现得更趋直白。众所周知,柏拉图的代表作《理想国》曾把芸芸众生分为三六九等,有人生来贵为黄金白银,有人生来贱似废铜烂铁。于是,正如柏拉图只肯选择信赖"哲学王"一样,李普曼也只肯选择信赖专家。甚至,也正是出于这个原因,与专家的科学决策相比,公众认为"合适的"那些决策必是等而下之、形同虚设了。李普曼动辄叹惋公众的"无能",公众说到底不过仿若"孩童"般幼稚而青涩:

> 我们在幼年阶段依赖长者进行交流的时代尚未过去,在

某些方面，我们要想与外部世界建立联系，仍需通过一些亲近而有权威的人物来完成。他们是我们通往未知世界的第一座桥梁。尽管我们可能会逐渐掌握那庞大环境的许多方面，但仍存在更广阔未知的领域，需倚靠权威才能与之接触。尤其是在对事实所知甚少的情况下，真假很难分辨，一份真实的报告和一个貌似合理的错误读起来、听起来、感觉起来都是一样的。

由此，学界普遍认为李普曼的舆论观彻底颠覆了卢梭的舆论观。在卢梭那里被一厢情愿地理想化了的舆论，宛如晴空之上独照天下的健朗骄阳——却被李普曼不期然地涂抹上了挥拂不去、摇曳未定的忧郁荫翳。卢梭的舆论观从此走向衰落。卢梭曾宣称："国家的体制愈良好，则在公民的精神里，公共的事情也就愈重于私人的事情。"李普曼却偏偏讲："公共事务与我们每个人都紧密相连，但我们专注于私人事务。我们的时间和注意力是有限的，而且经常会被日常琐事所干扰。"李普曼甚至得出结论说：

> 在缺乏有效的环境反馈制度和教育理念的情况下，公共生活的现实与以自我为中心的观点截然相反，舆论很难真正说清楚公众的真实需求和利益。

或者干脆讲：

> 与基于臆想的舆论相比，基于客观报道的舆论比例其实

是很小的。

倘若说，李普曼的观点对先贤卢梭的观点是一种激越的颠覆，那么，其对同侪杜威的观点则是一种审慎的争辩。李普曼强调情报工作的重要性，认为关乎舆论的问题肯綮在于是否能够对外界环境进行准确的描摹与再现。但杜威的许多观点与李普曼大相径庭。杜威实际上认为环境再现并无大用，舆论只能在讨论中且尤其是当讨论在社会生活中变得日趋活跃之时方才得以形成。传播学思想史脉络之中故而还有一段有趣公案：拉斯韦尔的思想更贴近谁或承袭谁？拉斯韦尔受李普曼影响很大，这是肯定的；但拉斯韦尔却不大赞成李普曼的消极态度。学者们进而考证说，拉斯韦尔上过杜威的课并与之有过很多接触，所以杜威等进步主义者对拉斯韦尔的影响更大。

二

不消说，李普曼、杜威、拉斯韦尔，甚至更遥远的卢梭——他们都是大思想家、大学者，他们的观点时至今日依然被屡屡提及与重温。然而，这也并非意味着当代读者便只能厚古薄今、泥旧弃新。芸芸众生身处当下时代，就此刻所谈的观察领域而言，"舆论"究竟又呈现出了怎样的新面貌、新气象呢？下面三个具体分析视角或许能够带来一些启发。

第一是关乎身份基础的视角。李普曼观点的核心始终是社群主义身份理论。社群主义身份理论所追求的，是被一切历史经验与文化符码所构成的作为整体的社会文化环境所塑造的性别、阶级、种族、民族,甚至地域特质等确定与稳定的身份。故而,李普曼叹息道:

> 这些图景往往是父母和老师灌输给他们的,很少能受到他们自身经验的修正。只有少数人有过跨州出差的机会,出国的人就更少了。

然而,社群主义的话语却始终未考虑一种断裂的语境。特别是进入高级互联网时代以来,随着时空逐渐分离,人类个体被抛入多种"历史经验与文化符码"的缝隙中。此种情况之下,旧有的文化语境被打破,而全新的文化经验尚未塑造出明确的身份认同。于人而言,对现实的强烈意识,恰恰是糅合在一种同样强烈的对现实的离异感之中的。就好像人们常常半开玩笑地说,当下的年轻人越来越不愿意跟父母说话,一回到家就把自己反锁在自己的小屋子里,一个人待着。父母能给孩子灌输什么呢?谁能说得准?不论是周遭际遇还是心路历程,父母或许还不如孩子"更辽阔"或"更曲折"哩!

社群主义的话语是一种身份的"考古学"。社群的观点是指向历史的:历史终归是连贯的、寻根的、锚定的。可是,高级互联网时代却显明是指向当下的:当下难免是断裂的、枝蔓的、游移的。文化环境之断裂,可以被视作带有"后现代色彩"的复杂语境,个体在其中要面对多种可能的变化,自我身份呈现的方式故而也变动不居。甚至,"人们恐惧过于牢固的身份认同,害怕在必要时难以全身而退"。如果说，建立在社群主义身份理论之上的舆论所探讨的是关于"他是谁"所以"他该如何"的问题，那么基于游移身份之上的舆论则关注"他欲成为谁"所以"他欲如何"的问题。

殊为吊诡的境况反倒是：不稳定的身份并不能有效地防止个体在某一具体问题上执着于某一偏见，因为，在流动的现代性时代，人们仍要面对个体化的命运，却不再有实现自身"再嵌入"责任的能力。无法"再嵌入"的个体化，使得作为共同体基础的"公民"身份已然遭到了侵蚀与瓦解。或者说，个人伦理抉择是你我互不相连的选择——仅是一种个人的心血来潮或意气用事，却并不作用于社会的选择合力。其结果似乎只能是：一方面是私人问题公共化，另一方面却是严肃政治话题与道德实质问题的琐碎化与肤浅化。乍看来，个体因"相似而重要的话题"汇聚一堂；再闻时，彼此因"固执而浅薄的偏见"四散开去。

第二是关乎呈现形态的视角。李普曼奋力写作的那个时代，总的来说，舆论的形态基本还是以纸质媒体为主——甚至就集中于报纸这一媒体。但目前的情况已经大不相同。高级互联网时代已经赋予舆论以多元化、复杂化、精细化的呈现形态。总的来说，这个世界肯定变得越来越复杂——虽然很难说是不是变得更进步了——人也庞杂，事也庞杂，舆论形态亦复如是。譬如，一个微信表情包甚至仅仅一个微信表情，或许就已经能够形成一个完整的舆论气候。舆论的形态已然如此多元，几乎可谓"舆论万媒"，任何东西大概都可以成为舆论的呈现载体，意见的交流自然变得更加复杂了。那么，对于舆论的相关分析，也就出现了更为迷离而多变的情况。毋宁说，每种新型的舆论形态都从侧面反映了一个时期的公众心态，特别是对青年一代心态和意见倾向的鲜明表露——麦克卢汉"媒介即讯息"之断语此时此刻焕发出了颇具时代感的理论意义。

第三是关乎时间维度的视角。正如马尔克斯《百年孤独》的启笔在文艺批评界收获盛赞一般，李普曼《舆论》的启笔在新闻学术界也备受瞩目。身处于1914年的那个小岛之上，"英国邮船每60天才来一次"。下述情况格外尴尬：

> 岛上的英、法、德三国的居民们在一无所知的情况下还在像朋友一样和谐相处，然而实际上他们已经是敌人了。

随着网络技术的进步，跨越空间已经成为轻而易举的事，时间从空间的约束中解放了出来。"流动的现代性"社会之中，统治的权威不再依赖于对空间的占据，而以时间的瞬时性为依据。然而，瞬时性就一定更好吗？倒也未必。塔尔德曾有句名言："公共头脑有三个分支——传统、理性和舆论；在三者之中，舆论是最后形成的，但也是稍后最容易成长的，而且它的成长要以牺牲其他两个分支为代价。"传统，显然需要时间累积，没有累积便无以成传统；然而，舆论却旋灭旋生，它不需要甚至排斥时间累积。——这种排斥时间累积的情况在当代以更快的速度，毋宁说以加速度的形式持续发展与加剧。我们耳熟能详的舆论情况常常是所谓的：热点频出、观点倏陈、迅速爆款、旋即反转。在这样电光石火的瞬间，受众除了被"屡屡震惊"，其实根本没有"徐徐思考"的时间。没有徐徐的思考，自然也就谈不上从容的理性，李普曼所期待的"诉诸理性"难免成了镜花水月式的痴言呓语。

中国人民大学舆论研究所的研究表明，近年来舆论存活周期不断变短，从原来的两周缩短到一周以内。这正是高级互联网时代令人倍觉沮丧的舆论现状。在时间的飞速流逝之中，大多数人并不真的关心"理性"，人们关心的要么是"震惊"以至"震晕"的个人迷幻感，要么是"自信"以至"自负"的个人陶醉感。此时此刻所体现或勃发而出的"舆论"，在极大程度上，不过是流曲百转的社会信息与复杂万殊的关系网络在特定社会事件或相关讨论中的暂时性、偶然性的"结晶化"或"定格化"。舆论，迅速爆发，又迅速湮灭，在完全来不及思考的瞬间里，已被高级互联网时代所推送出的浩瀚信息之潮与汹涌观点之流无情又无奈地冲刷进记忆的渺渺汪洋之深处。

三

前文提及了当代研究的若干新视角，此时此刻，我们却不能不再次回望李普曼的一个重要观点——新闻的"职业"问题。大家都知道，李普曼的"正业"其实是报纸专栏作家。在讲述与讨论了关于舆论的种种困囿与迷茫之后，李普曼对自身的工作领域又是如何看待的呢？

李普曼明确说过"新闻学院是职业学院"这样的话，甚至由此推断了某种"职业时代"的来临——新闻业似乎是作为一个纯粹的"职业"而立足于社会的，它不该再是其他什么东西或什么力量（或政府、或党派、或广告商）的派生物。这一判断毋宁说是极具历史眼光的，它对于当代世界的新闻业发展、新闻学建设有着极为重要的参考意义。譬如，李普曼坚定地认为"新闻必须是已经发生的一些确凿无疑的事实"，并言简意赅地断定：

> 整个新闻报道体系就由以下要素组成：纷繁复杂的背景情况、为人所知的标志性的公开行为、在刻板印象下对事件进行报道的报纸以及读者从直接影响自己的经验中提取出的观点。

然而，正如读者立刻便会发现的，李普曼的悲观情绪即使在这些具体问题上依然挥之不去、拂却还来。虽然李普曼悉心肯定并用心勾勒了作为职业的新闻业的独特品质，但他还是倾向于认为新闻业自身的工作方向不免失于盲目，对健全舆论的形成终归助益无多。因而，唯一的解决之道又回到了老路上，即聆听科学专家之言：

> 我得出的结论是，如果舆论要健全，就必须由新闻界以外的组织来为新闻界提供组织，而不是像今天这样由新闻界自身来组织。我认为，这种组织工作首先应由政治学

家来承担。

在李普曼心中,专家应该是也必须是公正的,他们焉能不公正呢?然而事实果真如此吗?谁来裁定公正还是不公正呢?《群氓的时代》曾经譬喻说:"法律是父亲不在场时的一种象征。每当父亲以一位领导人物的身份再次出现时,他便架空法律并将此附在他自己制定的无法无天的规则后面。"如果我们把"父亲"置换为"专家",其结果如何?

怀着如此忐忑的心情,我们不禁提问:《舆论》究竟是一本怎样的书?《舆论》勇敢地提出了许多针砭时弊的真问题,但给出的答案却显得不够有底气;《舆论》力图廓清与抬举新闻业,又似乎同时对新闻业加以质疑;《舆论》是新闻传播学领域的专业作品,又貌似是一本兼顾政治学、社会学、心理学、教育学、语言学的通识读物;《舆论》所举证与描摹的不少案例与场景在今人看来已然相当有隔膜、陌生、难解其妙,但其文笔却又如此晓畅而通达,竟能把五花八门的素材有条不紊地归拢在一道并以一种鲜明而不失灵动、审慎而不失诙谐的方式呈现出来。

作为译者,夙夜匪懈!文雯的新译使《舆论》这部经典作品再度焕发出熠熠之辉,其翻译工作——无疑为新闻传播学建设添砖加瓦——艰辛而卓绝。

作为读者,开卷有益!面对如此广识、深智之经典,面对如此达意、传神之译笔,我们更应该相信阅读与思考所积蓄与蔓延的力量:持久而至恒长,温柔以臻热烈。愿我们在追寻真理、爱与自由的大道之上，奋勇前行，永不停歇。

王亦高

2024年芒种于中国人民大学明德新闻楼

（王亦高，中国人民大学新闻学院副教授，研究方向为传播理论、新闻理论。）

献给菲伊·李普曼

看！有些人生活在一个地下洞穴里，那里有一条贯穿了整个洞穴的通道，这条通道连接着出口，外面的光从洞口照射进来，直照向洞底。他们从小就住在这里，他们的腿和脖子被锁链紧紧地锁住，因为锁链排列得很紧密，他们无法移动分毫，也无法自由地转动头部，只能直直地看向前方。在这群囚徒背后不远处稍高些的地方有一处篝火，火光照亮了洞穴。在篝火和这群囚徒之间，有一条突出的通道。如果你仔细看，沿着这条通道建有一堵矮墙，这堵墙就如同表演提线木偶戏时用的屏风一样，木偶师们把木偶举到上面去表演。

"能想象到。"他说。

我说："你能想象吗？有人沿着矮墙边走过，手里高举着的木偶从墙头上露出来。那些木偶由木头、石头和各种材料制成，有人的也有动物的形象，正如你所料，这些人中有些在说话，而有些却沉默不语。"

"这是一个奇怪的想象，"他说，"他们是奇怪的囚徒。"

"他们和我们一样，"我回答道，"在火光照射下，他们只能看到自己和别人被投射到对面墙上的影子，除此之外，他们还能看到别的什么吗？"

"没错，"他说，"如果他们的头终其一生都只能保持一个方向，无法转动，他们又怎么能看到那些投影以外的其他任何东西？"

"同样地，对于后面那些木偶，他们也只能看到被投射在墙上的影子吗？"

"是这样的。"他说。

如果囚徒们能够相互交谈，难道他们不会认为他们所讲述的影子就是事物本身吗？

《理想国》第七卷

目 录

第一部分 引言

003　第一章　身外世界和脑中图景

第二部分 通往外部世界的道路

033　第二章　审查和保密

043　第三章　联络与机会

053　第四章　时间和注意力

059　第五章　速度、文字和清晰度

第三部分 刻板印象

075　第六章　刻板印象是什么

090　第七章　作为防守手段的刻板印象

098　第八章　盲点及其价值

108　第九章　准则及其反对者

121　第十章　刻板印象的探察

第四部分　兴趣和利益

149　第十一章　调动兴趣

159　第十二章　重新审视个人利益

第五部分　共同意志的形成

175　第十三章　兴趣的转移

199　第十四章　是或否

212　第十五章　领导者和群众

第六部分　民主的图景

229　第十六章　以自我为中心的人

238　第十七章　自给自足的社群

249　第十八章　强力、委任和特权

263　第十九章　换汤不换药：行会社会主义

278　第二十章　新的图景

第七部分　报纸

- 285　第二十一章　作为消费者的公众
- 294　第二十二章　忠实的读者
- 303　第二十三章　新闻的本质
- 320　第二十四章　新闻、真相与结论

第八部分　有组织的情报

- 329　第二十五章　楔子
- 338　第二十六章　情报工作
- 354　第二十七章　诉诸公众
- 365　第二十八章　诉诸理性

第一部分

引 言

第一章

身外世界和脑中图景

1914年,海洋中有一个小岛,那里住着一些英国人、法国人和德国人。小岛几乎与世隔绝,甚至无法与外界通过电报联络,英国邮船每60天才来一次。这年9月,在邮船到来之前,岛民们仍在谈论之前收到的"最新"一期报纸上的"新闻"。这期报纸报道了卡约夫人因枪杀《费加罗报》的编辑贾斯顿·卡尔梅特而即将受审的消息。因此,9月中旬的一天,整个殖民地的人比平时更为急切地聚集在码头,翘首期盼能第一时间听到邮船船长告诉他们这个案子的最终裁决结果。但他们获得的消息却是,在过去6个多星期里,英国和法国已经按照以前签订的协议,组成了协约国军队,一起对德国开战。这样一来,情况就变得有些尴尬了,这6个多星期,岛上的英、法、德三国的居民们在一无所知的情况下还在像朋友一样和谐相处,然而实际上他们已经是敌人了。

但他们的处境与身在欧洲的大多数人没有太大区别。岛上的居民隔了6个多星期才获知开战的消息,而在欧洲大陆,人们获知开战消息的时间与实际开战的时间可能隔了6天或6个小时。他们两者之间的差别只在于获得消息的时间间隔有长有短。这也让欧洲出现了这样一种时刻：人们一如往常地生活着，对即将发生的将会颠覆其生活的战争一无所知，他们曾努力适应的环境也不复存在。直到7月25日，世界各地的人们都还在生产着注定无法被运输出去的货物，购买着注定无法进口的商品，规划着自己的职业生涯，思考着如何创立企业，对未来仍抱有希望和期待。所有的人都相信，人们现在感知到的世界就是真正的世界。还有人会写书描述当下的世界。他们会相信他们脑海中的世界就是真实的世界。4年多过去了，一个星期四的早上，当停战的消息传来时，人们心想：谢天谢地，战争终于结束了。然而，正要满心宽慰地庆祝战争结束的人们却不知道，在真正停战之前的5天里，仍有数千名年轻人死在战场上。[1]

追溯过去，我们可以发现，想要直接清楚地了解我们所身处的环境是相当困难的。我们可以看到，与此相关的信息来得既快又慢。但无论如何，只要我们在脑海里相信这是一个真实的图景，我们就会把它当作环境本身。但是当看到其他民族和其他年龄段的人把荒谬滑稽的"世界"当真时，我们会自鸣得意地说自己早已"看透"。不过对我们来说，反思自己的行动所依据的信念和想

---

[1] 根据博物馆方（一战停战纪念博物馆）提供的历史资料，一战停战谈判在1918年11月8日开始，持续到11月11日，并于当天清晨5时达成停战协议。而真正的停战则延后了6个小时，即11月11日11时。——译者

法是否正确却更加困难。由于我们总是"事后诸葛亮",我们坚信,"他们需要了解的世界"和"他们确实已经了解了的世界"往往是两件截然相反的事情。我们也可以看到,尽管他们都在自己"臆想"的世界中进行治理、开展斗争、进行交易和开展改革,但结果却迥然不同,他们或成功地留下浓墨重彩的一笔,或一败涂地毫无建树。他们原本想向着印度出发,结果却发现了美洲新大陆;他们原本想辨别以及惩处邪恶的女巫,结果却绞死了无辜的老妇人;他们曾以为只卖不买就能发财。一位哈里发遵从他所认为的安拉的旨意,结果却烧毁了亚历山大的图书馆。[1]

公元389年,圣安布罗斯[2]在他的著作中诠释了柏拉图所说的坚决拒绝转头的"洞穴囚犯":"讨论大地的本质和位置无助于我们对未来生活的祈祝。只要知道《圣经》上是怎么说的就足够了。'他将大地悬挂在虚无之上。'[3]对于这句话,为什么要争论他是把大地挂在空中还是挂在水面上?或是稀薄的空气是如何支撑大地的?或者如果在水面上,大地为什么不会沉到水底?……并不是因为大地处于中间,好像平衡地悬浮着,而是因为上帝的威严以其意志的法则约束着它,大地才能在动荡和虚空中保持稳定。"[4]

这无助于我们对未来生活的祈祝。只要知道《圣经》上的教

---

1 此处指从13世纪以来的几百年中盛行于西方和阿拉伯学者之间的阿慕尔"焚书"之说。——译者
2 圣安布罗斯(St. Ambrose),4世纪下半叶著名的神学家。——译者
3 源自《圣经》Job xxvi.7。——译者
4 Hexaemeron, i.cap 6,引自 *The Mediæval Mind*, by Henry Osborn Taylor, Vol. i, p.73。——如无特别说明,本书脚注均为作者注。

谕就足够了。那为什么要争论呢？在圣安布罗斯离世一个半世纪后，舆论仍然争论不休，但这一次是从相反的角度。一位名叫科斯马斯的修士，因其科学造诣而闻名，因此被委托撰写了一本基督教地志，或被称为《基督教诸国风土记》[1]。很明显，他非常清楚人们对他的期待是什么，因为他把他所有的结论都建立在对《圣经》的阅读和理解之上。于是，书中写道，世界看起来是一个扁平的平行四边形，东西两端的长度是南北的两倍。中心是被海洋包围的陆地，而海洋又被另一个陆地包围着。大洪水前，人类居住在这里，并从这里登上挪亚方舟启航出海。北面是一座圆锥形的高山，太阳和月亮围绕着它旋转。当太阳落在山后时，夜晚就降临了。黏合在外圈陆地边缘的天空，由四堵高墙组成，并通过一个凹形的穹顶连接在一起，于是大地就成了宇宙的地板。天空的另一边有一片海洋，构成了苍穹之上的水域。这片苍穹之上的海洋和宇宙终极屋顶之间的空间属于极乐世界。地与天之间的空间居住着天使。最后，既然圣保罗说所有人都生活在"大地的表面"上，怎么能有人生活在大地的背面——也就是"南半球"呢？既然眼前有这样一条道路，那么对一个基督徒来说，我们"甚至不应该谈论南半球"[2]。

科斯马斯认为自己不该去往南半球，任何基督教国王都不该给他一艘船去尝试，任何虔诚的水手也不愿尝试。对科斯马斯来

1　Lecky, *Rationalism in Europe*, Vol. I, pp.276-278.
2　同上。

说，他的地图一点也不荒诞，他坚信这就是宇宙之图，我们也只有记住他的这一想法，才能理解他是多么害怕麦哲伦和彼利[1]，或者那些冒着与天使和穹顶相撞的风险在空中飞七英里[2]高的飞行员。同样，几乎每个政党都坚信自己对反对派的看法，但这是被认为的事实，不是真实的事实，而是假设的事实。通过这种方式，我们可以清楚地认识到战争和政治斗争的激烈与残暴。就像哈姆雷特一样，他把在帷幕后偷听谈话时不小心发出声响的波洛涅斯[3]误认成国王，于是用剑刺杀了他。也许就像哈姆雷特一样补充道：

> 你这个倒运的、粗心的、多管闲事的傻瓜，再见吧！我还以为是在你上头的那个人哩！也是你命不该活。

伟大的人，哪怕终其一生，能被公众所熟知的也不过是其虚构的一个人格。因此，古语有云："仆从目中无英雄（No man is a hero to his valet）。"人们通常只能了解些许真相，因为贴身男仆和私人秘书常常被虚构进"小说"里，成为故事的一部分。当然，王室成员的人格更是被塑造建构出来的。无论他们是否相信自己的公共角色，或者他们只是让大臣们来塑造和维护自己的形象，我们都能发现这些王室成员至少存在两个截然不同的自我——公共

---

1 彼利（Robert Edwin Peary，1856—1920），美国北极探险家。曾为美国海军少将。——译者
2 英里，英美制长度单位，1英里约合1.6093公里。——编者
3 波洛涅斯（Polonius），哈姆雷特的爱人奥菲利娅的父亲。——译者

的形象和王室的自我，即公我和私我。伟大人物的传记或多或少都属于这两个自我的历史记录范畴。官方传记作家再现了伟人的公共事务，而回忆录则揭示了伟人的另一面——"私生活"。例如，查恩伍德[1]描写的林肯总统就像是一幅崇高的肖像，不是一个真实的、有血有肉的人，而是一个充满政治意义的史诗人物。他笔下的林肯几乎与埃涅阿斯[2]或圣乔治[3]具有相同的现实意义。奥利弗[4]的《汉密尔顿[5]》则更像是一个宏伟的抽象派作品，是一个由理念固化而成的雕塑，奥利弗称之为"一篇美国联盟论"。这本书是展示其联邦治国方略和丰功伟绩的纪念碑，而不是一个人的传记。有时，当人们认为自己是在公众面前展示内在自我时，其实他们只是给自己穿上了一层"伪装"，呈现出的只是一个自身的假象。雷平顿[6]的日记和玛戈·阿斯奎斯[7]的日记是一种自画

---

[1] 查恩伍德（1864—1945），英国政治家、作家、学者、慈善家，曾出版传记《亚伯拉罕·林肯》。——译者

[2] 埃涅阿斯（Aeneas），希腊神话中的特洛伊英雄，安喀塞斯与爱神阿芙洛狄忒之子。特洛伊沦陷后，背父携子率残部西逃，漂泊数年后抵达意大利台伯河口。——译者

[3] 圣乔治，基督教圣人。经常以屠龙英雄的形象出现在西方文学、雕塑、绘画等领域。——译者

[4] 奥利弗（1864—1934），英国政论作家，出版过亚历山大·汉密尔顿的传记。——译者

[5] 亚历山大·汉密尔顿（Alexander Hamilton，1755或1757—1804），美国开国元勋。——译者

[6] 查尔斯·雷平顿（1858—1925），英国陆军中校、战地记者，出版了记录第一次世界大战的日记《战争之后》。——译者

[7] 玛戈·阿斯奎斯（1864—1945），英国作家，英国首相H.H.阿斯奎斯的第二任夫人。1920年出版了《玛戈·阿斯奎斯自传》。——译者

像，其中私密的细节最能揭示出作者是如何看待和认识自己的。

但最有趣的是，这些肖像画是人们脑海中不由自主产生的。斯特拉奇[1]先生说，当维多利亚女王登基时，"外面的民众们热情高涨。人们开始逐渐陷入一种伤感又浪漫的情绪之中。天真无邪、谦逊优雅、金发红颊的少女女王乘坐马车穿过首都的场面，让民众们的内心充盈着忠诚、爱慕、敬仰、狂喜等各种深情。最重要的是，维多利亚女王和她叔父们之间的反差让每个人都印象深刻。那些下流的老男人，放荡而自私，固执而可笑，他们债务累累，他们声名狼藉，他们昏聩颠顶，他们迎来了最终结局——像冬天的雪一样融化消失，而新加冕的女王容光焕发，就像是春天降临"[2]。

在法国著名军事家霞飞[3]名望最高的时候，让·德·比埃尔弗作为其麾下的一名军官，亲眼看见了人们的英雄情结：

> 两年来，全世界都向马恩河的胜利者致以近乎神圣的敬意。无数不知名的崇拜者疯狂地寄来包裹和信件，表达对霞飞的钦佩和崇拜，负责搬运行李的管理员的腰都被这些寄来的东西压弯了。我认为，除了霞飞司令，可能没有任何一位战场上的指挥官能够领会到类似"荣耀"的概念。他们还给

---

1 里顿·斯特拉奇（Lytton Strachey，1880—1932），英国传记作家，代表作品《维多利亚女王传》。——译者
2 Lytton Strachey, *Queen Victoria*, p.72.
3 霞飞（Joseph Jacques Césaire Joffre，1852—1931），法国元帅和军事家。一战初期的法军总指挥。——译者

霞飞送去了成箱的世界上最高级的糖果和香槟、各种年份的美酒、水果、猎物、饰品和器具、衣服、烟具、墨水架和镇纸。每个地区都有自己的特产。画家送来了他画的画，雕塑家送来了他做的小雕像，和蔼可亲的老奶奶送来了毛毯或袜子，牧羊人在木屋里为他雕刻了一根烟斗。世界上所有敌视德国的制造商都送来了他们的产品，哈瓦那的雪茄、葡萄牙的波特酒。我听说有一位理发师，因为实在没有什么特长，索性就用崇拜霞飞的人的头发制作了一幅他的画像；一位职业书法家也有同样的想法，只不过组成画像的元素是他用蝇头小字写下的上万个歌颂霞飞的辞藻。至于信件，他收到了来自各个国家的各种文字的，用各种方言写下的深情的、感激的、充满爱和崇拜的信件。他们称他为"救世主""国父""上帝的代理人""人类的恩人"……不仅是法国人，还有美国人、阿根廷人、澳大利亚人等，成千上万的孩子背着他们的父母，拿笔写信倾诉自己对霞飞的崇敬之情：大多数孩子称他为"我们的父亲"。他们的溢美之词、他们的崇拜、他们的心酸，成千上万颗饱受野蛮战争摧残的心通过这种方式表达出对战争的抵制和反抗，并希望能够得到拯救。在所有这些天真的小灵魂看来，霞飞就像是粉碎巨龙的圣乔治。他理所当然化身为正义，战胜邪恶，光明终会战胜黑暗取得胜利。

即使是疯子和傻瓜，半疯和全疯的人也都无条件地支持他。我读过一封住在悉尼的人写的信，这个人祈求霞飞从敌人手中拯救出自己。另一个是新西兰人，请求霞飞派兵占领一名男子的家，因为那个人拒不偿还欠他的10英镑债务。

最后，成百上千的年轻女孩，克服她们胆怯害羞的天性，瞒着她们的家人，希望能够和霞飞订婚，其他的一些女孩只希望能够为霞飞服务。[1]

理想化的霞飞是由他和他的参谋人员、他的部队赢得的胜利，人们对战争的绝望，个人的悲痛以及对未来胜利的希望所组成的。但除了英雄情结，还有驱散邪恶的情绪。英雄化身、魔鬼诞生也是通过同样的途径。如果一切美好的事物都被归于霞飞、福奇、威尔逊或罗斯福等人，那么一切邪恶的事物就都起源于威廉皇帝等人。他们的邪恶无处不在，就像英雄们的善良无所不能一样。对许多惶惶不可终日的民众来说，世界上没有政治反叛，没有罢工，没有妨碍议事进程，没有见不得光的杀人放火，而之所以他们会这样认为，是因为他们没有回溯到某些人性中的邪恶。

在世界范围内，这种高度象征性的偶像人格是罕见的，所以总是引人注目，每个作者都无法拒绝这种异乎寻常且无可辩驳的经典案例。我们剖析战争时自然而然地会让这些英雄脱颖而出。但对英雄形象的塑造并不是无中生有的。在更常态的社会生活中，象征图景仍然是人们行为的支配者，但每一个象征符号能传达出的意义并不多，因为周围充斥着太多相互竞争的象征符号，他们

---

[1] Jean de Pierrefeu, *G. Q. G. Trois ans au Grand Quartier General*, pp.94-95.

之间互相干扰冲突,降低了符号传递效率。每个符号因为只承担极为有限的情感,最多只能代表一小部分人,而且即使在这一小部分人中,对个体差异的抑制也会使符号的传播效果无限减少。舆论的象征符号,在适度安全的情况下,要接受检查、比较和论证。他们来去匆匆,转瞬即逝,从未完美地将整个群体的情绪组织传达出来。毕竟,人类只剩下一个共通的活动——祈祷,尤其是在战争中期,当恐惧、好斗和仇恨完全支配了人类的精神时,人们要么被这种情绪摧毁其他本能,要么在感到厌倦前,接纳这种情绪。

在其他情况下,甚至在陷入僵局的战争中,还有更多的情绪会被激发,从而产生冲突、抉择、犹豫和妥协。正如我们看到的那样,舆论的象征意义通常带有这种利益平衡的标志。[1] 想象一下,停战后,岌岌可危且绝非"牢不可破"的同盟国统一的象征消失得多么迅速,紧接着,每个国家会立刻出手瓦解其他国家的象征性形象:英国是公法的捍卫者,法国守望自由边界,美国是东征的十字军。然后想想,在每个国家内部,随着党派和阶级冲突以及个人野心的膨胀,那些在之前被搁置的问题逐渐被引爆,这些国家自身的象征性形象亦变得支离破碎。然后,政治领袖的象征性形象也一个接一个地崩溃,威尔逊、克列孟梭[2]、大卫·劳

---

1 参见本书第五部分。
2 乔治·克列孟梭(Georges Clemenceau,1841—1929),法国激进党政府总理,新闻记者,曾为巴黎和会主席,参加起草《凡尔赛和约》。——译者

合·乔治[1]，他们不再是人类希望的化身，而只是已幻灭的世界的谈判者和管理者。

无论我们是因认识到和平的软肋而感到遗憾，还是为终于恢复理智而欢欣鼓舞，其实都无关紧要。我们关注虚构和象征，首先就要忘记他们在现实社会秩序中的价值，简单地将其作为人类社会沟通交流的一个纽带和方式。现在，在任何一个利益相互关联、规模小到每个人都能了解一切的社会中，人们会按照个人的理解和看法来处理那些视线之外的和难以把控的事件。来自戈弗草原的7岁的舍尔温小姐[2]知道有一场战争正在法国肆虐，并试图想象这场战争的情景，尽管她从未去过法国，当然她也从没去过现在的前线。

虽然她见过法国和德国士兵的照片，但她无法想象300万人的场景。事实上，没有人能想象出来，哪怕专业人士也还是不要尝试为好，不然他们会认为有200个师被投入了战场。但舍尔温小姐无法获得作战地图的指示，因此，如果要想象这场战争，她就会把霞飞和恺撒想象在一起，就好像他们在进行个人决斗一样。如果你能看到她的想象，她脑海中合成出的图像可能与一座18世纪雕刻成的伟大战士雕塑没有什么不同。她会"看到"霞飞勇敢地站在那里，镇定自若，顶天立地，身后有一支人数不多的"影子军队"正蜿蜒前行，融入了背后的风景中。伟人们似乎不在意这些对他们形象的

---

1 大卫·劳合·乔治（David Lloyd George，1863—1945），英国自由党政治家，在1916年至1922年间领导战时内阁。——译者
2 辛克莱·刘易斯的小说《大街》中的人物。

期望。比埃尔弗讲述了一位摄影师造访霞飞元帅的故事。元帅当时在他的"中产阶级办公室里,他坐在空无文件的工作台前签名。突然,人们注意到墙上没有地图。但根据普遍的观念,一个元帅的办公室里不可能没有地图。为了拍摄照片,一些地图被放在了合适的位置,拍完照片以后不久,这些摆拍用的地图就被撤走了"[1]。

任何人面对一个他从来没有经历过的事件时,唯一会有的就是对那件事的心理意象所产生的感情。这就是为什么在我们了解到别人的思想以前,都无法真正理解他们的行为。我见过在宾夕法尼亚州的一个矿业小镇长大的一个年轻女孩,当一阵风刮碎了厨房的窗户玻璃时,原本开心的她突然陷入一阵悲痛之中。她悲痛欲绝了几个小时,而我始终无法理解。当她好一些时才吐露出来,原来窗户玻璃的毁坏预示着一位至亲去世。因此,她在哀悼把她吓得离家出走的父亲。当然,她通过电报向家人问询此事,很快得知了她父亲还活着。但在得到电报回复之前,对那个女孩来说,破碎的窗户玻璃才是真实信息。为什么说它是真实的,大概只有那些进行长期调查研究的专业精神病学家才能说清楚。但即使是最漫不经心的观察者也能看出来,这个女孩被家庭的麻烦弄得心烦意乱,仅因为一个外部因素,一个记忆中的迷信,加上内心隐隐的悔恨和自责,与对父亲的爱、恐惧交织混合在一起,就让她幻想出了一个完整的虚构故事。

这些案例中的反常只是程度的问题。一位被家门口台阶上爆

---

[1] Jean de Pierrefeu, *G. Q. G. Trois ans au Grand Quartier General*, p.99.

炸的炸弹吓坏了的司法部部长通过阅读革命文学作品使自己相信"革命将于1920年5月1日发生"，我们就能发现是同样的机制在他身上发挥着作用。当然，这场战争里有许多类似模式的例子：偶然的事实、创造性的想象、相信的意愿，以及由这三个要素营造出的"现实情景"，人们本能地做出了强烈的反应。很明显，在某些条件下，人们对虚构事件的反应和对现实的反应一样强烈，在许多情况下，是他们自己亲手构建出了这种能让他们做出响应的虚构事件。应该让那些不相信1914年8月俄罗斯军队横穿英格兰的人，那些绝不轻信任何没有直接证据的暴行故事的人，那些不接受任何阴谋、叛徒或间谍污蔑指摘的人发声，也要让那些从未把道听途说当作真实内幕消息传播的人发声。

在所有这些情况下，我们必须特别注意一个普遍因素，那便是一种在个人与他所处环境之间的拟态环境。人的行为都是对拟态环境的回应。但人只是做出行为，如果是"行动"的话就会产生后果，因为行动不是在被刺激产生行动的拟态环境中实施的，而是在会切实作用于最终承载行动后果的真实环境中实施的。

如果行为不是一个实际的行动，而是我们粗略地泛称的思想感情，那么这个虚构世界在很长时间内都会保持稳定。但当"拟态事实"刺激了作用于事物或他人的行动，矛盾很快就会发展起来。然后会产生许多徒劳的情绪，体会到赫伯特·斯宾塞[1]的悲剧情绪——

---

[1] 赫伯特·斯宾塞（Herbert Spencer，1820—1903），英国哲学家、社会学家，被誉为"社会达尔文主义之父"。——译者

"残酷的事实谋杀了美丽的理论",还有因感不适而窘迫的情绪,以及从亲身经历中学到经验教训的情绪。当然,在社会生活的层面上,所谓的人对环境的适应都是通过"虚构的媒介"来实现的。

虚构不是指谎言。虚构指的是环境的一种表现,而这个环境或多或少是由人类自己创造出来的。虚构的范围很广泛,可以从完完全全的幻觉一直延伸到科学家理性使用的示意图和模型,或者是对于某一特定问题所做出的精确度是小数点后多少位的决定。虚构中可以掺杂各种程度的保真度,只要将保真度考虑进去,虚构就不会让人误入歧途。事实上,人类文化在很大程度上是对威廉·詹姆斯所说的"人类思想的火花偶然迸发"[1]的选择、重置和追寻。如果不选择虚构,人们就必须直面情绪的高低起伏、潮起潮落。这不是一个真正地能够二选一的抉择,因为无论用多么天真纯粹的眼睛看待世界,无论多么返璞归真,虚构总会存在。尽管天真是智慧的源泉和修正,但是天真本身并不是智慧。因为真实的环境对直接的认知来说太大,太复杂,太瞬息万变。我们没有能力应对如此多的微妙变化,如此繁多的种类,如此多端的变化。我们必须在这样的环境中行动,在设法应对环境之前,我们必须在头脑中建立一个简单的模型以重现环境。要想环游世界,人们必须有世界地图。而他们面临的困难就是要确保这些地图是可靠的,能满足自己或他人的需要,而不只是一幅在波希米亚海岸绘制的素描。

然后,舆论分析家必须从认清以下三者的关系开始:行动场

---

[1] James, *Principles of Psychology*, Vol. II, p.638.

景、人类大脑中对该场景形成的图景,以及人类对由行动场景引发的图景所产生的反应。这就像是一个演员根据自己的经验演绎出的剧本,情节不仅仅发生在他们的舞台上,还在演员的真实生活中上演。电影往往可以巧妙地展现出内在动机和外在行为的双重戏剧效果。比如,两个男人在吵架,表面上是为了一些钱,但他们吵架的激烈程度令人费解。然后画面逐渐淡出,其中一个男人的内心戏开始上演:他们俩正隔着桌子为钱争吵,紧接着马上闪回了记忆中的片段,他们似乎回到了年轻的时候,而有一个女孩为了另一个男人抛弃了他。外部戏剧冲突的原因得到了阐释:主人公并不贪婪,一切都是因为他坠入了爱河。

在美国参议院上演了一幕类似的剧情。1919年9月29日上午的早餐会上,一些参议员读到了《华盛顿邮报》上关于美国海军陆战队登陆达尔马提亚海岸的报道。报纸说:

大局已定

以下重要事实似乎已经确定。通过在伦敦的战争委员会和海军少将纳普,英国海军部对控制亚得里亚海的美国海军少将安德鲁斯发出命令,而没有征求美国海军部的意见。

丹尼尔斯毫不知情

当电报到达这里时,原本应该由丹尼尔斯先生统领的海军,在其本人毫不知情的情况下,进行着几乎相当于海战的活动。丹尼尔斯先生正处在一个非常尴尬的位置上。人们都认识到，*英国海军部可能试图命令安德鲁斯少将，使他按照英国及其盟国的利益行事*。原因是，如果要遏制邓南遮的追随者，当前形势需要一些国家做出牺牲。

人们进一步认识到，*根据新的国际联盟计划，外国人都可以在紧急情况下指挥美国海军，无论是否得到美国海军部的同意*……（斜体字为作者所加。）

第一位发表评论的参议员是宾夕法尼亚州的诺克斯先生。他愤怒地要求调查此事。接下来发言的是康涅狄格州的布兰德基先生，在愤怒的刺激下他已经开始渐渐相信确有此事。诺克斯先生愤慨地想知道这篇报道是否属实，布兰德基在一分钟半后提问"如果海军陆战队已经遇难会发生什么？"，诺克斯先生对这个问题很感兴趣，忘了他刚才提出的报道真实与否的问题，回答说"如果美国海军陆战队已经阵亡，那就会发生战争"。激烈情绪的出现不是无缘无故的，而是有前提的。辩论继续进行。伊利诺伊州的麦考密克先生提醒参议院，威尔逊政府可能会发动未经授权的小型战争。他还复述了西奥多·罗斯福关于"缔造和平"的名言。布兰德基先生指出，海军陆战队是"根据某个地方的最高委员会的命令"行动的，但他并不确定，在这个机构中谁能代表美国的利益。美国宪法也并未对最高委员会做出规定。因此，印第安纳州的纽先生提交了一份要求提供事实的决议。

到目前为止，参议员们仍然只是模糊地认识到，他们正在讨论一个谣言。作为律师,他们仍记得一些证据形式。但作为热血男儿,面对美国海军陆战队听从外国政府命令参与战争,却未经本国国会许可的"事实",他们已感到了极大的愤慨。从情感上来说,他们愿意相信这是真实的,因为他们是反对国际联盟的共和党人。这引起了民主党领袖、内布拉斯加州的希区柯克先生的反击,他辩护称,最高战争理事会是在行使战争权力。而正是由于共和党人的拖延,才迟迟未能达成和平(协议)。因此,理事会的行为是必要且合法的。现在,共和党、民主党双方都假定报道中的信息是真实的,基于他们党派的立场,两党各自得出结论。然而,这一非比寻常的假设,却恰巧诞生于一场决议的辩论中,这则决议有关于是否要调查这一假设的真实性。这件事揭示了,即使是受过训练的律师,等事件尘埃落定后再进行评论,也是非常困难的。人的反应是即时的。虚构的事往往会因为顺应了人们的期待而被当作真相接受。

几天后,一份官方报告显示,美国海军陆战队并未奉英国政府或最高战争理事会的命令登陆。他们并未与意大利人作战。他们应意大利政府的请求登陆,以保护意大利人。而且美国指挥官已正式收到了来自意大利当局的官方致谢。海军陆战队并未与意大利开战,他们按照既定的国际惯例行事,这一切与国际联盟无关。

在这个案例中,行动的场景是亚得里亚海,华盛顿的参议员们脑海中关于这个场景的图景是被人预设过的。预设这个图景的人毫不关心亚得里亚海真正发生了什么事,但又非常希望击败联盟。在这种情况下，这么做很可能是意图欺骗。参议院对这个图景的回应加强了在国际联盟问题上的党派分歧。在这个具体案例中，没必要讨论参议院的表现是否高于或低于其日常水准，也没必要比较参议院与众议院或其他议会孰优孰劣。此刻，我只想思考一种遍布世界的奇特现象，就是人如何在拟态环境的刺激下对真实环境采取行动。就算是在充分考虑到政治手段的情况下，政治学也仍然必须解释这样的事实：两个国家互相攻击，每个国家都相信自己是在自卫，或者两个阶级在战争中都声称自己是为了公共利益。我们可以说，他们生活在不同的世界，更准确地说，他们生活在同一个世界，但他们的思考和感受都不在同一个世界。

对这些特殊的按照群体、阶级、地域、职业、国家、宗教历史等标准界定出来的不同世界而言，庞大的社会对人类的政治操控也正是按照此种方式发生的。它们的多样性和复杂性难以描述。但这些看似虚无缥缈的人脑中的"假想之物"很大程度上却决定了人们的政治行为。想想看吧，由至少100个立法机构组成的50个主权议会。他们拥有至少50个省级、市级议会，以及与其匹配的行政部门、管理和立法机关，它们构成了当今世界上的合法政权。但这并没有揭示出政治生活的复杂性。因为在这无数的权力中心里，有着众多的政党，而这些政党本身就扎根于自己的阶层、派系和氏族等级制度。在其中，又存在着个体的政治家，每个政治家都像蜘蛛一样，"蹲守"在由人际、回忆、畏惧和期望交织而成的世界之中。

不管是以控制、妥协还是以互投赞成票的方式，这些政治机构终会发布出命令，但很多时候，决策背后的原因实际上通常是十分隐晦的。这些政令涉及动用军队或实现和平，征兵，税收，流放，监禁，保护财产或没收财产，支持某种规划和阻止其他的，放宽移民政策或收紧移民政策，改善沟通或加强审查；还有设立学校，建立海军，宣告"政策"和"天命"，提高经济壁垒，发展制造业或废除制造业，规定某类人要接受另一类人的统治，偏袒一个阶级而反对另一个阶级……就每项决策而言，决策者对事实的某些"看法"总会对他产生决定性的影响，他对形势的某些见解也总会被其作为进行推理的依据，也会据此对事实持有某种态度。对事实的看法究竟如何？并且为什么会选择这种看法？

然而，以上种种仍无法详尽表现出政治真正的复杂性。正规的政治结构存在于社会环境中，那里有无数的大大小小的公司和机构，社会志愿组织和半志愿组织，国家、省、城市和社区团体，它们往往不能参与决策，尤其是政治体公开发表意见的决策。这些决策是基于什么做出的呢？

切斯特顿先生说："现代社会从本质上来说是不牢靠的，因为它是基于这样一种观念，即虽然原因各不相同，但人们却可能会做出同样的事情……正如在每个罪犯脑海中的犯罪念头都可能是极其孤立的，在教堂神职人员或是普通郊区职员的脑海中，也可能存在着各自独立的哲学观，他们的头脑里都可能有着自己独立的哲学。第一个人可能是一个彻头彻尾的唯物主义者，他觉得自己的身体是一台制造出自己思想的糟糕机器。对他来说，自己内心思考的声音与时钟沉闷的嘀嗒声无异。隔壁的人可能是一名基督教科学家,他认为自己的身体在某种程度上不如自己的影子那么坚固。他可能几乎把自己的胳膊和腿视为妄想,就像在震颤性精神错乱的梦中蜿蜒爬行的蛇一样。街上的第三个人可能不是基督教科学派信徒,而是一名基督教徒。正如他的邻居所说,他可能生活在童话中——有超自然的朋友们出现,他们的脸上写满诡秘而天真的美丽故事。第四个人可能是通神论者,也可能是素食主义者。至于第五个人,不妨放开思想的束缚,把他想象成魔鬼崇拜者……现在,无论这种多样性是否具有价值,这种人类行为的和谐统一都是不稳定的。期望所有人思考着不同的事情,行动上却在做同样的事情,显然不大可能成立。它不是建立在宗教教会的基础上,甚至不是建立在协议合约的基础上,而是建立在巧合的基础上。四个人可以在同一个灯柱旁相遇,但一个人是为了落实市政改革的要求,去把灯柱漆成豌豆绿的颜色;一个人是想借助路灯的光亮来阅读他的每日祈祷书;一个人喝得烂醉如泥,在酒精的作用下头脑发热去拥抱灯柱;最后一个人仅仅是因为站在豌豆绿色的灯柱旁非常显眼,于是把这里定为和年轻女士的约会地点。但期望这种巧合一夜又一夜频繁地发生是不明智的……"[1]

我们可以试着把上文提到的灯柱旁的四个人想象成现实世界的政府、政党、企业、社会团体、社交圈子、各行各业、高校、教派和民族。想想看,投票通过一项将影响广泛的法案的立法者,

---

[1] G. K. Chesterton, "The Mad Hatter and the Sane Householder," *Vanity Fair*, January, 1921, p.54.

一位做出决定的政治家。想想看，正在重建欧洲边界的巴黎和会，一位试图揣测出本国政府和外国政府意图的驻外大使，一位在经济落后国家从事特许经营的倡导者，一位强烈呼吁战争的编辑，一位号召警方约束娱乐活动的牧师，下定决心要罢工的俱乐部休息室，一个准备监管学校的缝纫妇女会，对俄勒冈州立法机构能否决定女性工时做出裁决的九名法官，一次决定是否要承认某个政府的内阁会议，一次选择候选人并起草政治纲领的政党大会，2700万正投票的选民，一个住在科克[1]的爱尔兰人却在关心某个住在贝尔法斯特[2]的爱尔兰人，计划重建整个人类社会秩序的第三国际[3]，一个应付雇员提出的一大堆要求的董事会，一个正在择业的男孩，一个正在估算下一季供需量的商人，一个预测市场走势的投机者，一个正在犹豫是否为新企业提供信贷的银行家，广告商，广告读者……想想不同类型的美国人在思考他们对"大英帝国""法国""俄罗斯"或"墨西哥"的概念。这与切斯特顿先生提到的在豌豆绿色灯柱旁的四个人没有太大区别。

因此，人类天生是千差万别的，不要试图去分辨人与人之间的差异性，否则我们就会陷入晦涩难懂的丛林。[4] 与此相反，我们应该先把注意力集中在人类认识世界时那异乎寻常的差异之中。我毫不怀疑人与人之间存在着显著的生物学差异。人是动物，如

---

1 位于爱尔兰西南部，是仅次于首都都柏林的第二大城市。——译者
2 英国北爱尔兰首府。——译者
3 即共产国际，全世界共产党和共产主义组织的国际联合组织。存在于1919到1943年。——译者
4 参见 Wallas, *Our Social Heritage*, pp.77 及后文。

果没有生物学的差异，那就太奇怪了。但是，人类作为理性的存在，如果不去评估行为和环境之间的关联性，就笼统地概括两者的相关性实在容易流于浅薄。

这一观点的实用价值在于，它为关于天性与后天培养、内在品质和环境影响的由来已久的争辩引入了一种很有必要的提炼和改良。因为拟态环境是对"人类天性"和"环境条件"的综合。在我看来，它表明，如果仅凭我们观察到的"人类正在做什么"，或者"社会的必要条件是什么"，就武断地谈论"人类是什么"，"人类未来是什么"，或者"社会的本质是什么"，这样做是没什么意义的。因为我们不知道，人们面对"伟大社会"的事实会如何回应，如何行动。我们所知道的仅仅是，人们是如何应对那些构成"伟大社会"的细小的图景片段的。而对这些片面而有限的事实，我们无法从中得出任何关于人类或伟大社会的概括结论。

我们的调查研究将沿着这个思路继续下去。假设一下，每个人所做的不是基于直接经验和某种特定的知识，而是基于他自己在脑海中形成的或别人引导传递给他的图景。如果他的地图册告诉他世界是平的，他就会"坚信"我们的星球有"边界"，并且永远不会靠近那个"边界"航行。因为他害怕会在那里跌落下去。如果他的地图上有一个永恒的青春之泉，他就会化身胡安·庞塞·德莱昂去寻找它。如果某人挖出了看起来像金子的黄色泥土，他就会在很长一段时间内都表现得像他已经找到了金子一样。想象世界的方式决定了人们在某个特定时刻会怎么行动，却不能决定他们能实现什么。它能决定他们的艰难探索、情绪感受、希望期待,却不能决定他们的成就和他们的行动带来的最终结果。

试着把社交生活的目的解释为追求快乐和避免痛苦。你很快就会发觉,享乐主义者回避了一个问题:假设一个人确实追求这些目的,他凭什么认为是这种方式而不是另一种方式会给他带来快乐?这个关键问题没有得到解答。人的道德感可以解释吗?人又怎么会正好就有这种特殊的道德感呢?或是以经济利己主义理论来解释?但是,人又是如何构思盘算他们的利益的呢?为何选择这种方式而不是另一种方式?是对安全感、声望、支配权的渴望,还是为了那些能被模糊地称为自我实现的东西?人们是如何看待他们自己的安全感的?他们认为什么是声望?他们是如何找到支配的手段的,或者他们希望实现的自我是什么?快乐、痛苦、良知、获取、保护、提高、掌控,毋庸置疑这些是人们对某种行为方式的称呼。可能有一些人天性中存在着这种目的性非常强的性格。但是,说到底,不论是这些阐述,还是任何对于趋向性的描述,都无法解释这些作为结果的人类行为。人类会进行推理,这件事本身就证明了,实际上他们进行推理的那个拟态环境,即他们脑海里的那个世界,才是影响他们思想、情绪和行为的决定性因素。因为如果现实和人类反应之间的关系是直接和即时的,而不是间接和推理出的,那么,优柔寡断和判断失误的情况就不会出现了,而且(如果我们每个人都能像子宫里的胎儿一样舒适地融入这个世界),萧伯纳先生就不会说,除了胎儿期在母亲腹中的前九个月,人处理自己事务的能力还不如植物。

因此,在这种联系中,我们很难将精神分析方案用于政治研究。弗洛伊德学派关注的是某个个体与其他个体的不匹配,个体对具体环境的不适应。他们认为,如果内心的混乱能够得到解决,人们就不会对这些正常关系感到困惑。但舆论处理的是间接的、看不见摸不着的、令人费解的"事实",它们无法变得更加清晰,舆论所指向的却是被各种观点所构成的环境。另一方面,在精神分析学家眼里,环境几乎总是可知的,但对任何思路清晰的人来说,即使环境不可知,至少也可以努力适应。他的这种假设涉及的是舆论导向的问题。社会学家并不理所当然地认为环境是已被确知的,他们更醉心于研究宏大的政治环境是如何被构建的,以及如何才能让这个过程进展得更顺畅。精神分析学家研究 X 的校正,他们将其称为"环境";社会学家研究的却是 X,他们称之为"拟态环境"。

当然,社会学家持续不断地从新心理学中汲取"营养",不仅是因为无论何时,正确地应用这些理论都能极大地帮助人们独立自主,还因为心理学对梦想、幻想和合理化的研究也阐明了拟态环境是如何作为一个整体发挥作用的。但作为一个社会学家,他所承担的职业准则,要么是在现有的社会秩序中的所谓"正常生物学事业"[1],要么是秩序外的一种"摆脱宗教压制和教条主义惯例"[2]的事业。那对社会学家来说,什么是正常的社会学职业?

1　Edward J. Kempf, *Psychopathology*, p.116.
2　同上书,p.151.

或者"摆脱宗教压制和教条主义惯例"是什么？可以肯定的是，保守派评论家肯定会认为是第一种，而浪漫主义者则认为是第二种。但其实在假设这些问题的时候，他们都认为整个世界是"理所当然"的。他们实际上想表达的是，社会要么与他们脑海中所谓"正常"的想法相对应，要么就是与所谓"自由"的想法相对应。这两种观点都只是舆论而已，或许精神分析学家会采用它们，但社会学家可能不会将现有舆论的产物作为研究舆论事业的准则。

我们在政治上要面对的世界是触不可及、漫无边际、捉摸不定的。对这个世界，人们必须去探索、记录和想象。人类不是亚里士多德口中的神，一眼就能看透这个世界所有的存在。人类是进化过的生物，跨越了漫长的时空实现了自我演化，并延续至今；人类这种生物擅长抓住一闪而过的瞬间，从中得到开悟和汲取幸福。人类这种生物还发明了一些方法，可以看到肉眼看不到的东西，可以听到耳朵听不到的声音，可以称量巨大的质量和无穷小的质量，人类可以清点和区分的事物比自身记忆中能承载的要多得多。人类这种生物一直在学习用自己的头脑去了解世界，尤其是那些人永远看不到、摸不到、闻不到、听不到或记不住的广阔部分。渐渐地，人们在脑海中为自己描绘了一幅"值得信赖"的图景，描绘了一个遥不可及的世界。

外部世界的那些特征与其他人的行为相关，这种行为或与我们的行为有所交互，依赖于我们，或引起了我们的兴趣，我们笼统地称之为公共事务。这些人头脑中的图景，涉及他们自己的图景，其他人的图景，反映他们的需求、目的和关系的图景，构成了他们心中的舆论。那些被一群人或以团体名义行事的个人奉行的图景，都是非常醒目明确的舆论。因此，在接下来的章节中，我们将首先探究内心的图景经常误导和干扰人们直面世界的一些原因。在这个标题下，我们将首先考虑哪些因素阻碍了人们了解事实真相。这些因素有：人为的审查制度、社交的局限性、公众每天能够用于关注公共事务的时间的相对匮乏、事件被压缩成很短的信息而出现的扭曲失真、用有限的词汇描述复杂世界之难、人们在面对那些似乎会威胁到日常生活之事时产生的恐惧心理。

然后，我们的分析或多或少从一个分散支离的问题转向了另一个层次的问题：这些来自外部的信息流是如何受到预设的印象、先入为主的观念和偏见的影响的？这些脑海中的刻板印象诠释并补充了外部信息，它们又是如何反过来强有力地引导人们的注意力，并控制人们的"视野"的？从这一点出发，我们继续深入考察：这些来自外部世界的有限信息，是如何让个体形成刻板印象的？个体又是如何从自己的角度去感知和认识这些刻板印象的？在接下来的章节中，我们会继续考察，观点是如何具象化形成所谓的舆论的，国家意志、群体思维、社会目标或者随便你怎么称呼的那些概念，究竟是怎么形成的。

前五部分构成了本书的描述性内容。接下来我们会分析传统的民主民意理论。争论的实质是，传统的民主理论从未认真回答过由人们头脑中的画面与外界并不自动对应而导致的问题。然后，由于民主理论受到社会主义思想家的批评，本书对英国社会党提出的这些批评中最先进、最连贯的部分进行了考察。这样做的目的是了解这些改革者是否考虑到了舆论的主要问题。我的结论是，他们和最初的民主党人一样完全忽视了这些问题，因为他们也认为，在一个更复杂的文明中，即便是对于他们无法触及的世界，人们心中也神秘地存在着一种对这个世界的认识。

我主张，无论是在通常所说的政治领域还是在工业领域，代议制政府都无法成功运作，无论选举的基础是什么，除非有一个独立的、专业的组织，将这些看不见的事实变得可以理解，并让那些必须做出决定的人能够理解。因此，我试图论证，只有严肃地接受这一原则，即个人代表必须得到看不见的事实的补充，才能实现令人满意的权力下放，才能让我们摆脱这样一种无法忍受且不切实际的幻想，即我们每个人都必须对所有公共事务发表有见地的意见。有观点认为，新闻界的问题之所以混乱，是因为批评家和辩护者都希望新闻界能实现这种幻想，希望它能弥补民主理论中没有预见到的所有问题，而读者则希望这种奇迹能毫不费力地实现。民主主义者将报纸视为弥补他们自身缺陷的万能药，然而对新闻本质和新闻业经济基础的分析似乎表明，报纸必然且不可避免地反映出舆论的缺陷，并且或多或少地加剧了这些缺陷。我得出的结论是，如果舆论要健全，就必须由新闻界以外的组织来为新闻界提供组织，而不是像今天这样由新闻界自身来组织。我认为，这种组织工作首先应由政治学家来承担，在决策之前就发挥政治学应有的决策规划作用，而非在做出决策之后再去充当决策的辩护者、批评者或报道者。我试图指出，政府和工业界的种种问题共同为政治科学提供了这个巨大的机会,使其能够丰富自己,服务公众。

当然,我希望这本书能帮助一些人更生动地意识到这个机会,从而能够更自觉地追寻这样的良机。

第二部分

通往外部
世界的道路

第二章

审查和保密

历史上的某场伟大战役正处于最艰难的时刻,有一位将军正在主持新闻编辑会议,这画面更像是《巧克力士兵》中的一幕,而不是生活中的真实场景。然而,我们从《法国公报》的一位编辑那里得到的第一手信息显示,这些会议其实是战争中军事要务的日常部分。在凡尔登战役最激烈的时刻,霞飞将军和他的"军机大臣"们总在一起开会,就第二天早上要见报的稿件逐字逐句地展开激烈的讨论。

"1916年2月23日晚间公报是在一种戏剧性的气氛中编辑的,"比埃尔弗先生说,"总理办公室的贝特洛遵照总理的命令刚刚打来电话,要求贝利将军加大报道力度,并在报道中突出敌人的攻势猛烈。有必要让公众未雨绸缪,对可能出现的最坏情况做好准备,以防事态真的演变成灾难。这种焦虑情绪清楚地表明,无论是总司令部还是政府都对战局丧失了信心。贝特洛先生传达命令时,贝利将军做了记录。他递给我写着政府指令的记录纸以及从战俘身上发现的据称是冯·戴姆林将军当天下达的命令,其中指出,此次袭击德国将毕其功于一役，争取实现和平。经过巧妙的使用，这些材料恰巧能证明德国正在竭尽全力发动一场史无前例的进攻，并想以取得这次的胜利来结束战争。照这个逻辑，就不会有人对我们撤军感到惊讶了。半个小时后，当我拿着手稿下楼来到克洛戴尔上校办公室时，上校刚好不在，我发现，雅南少将、杜邦上校和勒努阿尔中校聚在一起。由于担心我的稿子达不到预期效果，贝利将军还亲自准备了一份公报的草稿。我读了我刚刚写的稿子。大家觉得稿子过于温和，但另一方面，贝利将军的稿子又过于令人惊恐。我故意忽略了冯·戴姆林当天的命令。我觉得，如果将其写入公报会打破公众早已习惯的公报行文模式，会使向来'义正词严'的公报产生一种辩护的意味。就像是在说'这种情况下我们哪里还能抵抗呢？'。有理由担心公众可能会被这种语气的改变弄得晕头转向，并且认为一切将不可挽回。我解释了我的理由，并建议将戴姆林的话以单独稿件的形式刊登在报纸上。"

"意见出现了分歧，贝利将军去请德·卡斯泰尔诺将军来做最终决定。卡斯泰尔诺将军到了，面带微笑，安静而幽默，对这种新型的'战争文学委员会'，他说了几句令人轻松愉快的话，并看了看稿子。他选择了更简单的一版。为了让开篇第一句话更抓人眼球，他添上了'正如预期的那样'这种令人感到心安笃定的话，并坚决反对在稿件里加上冯·戴姆林的命令，但赞成以特别说明的形式将其传达给媒体。"[1] 当晚，霞飞将军仔细阅读了公报并予以

---

[1] *G. Q. G.*, pp.126-129.

了批准。

在几个小时内，那两三百字就会传遍全世界。它们将描绘出正在凡尔登山坡上发生的事情，并在人们脑海中形成画面。想到那些画面，人们或会鼓起勇气，或会感到绝望。不论是布雷斯特的店主、洛林的农民，还是波旁宫的议员、阿姆斯特丹或明尼阿波利斯的编辑，在想象这种图景时都必须保持希望，但同时也要为接受可能的战败而未雨绸缪且不至恐慌。因此，他们被告知，法国军方指挥部对失去阵地并不感到惊讶。他们被教导要严肃对待这件事，但不必觉得局促不安。现在，针对德国的进攻，事实上，法国总参谋部还没有做好充分准备：支援战壕没挖，备用道路没修，带刺的铁丝网也没配备。但承认这一点会让平民百姓的思想受到冲击，他们脑补出的画面很可能把一个小挫折演变成一场不可逆转的灾难。法国最高司令部可能对现状感到失望，但还是会振作起来；国内外的人们却充满了不确定性。他们没有专业人士指引，没有坚定的内心，没有明确的目标，对事件的信息掌握不全，在正反两派的混战中无法纵观全局，茫然无措。因此，当局并没有让公众像将军们那样了解所有真相，只向外界提供了某些事实，用以稳定人心。

在这种情况下，设置拟态环境的人知道真实环境是什么。但几天后，发生了一起连法国参谋部都被蒙在鼓里的事件。德国人宣布[1]，在前一天下午，他们突袭并拿下了杜瓦蒙要塞。在尚蒂伊的

---

[1] 宣布时间为1916年2月26日。Pierrefeu，*G.Q.G.*，p.133及后文。

法国总部，所有人都对这个消息感到困惑不已。因为25日上午，在第二十军团参战后，战况已经出现了好转。来自前线的战报没有提及杜瓦蒙要塞。但调查显示，德国的报告是真实的，尽管人们并不知道要塞是如何失守的。与此同时，德国公报迅速传遍全世界，法国方面不得不有所回应。所以法军总部解释道："尚蒂伊方完全不清楚袭击是如何发生的，我们只能在26日晚的晚间公报中刊发一个对此次袭击计划的推演结果，尽管这件事情发生的概率微乎其微。"关于这场臆想中的战斗，公报写道：

> 一场激烈的战斗正在杜瓦蒙要塞周围进行，这是凡尔登陈旧的防御系统的一个前沿阵地。敌人多次进攻阵地，均以失败告终，并为此付出了惨重代价。今天上午，敌人一度攻陷了这一阵地。但我军再次夺回了阵地，并趁势向前推进，敌军企图进攻，均被我军击退。[1]

真实情况与法国和德国的说法都有出入。在前线换防时，由于指令混乱不清，不知何故，这个阵地居然被遗漏了。只有一名炮台指挥官和几个人留在要塞里。一些德国士兵看到这里的门开

---

[1] 1916年2月27日星期日《纽约时报》发布了来自伦敦的英文报道，英文译文如下：（1916年2月26日伦敦电）一场激烈的斗争正在杜瓦蒙要塞周围进行，那里是凡尔登要塞旧防御组织的前哨阵地。敌人经过几次徒劳的进攻，付出了惨重代价（法语为"pertes tres elevees"，意为"重大损失"。因此能看出，英文用"惨重代价"明显是夸大了原文），在今天早上占领了阵地。此后我军再次夺回阵地并向前推进，敌人的所有反攻企图都已被我军击退。

着，就爬进去，俘虏了里面的所有人。过了一会儿，山坡上的法国人被要塞里射出的子弹吓到了。在杜瓦蒙要塞并没有发生战斗，也没有损失。法军也没有像公报所说的那样夺回要塞并向前推进。可以肯定的是，德法两军隔着这座要塞互相对峙，但要塞却落入了德军手中。

然而，公报让所有人都以为，要塞已经被法军半包围。虽然这些话公报没有"白纸黑字"写明，但"媒体一如既往地加快了进程"。于是，军事作家得出结论，德国人很快就会投降。过了几天，他们开始问自己，既然要塞里的德国军队缺乏食物，为什么还没有投降。"有必要通过新闻局要求媒体放弃包围的论调了。"[1]

《法国公报》的编辑告诉我们，由于战斗拖泥带水，让人精疲力竭，他和他的同事们就开始通过渲染德军遭到了惨重损失来削弱人们对德军坚守的印象。有必要记住，此时，事实上，直到1917年末，所有盟军人民对这场战争的主流看法是，这场战争的胜利将由"消耗"决定。没有人相信运动战。有人还坚信，战略和外交都不重要，只要杀死德国人就够了。公众或多或少都相信这一信条，但德国取得的巨大成功，却不断提醒人们必须直面现实。

"几乎每天的公报……都在以某种正义的姿态宣告德国人遭受了重大的极其惨痛的损失，言必称血腥的伤亡、成堆的尸体和大屠杀。同样，无线电台不断使用凡尔登情报局的统计数据，该局

---

[1] Pierrefeu, *G.Q.G.*, pp.134-135.

局长宽泰少校发明了一种计算德国损失的方法，显然产生了惊人的结果。每两周，伤亡人数就会增加 10 万左右。这些 30 万、40 万、50 万人的伤亡数据，会被分为每天、每周、每月的损失，并以各种方式重复计算，由此产生了引人注目的效果。我们的行文模式几乎很少变动：'根据战俘的招供，德军在袭击过程中损失惨重'……'已证明，损失达到……'，'由于损失惨重，疲惫不堪的敌人无力再次发动进攻'……有些老生常谈的行文每天都在使用，后来因为过于陈词滥调而不得不放弃。比如：'在我们的炮火和机枪火力下'……'被我们的大炮和机关枪击落了'……不断的重复给中立派和德国也留下了深刻的印象，有助于塑造出一个血腥的氛围。尽管位于瑙恩的德国无线广播电台试图破坏这种重复宣传所造成的不良影响，但不可否认他们的努力都是徒劳的。"[1]

在审查人员的指导下，法国司令部希望通过这些公报给公众确立如下观点：

> 正在持续减员的德军不得不动用全部有生力量发动攻势。据悉，德军 1916 年入伍的兵员已经全部投入前线，1917 年新征召的和第三类（45 岁以上的人和康复的伤员）的兵员已经开始集结。几周后，倾全国之力集结的德军有生力量将被持续发动的攻势消耗殆尽，届时，他们将发现自己要直面协约

---

[1] Pierrefeu, *G.Q.G.*, pp.138-139.

国的所有部队（1000万人对700万人）。[1]

根据比埃尔弗先生的说法，法国司令部甚至也对此信以为真，"这是一种思维的盲区，他们只看到了敌人的消耗；好像我们的部队没有受到任何消耗。尼韦勒将军也有这样的想法。在1917年，我们尝到了这种行为造成的苦果"。

我们已经学会了将其称为宣传。一群能够阻止人们独立观察思考事件的人，根据自己的目的来操纵新闻。在这种情况下，即使目的是爱国主义，也丝毫无法掩盖他们操控新闻的事实。他们利用自己的权力，让协约国的公众只能看到他们希望公众了解的事态。传播到世界各地的由宽泰少校提供的伤亡统计数字也是为了达到这一目的。他们试图散布一种特殊的观点，即消耗战正在向有利于法国人的方向发展。但这个观点并没有论据支撑。它让人们自动在脑海中描绘出凡尔登战场上德军尸山血海的情景，聚焦德国人的死亡，让人们忽略了法军的伤亡，从而捏造出一种"特殊"的战争图景。这种图景掩盖了德军在战局中高歌猛进和持续攻势的影响，使公众对此"视而不见"。这种图景也让公众倾向于默许协约国军队采取消极防御的策略。对公众来说，一旦接受了战争是由伟大的战略行动、侧翼攻击包围和出奇制胜组成的观点，他们就会不由自主地忘记一个残酷的观点：战争实际上是你死我活、人命对人命的较量。总参谋部通过控制来自前线的所有新闻，从符合自己军事战略意图的角度解读事件，从而掩盖

---

[1] Pierrefeu, *G.Q.G.*, p.147.

了真相。

战争中，一支军队的总参谋部地位如此之高，甚至可以在很大程度上控制公众接收到的信息。他们有权力筛选前往前线的记者，控制他们在前线的行动，阅读和审查他们从前线发回的信息，并控制电报通信。军队背后的政府则通过控制电报、签发护照、审查邮件、检查海关通关和颁布封锁禁令来加强控制。政府还通过对出版机构、公开会议彰显法律权威以及利用特务机构来进一步强化这种控制。但在军队看来，这种控制远非完善。在无线电时代，无法对中立国封锁敌方的公报。最重要的是，回来休假的士兵们会把信息从前线传回后方并四处传播。[1] 陆军是难以控制的。这就是为什么监控机制总是在海军和外交审查中实施得更加完美有效，知情人越少，就越容易监控他们的行为。

严格意义上的宣传是需要依托某种形式的审查才能存在的。为了进行宣传，必须在公众和事件之间设置一些屏障。在人们于头脑中构建出一种自以为明智或理想的拟态环境之前，必须限制他们接触真实环境。因为当人们直接接触到真实环境后，他们可能会对所看到的事实产生不可控的误读，除非有人能决定他们应该往哪里看，看什么。军事审查是一种最简单的设置屏障的形式，但绝不是最重要的一种，因为对于这种审查制度的存在，人们心知肚明，在某种程度上，他们也知道审后信息的真实性往往会大打折扣。

---

[1] 在美国于圣米耶勒和阿尔贡－默兹发动进攻的前几周，每个在法国的人都把这个重大的秘密告诉了其他人。

在不同时间点，为了不同目的，一些人把保密制度强加于人，另一些人受到特定保密规定的监管。正如我们所说，保密的边界在逐渐扩大，一些事情会因"一旦公开就不符合公众利益"而被掩盖，从此消失在公众视野里。保密的理由也正在逐渐变成：只要某些人认为此事与大众无关，便不公开。要知道，个人隐私概念的构成标准实际上是弹性的。因此，一个人的财产数额被视为个人隐私，所得税法中有严格的规定要求尽可能为其保密。出售一块土地不是保密的，但价格可能是隐私。职工工资比体力劳工的工钱更私密，收入比遗产更私密。一个人的信用评级只允许在限定范围内公开。大公司的利润数据比小公司的更公开。丈夫和妻子、律师和客户、医生和病人、牧师和教友之间的某些对话是隐私，必须受到保护。董事会议通常是非公开的。许多政治会议也是如此。内阁会议上绝大多数的发言，国务卿与大使的私人会晤或餐桌上的对话，大部分内容都是保密的。许多人认为，雇主和雇员之间的合同是保密的。曾经有一段时间，所有公司的事务都被认为是保密的，就像如今个人宗教信仰也是私密的一样。但在此之前，一个人的宗教信仰曾被认为和他的眼睛颜色一样是公开的。但另一方面，传染病的信息曾经和人类体内的消化过程一样隐秘。历史上，个人隐私概念的历史可以成为一个有趣的故事。有时，这些观念会发生激烈冲突，就像休斯[1]先生调查人寿保险公

---

[1] 休斯，美国政治家，曾于1905年成功领导了国家对公用事业和人寿保险业的调查。——译者

司时，或者当某人的丑闻从《街谈巷议》的头版蔓延到赫斯特先生的报纸头版时。

无论保密的原因是好是坏，屏障都是存在的。在所谓的公共事务领域，保密机制几乎无所不在。因此，仔细思考下，你看待事物的观点是否依据事实？你就会恍然大悟。看看让你形成观点的事实是由谁真正看到、听到、感觉到、统计、命名的？是有人亲口告诉你的，还是别人告诉他，又由他转述给你的？或是那个人与你的关系曲折遥远、不太相关？他能亲自接触到几成的真相？当他告诉你有些法国人是如何想的的时候，他调研了法国的哪个地区？他是怎么看到的？他在哪里看到的？他被获准和哪些法国人交谈？他读了什么报纸？那些法国人说的话又有何依据？你可以问自己这些问题，但很难得到答案。然而，它们会提醒你，你从舆论中获取的观点与所处理的事件之间往往存在着距离。而这种提醒本身便是对我们认知的一种保护。

第三章

联络与机会

虽然审查制度和保密制度从源头上杜绝了很多信息的广泛传播，但仍有庞大数量的事实从来不为公众所知，或者传播得非常缓慢。这是因为观点的传播有着非常明显的限制。

只要看看在战争期间政府所做的宣传，就可以粗略地感受到他们想要让观点覆盖到"每个人"所付出的努力。想想看，在美国参战之前，这场战争已经持续了两年半，数以百万计的印刷品已经分发出去，人们也已经发表了无数的演讲，让我们看看克里尔[1]先生是如何描述他"为了占领人类的思想，征服他们的信仰"而发动的"宣传攻势"，以便"将美国的福音传播到世界的每一个角落"[2]的。

克里尔先生组建了一个庞大的机构，其中包括一个公共情报委员会，他介绍说，委员会发布了6000多期公报，招募了7.5万

---

[1] 乔治·克里尔（George Creel, 1876—1953），资深记者、政治家，一战时任美国公共信息委员会主席。——译者

[2] George Creel, *How We Advertised America.*

名"4分钟人"(Four Minute Men),总共向超过3亿人次发表了755190次演讲。童子军将威尔逊总统讲话的注释稿四处分发给了美国的家庭;向60万名教师发送了双周刊;为演讲制作了20万张幻灯片;总共制作了1438种不同的用于海报、橱窗卡、报纸广告、漫画、印章和徽章的设计;商会、教堂、兄弟会、学校都成了分销渠道。然而对克里尔先生的影响力,我先不予置评。为了让消息传递给每个人,还有很多人也在做出类似的努力。这里面还不包括麦卡杜[1]先生了不起的"自由公债运动"(Liberty Loan)组织,还没提到胡佛[2]先生关于食物的产生深远影响的宣传,也没涉及红十字会、基督教青年会(YMCA)、救世军(Salvation Army)、哥伦布骑士团(Knights of Columbus)、犹太人福利委员会(Jewish Welfare Board)。更不用说还有那些独立工作的爱国团体,比如,实现和平同盟(League to Enforce Peace)、自由国民联盟(League of Free Nations Association)、国家安全联盟(National Security League),还有协约国以及贫穷民族国家宣传机构所做的活动。

这可能是将一套相当统一的思想观点迅速传达给一个国家所有人民的声势最大、频率最高的尝试。比较老派的传教方式起效较慢,相对来说可能效果更稳妥些,覆盖面却达不到如此广泛。现在,如果说在紧急时期,需要采取如此极端的措施才能将信息

---

[1] 威廉·吉布斯·麦卡杜(1863—1941),美国政治家,民主党人,曾任美国财政部部长。——译者
[2] 赫伯特·克拉克·胡佛(Herbert Clark Hoover,1874—1964),美国共和党籍政治家,美国第31任总统(1929—1933)。——译者

传递给每个人，那平时怎么才能打开传播渠道让人们接收到信息？在战争持续期间，政府尝试的这种覆盖全美国的舆论传播方法，我认为是取得了巨大成功的。但这需要坚持不懈的工作、别出心裁的创新策略以及必不可少的庞大的资金和人员支持。和平时期是不可能满足这些条件的，可以想象信息在传播中一定会出现整段的断层，许多规模庞大的社群、生活在贫民区的群体、飞地和阶层群体只能含糊地了解到只言片语。

日常生活中，他们被困在自己的事务里，对大型政治活动知之甚少，几乎不与他们圈子以外的人交流，很少阅读。旅行、贸易、邮政、电报、广播、铁路、公路、航运、汽车以及下一代的飞机，对思想观念的传播影响很大。每一个都以最复杂的方式左右着信息和观点的传播效果。这些传播方式本身更是会受到技术、经济和政治条件的影响。政府每次放宽护照签发或者海关检查，每次开通一个新建铁路或港口，每次建立一条新的航线，每次提高或降低运费，每次改变邮件的投递速度，每次电报免除审批和降低费用，高速公路的修建、拓宽和改建，思想观点的传播都会受到影响。关税税率和补贴影响商业企业的贸易发展方向，从而影响着人类契约的性质。由于造船技术的改变，马萨诸塞州的塞勒姆从原本具有国际性影响力的中心城市变成了一个幽静单调的小城。这种事情很可能屡见不鲜。然而，高速交通系统带来的直接影响未必是好的，比如，法国的铁路系统高度集中在巴黎，对法国人民而言就很难说是一件幸事。

确实，因传播手段而产生的问题也是极为重要的。国际联盟纲领最具建设性的亮点之一是对铁路运输和出海通道进行了细致的考虑。对海底电缆[1]、港口、加油站、山口、运河、海峡、河道、码头、市场的垄断，不仅意味着有一群商人会发财，政府的威望会大大提高，还意味着给新闻和意见观点的传播交流设置了障碍。但垄断经营并不是唯一的障碍，成本和有效供给是更大的阻碍。因为如果旅行或交易的成本过高，令人望而却步，或是人们对交通设施的需求超过了供应量，即使没有垄断，信息传播的障碍也会存在。

一个人的收入水平很大程度上影响着其所能接触世界的广度。有了钱，他几乎可以克服沟通中的每一个有形障碍，他可以旅行，购买图书和期刊，并能了解到世界上几乎所有已知的事实。个人和社区的收入水平决定了交流可能达到的程度。人的观点则决定了其对收入的支配方式，从长远来看，这反过来又会影响他们未来的收入。因此，收入对信息交流的影响有局限性，但依然是真实存在的，人们往往是自愿消费并自我放纵的。

有一部分财富自由的人会把大部分业余时间和金钱花费在驾车旅行和攀比汽车上，要么就是花在桥牌和赛后复盘，或者花费在观看电影和阅读低俗小说上，或者总是和同样的人翻来覆去地唠叨同样的话题。实际上，他们并没有受到审查制度、保密、高沟通成本或沟通困难的影响。他们缺乏活力，缺少对人类世界的兴趣和好奇心。因此，尽管与外界沟通的渠道没有问题，还有奇

---

1 即有了海底电缆后，人们开始严肃对待那些不起眼的小道消息。

趣横生的世界等待着他们去探索，他们却仍然置若罔闻。

他们像是被一条皮带拴着，只在固定的熟人圈子里活动。那条皮带的半径则由他们圈子的社会准则和信条决定。男人能在生意场上、俱乐部和吸烟室里谈话，这会让他们的圈子更广。女人之间，社交圈和谈话圈则常常几乎是相同的。在社交圈里，人们从阅读、讲座和交谈圈中得来的观点会被汇聚、整理、接受、拒绝、评判和认可。在讨论的每个阶段都会决定哪些权威和哪些信息来源可以接受，哪些不可以。

在"人们都说……"这个句式中所指的"人们"，组成了我们的社交圈，这些人对一些事物的态度能直接影响我们。在大城市里，尤其是在兴趣广泛、有能力四处活动的男女中，社交圈的定义并不那么严格。但是，即使在大城市中，也存在着一些自给自足、与世隔绝的街区和隐秘的社交圈。在较小的社区中，交流可能是更自由的，可能存在能一直陪伴彼此的、更真诚的情谊。但是，很少有人不知道自己真正属于哪个社交圈以及不属于哪个社交圈。

通常，一个社交圈形成的标志是圈子里的人的子女是否可以通婚。如果和圈外人结婚，在获得许可前或多或少都会受到一段时间的质疑。每个社交圈对于其中成员的相对地位都有一个相当清晰的划分。在同一等级的不同团体之间，很容易建立好关系，彼此会感觉一见如故，殷勤好客的款待是司空见惯的，不会让人尴尬。但是在"高级"和"低级"团体间的接触中，总会有人犹豫，有一种淡淡的不适感，让人感到差异的存在。当然，在像美国这样的社会中，个人可以相对自由地从一个圈子进入另一个圈子，尤其是在没有种族隔离和经济地位变化较快的地方。

然而，经济地位并不是以收入多少来衡量的。这是因为至少在第一代人中，决定其社会地位的不是收入，而是其工作的性质，这种影响也许需要经过一两代人才会从家族传承中逐渐消失。因此，人们认为，金融、法律、医药、公用事业、新闻、教会、大型零售业、经纪业、制造业等行业的社会价值与销售、监理、专业技术、护理、教学、店铺管理类工作不同；后者的社会价值又与管道维修工、司机、裁缝、转包商或速记员的社会价值不同；这些工作又与管家、女仆、电影放映员或火车司机不同。所以，等级划分未必与收入一致。

无论进入社交圈的门槛是什么，当社会圈层形成时，就不再只是一个经济阶层，而更接近于一个生物的族群。成员对圈层的归属感的高低与爱情、婚姻和子女密切相关，或者准确地说，与其中涉及的人的价值观和期许相关。因此，在社交圈里，意见和观点会受到家庭传统、面子、礼仪、尊严、品位和格调等准则的影响，这些准则构成了社交圈对自身形象的认知，这个认知又会被不断地灌输给他们的后代。在这种认知中，很大一部分内容是：该社交圈内部的人对其他社交圈的社会地位具有一致、公认的评价。有些阶层的人会无形而沉默地表达对另一阶层的敬意，而非宣之于口，这样一来，阶层差异便会呈现出一种微妙而得体的状态。但是，当发生婚姻、战争或社会动荡时，这种"潜规则"就又变得显而易见,特罗特[1]将其归纳为"从众心理"。

在每一个社会圈子中,都有像《纯真年代》[2]中的范·德·卢登斯和曼森·明戈特夫人这样的预言家般的人物,他们被公认为其社交圈中的守护者和阐释者。他们说,如果范·德·卢登斯接受你,你就会被认可。来自他们的活动邀请是地位和成就的高度象征。大学社团的选举,经过精心的分级,以及被广泛接受的等级制度的划分,决定了大学生各自的地位。肩负着最优生的责任的社交领袖们特别敏感。他们不仅必须了解自己所在社交圈的内在结构,而且必须具备一种特殊的才能,知道其他社交圈正在做什么。他们就像外交官。如果一个群体里大多数成员满足于自己的现状,在社交圈里过着安逸的生活,并功利地将其所在的社交圈视为整个世界时,社交领袖必须对自己社交圈的内部结构深谙于心,同时还要不断了解其在整个社会体系中的等级地位。

事实上,社会等级制度是由社交领袖所维系在一起的。在任何一个层面上,社会领袖们都可以形成一个社交圈。但是,实际上,通过社交将各个社交圈垂直绑定在一起的这件事,迄今为止,都是由那些杰出的人完成的,他们像《纯真年代》中的朱利叶斯·柏福特和艾伦·奥伦斯卡那样在社交圈之间从容出入。由此,个人搭建的从一个社交圈到另一个社交圈的渠道就建立起来了,从而实现了塔尔德提出的模仿定律的运作方式。但对很大一部分

1　W. Trotter, *Instincts of the Herd in War and Peace*.
2　Edith Wharton, *The Age of Innocence*.

人来说，没有这样的渠道。他们只能依靠公开的社会报道和反映上流社会生活的电影来了解上层圈子的生活。他们可能在无意识的情况下发展出他们自己的社会等级体系，比如，黑人和外来移民群体。尽管各个社交圈之间存在很大的间隔，但在那些已经被同化并且始终认为自己是"国家"的一部分的群体中，却存在着各种个人联系，这使得各种观点的传播得以实现。

一些社交圈的地位非常高，成了罗斯教授所说的"传统的辐射点"[1]。因此，上流社会可能会被下层社会模仿，掌权者会被下属模仿，更成功的人会被不那么成功的人模仿，富人会被穷人模仿，城市人会被乡村人模仿。这种模仿不会止步于此，甚至会超越国界。强大、地位卓越、成功、富有、城市化的社交圈的影响在整个西半球都是不分国界的。在许多方面，伦敦都是这个社交圈的中心。伦敦圈子的成员覆盖了世界上最有影响力的人，包括外交官、金融大鳄、陆海军高级将领、红衣主教、报业大亨等，这些人的妻子、母亲和女儿掌握着邀请权。伦敦圈子既是一个巨大的谈话圈，也是一个真正的社交圈。但其重要性来自一个事实，即在这里，公私事务的区分界限几乎消失了。这个社交圈的私人事务变成了公共事务，公共事务也变成了私人事务，大多也是家庭事务。比如，王室成员的私事，类似玛戈特·阿斯奎斯分娩这样的私人事务，与关税法案或议会辩论这样的公共事务，在很大程度上处在同一个话语体系中，也会被人们公开讨论。

1　Ross, *Social Psychology*, Ch. IX, X, XI.

这个社交圈的人们对政府的绝大多数领域并不感兴趣，至少在美国，社交圈对国家政府的影响是起伏不定的。但在外交事务中，社交圈的权力总是很大，在战争时期，社交圈的声望会大大提高。这是很自然的，因为这些国际人士拥有大多数人所没有的与外界的联系渠道。他们在各国的首都与彼此共进晚餐，他们的国家荣誉感不是一个抽象的概念，而是在他们的朋友对他们的冷落或赞扬中具体体验到的。

正如《大街》描绘的，对明尼苏达州戈弗草原的肯尼科特博士来说，首相温斯顿的想法并不重要，但银行家埃兹拉·斯托博迪想什么对他而言就至关重要了。而对《纯真年代》里，女儿嫁给了斯维廷伯爵的明戈特夫人来说，当她去拜访女儿或者招待温斯顿本人时，温斯顿的想法就变得非常重要了。肯尼科特博士和明戈特夫人的社交敏感度都很强，但明戈特夫人对统治世界的那个社交圈非常敏感，而肯尼科特博士只对统治戈弗草原的那个社交圈感兴趣。尽管在那些影响着"伟大社会"关系的事物上，人们会发现肯尼科特博士通常持有自己的观点，而且他以为这些观点纯粹是他自己思考得来的，但事实上，那也只是从上流社会变形转化后向下渗透到戈弗草原的观点而已。

我们的调查研究不是试图揭示类似这样的社会组织的本质。我们只需要记住，社交圈在我们的精神与外部世界进行联系的过程中扮演了多么重要的角色，是如何让我们倾向于选择接受什么信息，以及如何评判这些信息的。社交圈内部，无论是大事还是小事，都主要由圈子里的人来自主决定，特别是，社交圈还左右了这些评判的具体实施方式。但评判的模式可能是基于过去的模式传承下来的[1]，也可能是从其他社交圈传播过来或模仿形成的。顶层社交圈由那些能代表"伟大社会"的领袖构成。与其他所有社交圈大部分观点都只针对本地事务不同，顶层社交圈关注的涉及战争与和平、社会政策和最终政治权力分配这类重大的决策，都是其在圈子里的私人事务，或者至少是在潜在的熟人圈中参与决策的。

既然地位和人际交往对于我们能看到、听到、读到和体验到什么以及其在我们能被允许看到、听到、读到和知道什么方面发挥着如此重要的作用，那么，我们更注重道德判断而不是做出建设性思考，也就不足为奇了。然而，真正有效的思考首先需要的就是避免轻易下判断，要恢复单纯的眼光，理清情感，保持好奇和开放的心态。人类历史已经证明了这一点，"伟大社会"规模的政治观点需要无私和平等的心态，但很少有人能时刻保持这种心态。公共事务与我们每个人都紧密相连，但我们专注于私人事务。我们的时间和注意力是有限的，而且经常会被日常琐事所干扰，所以我们不可能花费太多时间和精力去理性评判那些观点。

1　参见本书第三部分。

第四章

时间和注意力

显而易见，粗略地估计人们每天对公共事务的关注程度并不难。然而，有趣的是，我在不同的时间、不同的地点、用不同的方法做出的 3 次考察估算，结果都相当一致[1]。

霍奇基斯和弗兰肯向纽约市的 1761 名男女大学生发送了一份调查问卷，除少数人外，其他人都给出了回答。斯科特对芝加哥 4000 名知名商业和专业人士进行了问卷调查，收到了 2300 人的回复。在所有回答这两个问卷的人中，70%—75% 的人回复说他们每天花 15 分钟读报。在芝加哥组中，只有 4% 的人觉得自己读报的

---

[1] July, 1900. D. F. Wilcox, *The American Newspaper: A Study in Social Psychology*, Annals of the American Academy of Political and Social Science, vol. xvi, p.56.（数据表曾被重绘，见 James Edward Rogers, *The American Newspaper*。）
1916(?)W. D. Scott, *The Psychology of Advertising*, pp.226-248. 另见 Henry Foster Adams, *Advertising and its Mental Laws*, Ch. IV。
1920 *Newspaper Reading Habits of College Students*, by Prof. George Burton Hotchkiss and Richard B. Franken, published by the Association of National Advertisers, Inc., 15 East 26th Street, New York City.

时间少于这个数字，25%的人则觉得自己读报的时间多于15分钟。在纽约组中，略高于8%的人认为他们阅读报纸的时间不到15分钟，而17.5%的人则认为他们阅读报纸的时间比15分钟长。

其实，很少有人能对15分钟是多久有一个准确概念，所以上述调查结果中的数字不能从字面上理解。此外，商人、专业人士和大学生大多数容易产生一种奇怪的偏见，认为花太多时间看报纸是浪费时间，也许还隐约渴望被人称为速读者。因此，调查结果能明确表明的是，在选定的群体中，超过3/4的人认为自己对外部世界的报纸信息的关注度相当低。

一个相对客观的测试方式证实了上述调查的结论。斯科特向参与问卷调查的芝加哥受访者询问他们每天阅读报纸的份数，得到的回复如下：

读报数量	人数比例
只读1份报纸	14%
读2份报纸	46%
读3份报纸	21%
读4份报纸	10%
读5份报纸	3%
读6份报纸	2%
读所有报纸（在本次调查时当地共计有8份报纸）	3%

读2份和3份报纸的读者的比例为67%，与斯科特调查出的71%的人每天阅读15分钟报纸的结论相当接近。那些每天阅读4

至 8 份报纸的无所不读的读者，与 25% 的每天读报超过 15 分钟的读者比例大致吻合。

很难去猜测人们是如何分配自己的读报时间的。在一项要求大学生们说出"你最感兴趣的五大专题栏目"的调查中，不到 20% 的人投票给"一般性新闻"，不到 15% 的人投票给社论，不到 12% 的人投给政治，大约 8% 的人选择金融；停战后不到两年，选择国外新闻的占 6% 多一点，选择地方新闻的占 3.5%，选择商业新闻的占比近 3%，关于"劳工"的新闻占 0.25%。有个别人对体育、特写、戏剧、广告、漫画、书评、"精确新闻"、音乐、"道德风气"、社交、简讯、艺术、故事、航运、校园新闻、"时事"和版画最感兴趣。撇开这些不谈，大约 67.5% 的人对与公共事务相关的专题新闻和观点最感兴趣。

这次受访的大学生们有男有女。与男孩们相比，女孩们自认为对一般新闻、外国新闻、地方新闻、政治、社论、戏剧、音乐、艺术、故事、漫画、广告和"道德风气"更感兴趣。另一方面，男孩们则更专注于金融、体育、商业主页、"精确新闻"和简讯。这些区别与"有教养的"、"有道德的"、"有男子气概的"和"果断的"等特点的设想过于一致，不禁让人怀疑答案是否带有主观色彩。

而且，上述关于大学生的调查结果与斯科特调查芝加哥的商业和专业人士得到的结果相当吻合。他们被问到的不是哪种专栏最让他们感兴趣，而是为什么更喜欢这份报纸而不是另一份。近 71% 的人倾向于选择本地新闻（17.8%）、政治（15.8%）、金融

（11.3%）、外国新闻（9.5%）、综合新闻（7.2%）或社论（9%）。另外30%的人做出的选择则与公共事务无关。接近7%的人选择道德风气，只有占总数0.05%的人最喜欢幽默内容。

上述这些偏好是怎样与报纸为各种主题提供的版面空间相关联的呢？遗憾的是，在进行调查时，我们没有收集到芝加哥和纽约读者阅读的报纸方面的数据。但是，威尔考克斯在20多年前对14个大城市的110份报纸进行了一个有趣的分析。他研究了超过9000个专栏的主题内容，并对其进行了分类。

在全国范围内，各种报纸内容的比例如下：

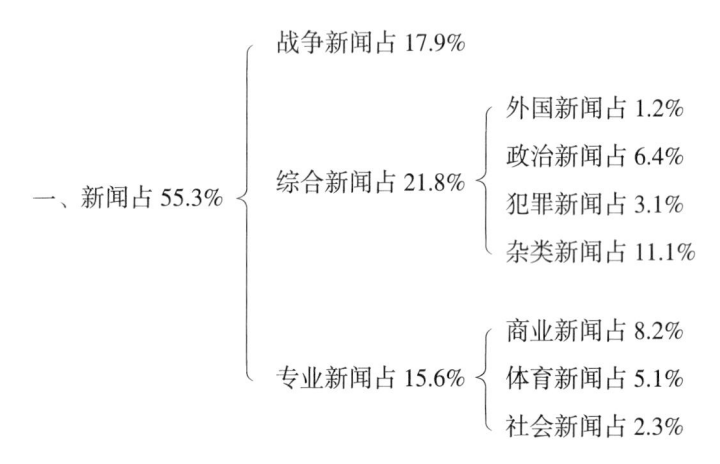

一、新闻占55.3%
- 战争新闻占17.9%
- 综合新闻占21.8%
  - 外国新闻占1.2%
  - 政治新闻占6.4%
  - 犯罪新闻占3.1%
  - 杂类新闻占11.1%
- 专业新闻占15.6%
  - 商业新闻占8.2%
  - 体育新闻占5.1%
  - 社会新闻占2.3%

二、插图占3.1%

三、文学占2.4%

四、观点占7.1%
- 其中社论占3.9%
- 读者来信占3.2%

五、广告占32.1%

为了能对上述统计数据进行一个比较公平的比较，我们有必要排除广告的版面空间，并重新计算版面的百分比。因为喜欢广告内容的人只占据了芝加哥组或纽约组非常小的部分，所以我认为，从我们进行调研的目的出发，这么处理是合理的。因为报纸往往拉到什么广告就印什么[1]，而广告版面外的部分才是根据读者的口味设计的。删掉广告版面，对数据重新计算后，得到的数据如下：

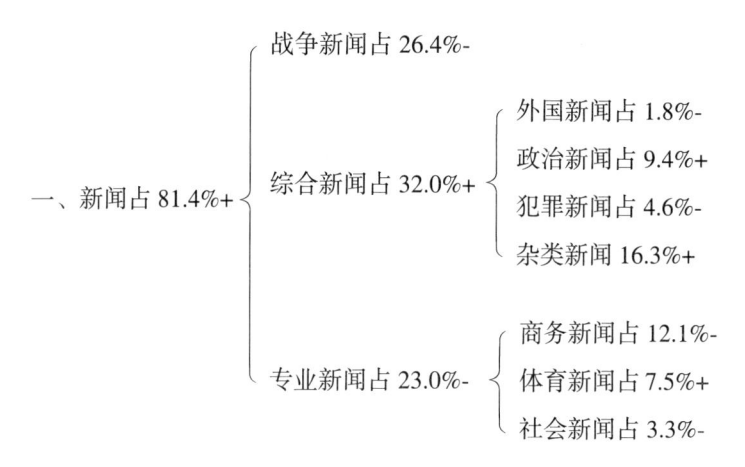

一、新闻占 81.4%+
- 综合新闻占 32.0%+
  - 战争新闻占 26.4%-
  - 外国新闻占 1.8%-
  - 政治新闻占 9.4%+
  - 犯罪新闻占 4.6%-
  - 杂类新闻占 16.3%+
- 专业新闻占 23.0%-
  - 商务新闻占 12.1%-
  - 体育新闻占 7.5%+
  - 社会新闻占 3.3%-

二、插图占 4.6%-

三、文学占 3.5%+

四、观点占 10.5%-
- 社论占 3.3%-
- 读者来信占 4.7%+

在修订后的数据里，如果你把可能涉及公共事务的项目加起来，也就是说将战争新闻、外国新闻、政治新闻、杂类新闻、商业新闻以及观点比例加起来，你会发现，在 1900 年，总共有 76.5% 的版面空间用于刊登公共事务。这与 1916 年芝加哥商业人

---

[1] 除非广告内容令人反感或者在版面不足的时候，才会调整广告。

士对报纸的偏好以及 1920 年纽约大学生最感兴趣的 5 个专栏的调查结果恰好吻合，前者数据是 70.6%，后者数据是 67.5%。

这似乎表明，如今大城市商业人士和大学生的品位或多或少仍与 20 多年前大城市报纸编辑的基本判断一致。从那时起，特写在新闻中的比例无疑增加了，报纸的发行量和版面也增加了。因此，如果今天你能选取比大学生、商界和专业人士更典型的群体并得到其更精准的回复答卷，你就会发现用于公共事务的时间和版面空间比例都变得更小了。另外，你会发现，普通人在阅读报纸上花费的时间超过了 15 分钟。而且尽管公共事务的版面空间比例比 20 多年前小了一些，但总的净额却更大了。

这些数字并不能让我们得出精确的结论，它们只是帮助我们更具体地了解自己每天花了多少时间和精力去获取形成自己观点的信息。当然，报纸不是唯一的途径，但肯定是最主要的途径。杂志、公共论坛、肖托夸[1]集会、教堂、政治集会、工会会议、妇女俱乐部和电影馆播放的新闻系列片，都对报纸进行了补充。但是，即使对这些渠道的传播效果做出最乐观的估计，相对在周围无形环境之中传达的海量信息，我们每天能直接接触信息的时间仍然是很短的。

1　肖托夸（Chautauqua），是 19 世纪后期 20 世纪初期在美国发展起来的一种成人教育运动，也指其集会教育形式。——译者

第五章

速度、文字和清晰度

这种无形的外部环境主要通过文字向我们传达信息。这些文字由记者通过有线或无线电传送给编辑，再由编辑把它们付印出版出来。而电报费用昂贵，且往往设施有限。因此，新闻内容通常被译成电报编码。例如，一份快讯写道：

华盛顿，哥伦比亚特区，6月1日电——美国政府认为，冲突爆发时，在美德国船只被扣押事件不宜公开。

其英文如下：

Washington, D. C. June I. —The United States regards the question of German shipping seized in this country at the outbreak of hostilities as a closed incident.

而这段文字在电报中可能是以下列形式传送的：

Washn i. The Uni Stas rgds tq of Ger spg seized in ts cou at t outbk o hox as a clod incident.[1]

再如另一则新闻：

柏林，6月1日电——维尔特总理今天在向国会陈述政府计划时说："恢复与和解将是新政府政策的基调。"他补充说："内阁决心诚实履行裁军的承诺，不为同盟国施加进一步惩罚提供理由。"

其英文如下：

Berlin，June 1, Chancellor Wirth told the Reichstag today in outlining the Government's program that 'restoration and reconciliation would be the keynote of the new Government's policy.' He added that the Cabinet was determined disarmament should be carried out loyally and that disarmament would not be the occasion of the imposition of further penalties by the Allies.

而这段新闻电传后则变成了：

Berlin 1. Chancellor Wirth told t Reichstag tdy in outlining the gvts pgn tt qn restoration & reconciliation wd b the keynote f new gvts policy. qj He added ttt cabinet ws dtmd disarmament sd b carried out loyally & tt disarmament wd n b. the ocan f imposition of further penalties bi t alis.

---

1 菲利普电码。

上述第二条新闻中的内容是从一个长篇外语演讲中摘选出来的，经过了翻译、编码和解码。接收电报的无线电报务员在信息传输过程中会边转录边写，据说一个优秀的无线电报务员在一天 8 小时的工作时间里可以译出至少 1.5 万字，而这 8 小时还包含半小时的午餐休息时间和两段 10 分钟的休息时间。

寥寥数语往往能代表一系列的行为、思想、感受和后果。我们读到以下的新闻：

> 华盛顿，12 月 23 日——朝鲜委员会今日发布声明，指控日本军方当局的行为比战争期间在比利时发生的任何事情都要"可怕和野蛮"。该委员会说，这份声明是基于其从满洲得到的一份可靠报告发布的。

在上面那则消息中，目击者向"可靠报告"的写作者报告了这则信息，但目击者的可靠性却有待考证。"可靠报告"的写作者又将这些信息传送给 5000 英里外的一个委员会，委员会起草了一份声明，但声明可能因为篇幅太长不适合发表。于是，一名记者从声明中挑选了部分内容，写成了一份 3.5 英寸[1]长的新闻。信息的内容只得以这种方式进行压缩，并让读者自己判断该新闻的可信度有多少。

令人怀疑的是，是否真的存在某位精通语言规范的文法大师，能够在一篇讲述几个月来朝鲜所发生之事的百字报道中讲清楚真

---

[1] 英寸，英美制长度单位，1 英寸约合 2.54 厘米。——编者

相，还要确保客观公正不偏不倚。因为语言绝不是传递信息的完美载体。文字就像货币一样，从一个人传递到另一个人那里，辗转流通。今天在人们的脑海中唤起一幅图景，明天又能唤起另一幅。无论怎样，都难以确保同样的单词在读者的脑海中唤起的想法和记者在写这个词时脑海中的想法完全一致。理论上，如果每个事实和关系都有一个独特的名称，而且每个人都同意这些名称，那么没有误解的沟通还是有可能的。在精密科学领域存在着一种接近这种理想状态的方法。这也是在世界范围内各种形式的合作中，科学研究始终是最有效的一种方式的原因。

人们掌握的语言远不如他们的思想丰富，正如让·保罗所说，语言是一本褪色的隐喻词典[1]。记者可以同时向50万读者传递信息，而他可能并不清楚他面对的都是哪些人。演讲者的话会在瞬间传递到遥远的村庄和海外，指望用仅仅几句话就表达出全部的意思几乎也是不可能的。白里安对法国众议院说："劳合·乔治的话就曾被错误地理解和传播。[2]泛日耳曼主义者似乎将其误读成了'时机已经成熟，可以开始行动了'。"全球瞩目的英国首相劳合·乔治用英语向全世界讲话，用他自己的话来表达他的各种各样的想法。形形色色的听众会按照他们自己的想法来理解这些话中的意思。无论他说的话多么丰富或微妙，或者更确切地说，当他要说的内容被转换成标准语言再传播到外国人的头脑中时，他的话越

---

1 引自 White，*Mechanisms of Character Formation*。
2 1921年5月25日《纽约时报》特别电讯稿，作者埃德温·詹姆斯（Edwin L. James）。

是丰富和微妙，他本来的意图在传播过程中就越可能被曲解。[1]

在劳合·乔治的受众中，数以百万计的人几乎看不懂书；还有数以百万计的人能读这些单词，却无法理解；在那些既能阅读又能理解的人中，我们也只能假定大约有四分之三的人每天可以花上半小时的时间来研究劳合·乔治的演讲内容。对这些人而言，

---

[1] 1921年5月，上西里西亚（Upper Silesia）的科尔凡蒂（M. Korfanty）起义使英法关系紧张。《曼彻斯特卫报》从伦敦发出的信件（1921年5月20日）包含以下内容：

法英之间的语言交流

在熟悉法国人的行为方式和性格的人中，我发现有一种倾向，他们认为在当前的危机中，我们的媒体和舆论对法国媒体生动的有时甚至过激的语言风格表现出了过度的敏感。一位消息灵通的中立观察者向我表达了这一观点，原文如下：

像货币一样，单词是价值的象征。因此，它们代表着意义，就像货币一样，它们代表的价值也会忽高忽低。法语单词"etonnant"（震撼的。——译者）被博絮埃（Bossuet）用来表达程度很深的含义，如今已经消失了。英语单词"可怕"也有类似的情况。一些国家的语言在天性上倾向于轻描淡写，另一些国家则倾向于夸大。被英国大兵称为不健康的地方，一名意大利士兵则能通过丰富的词汇和丰富的模仿来描述相同的意思。那些轻描淡写的国家会让语言"流通"保持完好。夸大其词的国家在语言上则会受到"通货膨胀"的影响。

像"杰出的学者""高明的作家"这样的表达必须翻译成法语，意思是"伟大的学者"和"精湛的大师"。这只是一个语言转化的问题，就像在法国，1英镑兑换46法郎一样，人们知道这并不能增加英镑在国内的价值。阅读法国媒体的英国人应该努力想出一个类似于银行家的操作方式，在心里把法郎兑换成英镑，正确处理两种语言之间的差异。在正常情况下，1英镑的兑换额是25法郎，但由于战争，现在是46法郎。同样，文字交换也会受到战争的波及，发生"通货膨胀"。

人们希望，这一论点是双向的，法国人并没有意识到，英国人的保守与他们自己丰富的表达背后，有着同样的价值。

阅读到的文字会是他们进行系统思考的线索，最终会影响他们的投票，从而可能对现实产生无法预测的结果。我们的观点不可避免地由我们读到的文字唤起的想法构成。世界如此广阔，我们面对的情况纷繁复杂，而能够得到的信息却相对稀缺，所以其实我们的观点大部分都是基于想象构建的。

当我们使用"墨西哥"这个词时，纽约居民脑海中可能会浮现出一些沙子、仙人掌、石油井、轮船伙夫、喝朗姆酒的印第安人、脾气暴躁的旧骑士吹胡子瞪眼鼓吹主权、可能被烟雾弥漫的工业化的前景所困扰的田园风光、为了人权而战的质朴农民等的组合画面。同样地，当我们想到"日本"一词时，我们可能会想到一群斜眼看人的黄种人、与"黄祸"密切相关、"照片新娘"、扇子、武士、"天皇万岁"、艺伎和樱花等。那么，当我们提到"外国人"时，又会唤起什么？根据1920年新英格兰地区一组大学生的定义，"外国人"是这样的[1]：

> 一个对这个国家怀有敌意的人；
>
> 一个反对政府的人；
>
> 一个站在对立面的人；
>
> 一个出生在不友好国家的人；
>
> 一个正在打仗的外国人；
>
> 一个试图危害他所在国家的外国人；
>
> 一个来自外国的敌人；

---

[1] *The New Republic*, December 29, 1920, p.142.

一个反对一个国家的人……

然而,"外国人"一词是一个异常准确的法律术语,远比"主权""独立""国家荣誉""权利""国防""侵略""帝国主义""资本主义""社会主义"等词更准确,我们很容易选择"支持"或"反对"的立场来站队。

保持思维清晰,就是要有能力辨别肤浅的类比,关注差异和欣赏多样性,这是一种因人而异的天赋。思维清晰程度上的差异是广泛存在的,比如,新生儿和正在研究花朵的植物学家之间的差异。对婴儿来说,他自己的脚趾、父亲的手表、桌子上的灯、天上的月亮和一本有着鲜艳明亮黄色封皮的《莫泊桑文集》之间几乎没有什么区别。对联合联盟俱乐部的许多成员来说,民主党人、社会主义者、无政府主义者和窃贼之间也没有显著的区别;而对成熟老练的无政府主义者来说,巴枯宁[1]、托尔斯泰和克鲁泡特金[2]之间则有着天壤之别。这些例子表明,让婴儿形成有关莫泊桑作品的良好舆论,或让联合联盟俱乐部对民主党形成准确的观念,可能都是很困难的。

一个只是乘坐别人的汽车、自己不开车的人可能无法辨别福特车、出租车和普通汽车之间的细微差别,但是如果那个人拥有一辆汽车且自己驾驶,并且就像是精神分析学家所说的,把"里

---

1 巴枯宁(Mikhail Alexandrovich Bakunin,1814—1876),俄国革命者,著名无政府主义者。——译者

2 克鲁泡特金(1842—1921),俄国地理学家,无政府主义运动的最高精神领袖和理论家。——译者

比多"[1]投射到这辆汽车上,那他只要看一眼街区外的车尾,就能描述出不同的化油器差异。这就是为什么当话题从"一般话题"转向一个人的爱好时,往往会让其感到轻松愉快。这就像从客厅里的风景画转到户外的犁田景象一样,回到了三维的现实世界,而不是暂时停留在画家描绘的情绪中,这种情绪来自画家脑海中对他自认为看透的事物的漫不经心的记忆。

桑多尔·费伦齐[2]曾经说过,我们只能较为容易地分辨出两种仅有部分相似的东西[3],孩子比成年人更容易分辨相似的事物,原始或停滞的思维比成熟的思维更容易。意识似乎最初在孩子眼中是一种无法管理的感觉混合物。孩子没有时间感,几乎没有空间感,他们像抓住母亲的乳房一样自信地伸手去够吊灯,而且对这两个动作几乎抱有同样的期待。只有随着时间的推移和经验的积累,孩子的功能和能力才逐渐形成和完善。对毫无经验的人而言,世界是连贯而无差别的,正如有人对一群哲学家说,在这个世界里,所有的事实生来都是自由和平等的。世界上那些混在一起的事实还没有被人们从那些偶然在意识中并列存在的事实里分离出来。

费伦齐认为,最初,婴儿通过哭泣来获得一些自己想要的东

---

1 精神分析学派用语。指人类生而具有的驱使个体寻求性欲快乐的力量。——译者
2 费伦齐(Sándor Ferenczi, 1873—1933),匈牙利心理学家,早期精神分析的代表人物之一。——译者
3 Internat. Zeitschr, f. Arztl. Psychoanalyse, 1913. Translated and republished by Dr. Ernest Jones in S. Ferenczi, *Contributions to Psychoanalysis*, Ch. VIII, *Stages in the Development of the Sense of Reality*.

西。这是"神奇幻觉的全知全能期"。在第二阶段,孩子指着自己想要的东西,然后得到了它。这是"神奇姿势的全知全能期"。后来,孩子学会了说话,提出自己的愿望,并获得了部分成功。这是"神奇思维与神奇言语期"。每个阶段可能在某些情境下一直持续存在,但它们可能相互叠加、彼此覆盖,只有在特殊情况下才浮现。例如,我们中很少有人能完全摆脱无害的小迷信。在每个阶段,部分成功往往会强化那种行为方式,而失败往往会刺激另一种行为方式的发展。许多个人、政党甚至国家,似乎都很少能摆脱这种神奇的经验。但是,更超前的民族、更先进的阶层,在反复失败后的试错会创造一种新的规范。他们会发现,月亮不会因为野犬对其狂吠而移动。庄稼不会因为节日庆典或共和党多数派而从土里长出来,而靠阳光、水分、种子、肥料和耕作。[1]

考虑到费伦齐的反应分类具有纯粹严谨的图解价值,我们也注意到一种至关重要的特质,那就是辨别粗糙的直觉和模糊的类比的能力。这种能力已经在实验室条件下被研究过了[2]。苏黎世联想

---

[1] 作为一名病理学家,费伦齐并没有将这个更成熟的时期描述为"在科学基础上的现实主义阶段"。在这个时期,经验像方程一样被组织起来。

[2] 例见荣格博士(Dr.C.G.Jung)指导下在苏黎世大学精神病诊所进行的诊断研究。这些测试主要是根据所谓的克雷普林-阿沙芬堡(Krapelin-Aschaffenburg)分类法进行的。它们显示了受试者的反应时间,将其对刺激词的反应分为内部型、外部型和"咣当"型几种。受试者要在不同的变量设置下做出反应:词汇在第一轮和第二轮重复出现时,受试者因记住一个想法而分心时,或者当他用节拍器敲打节奏时。实验的部分结果由荣格博士总结在《分析心理学》(*Analytical Psychology*)第二章中,并由康斯坦茨博士(Dr.Constance E.Long)译成英文。

研究清楚地表明，轻微的心理疲劳、注意力的内部干扰或外部干扰往往会"削弱"反应的质量，也就是分散注意力。一个典型的"削弱"案例就是"咣当反应"（比如当听到"cat"这个词时，脑子里会联想到"hat"这个词）。但这是对声音的反应，而不是对刺激词本身意义做出的反应。例如，一个测试显示，第二组的100次连续反应中，"咣当反应"增加了9%。此时，咣当声几乎是一种重复的机械式的反应，是一种非常原始的类比形式。

如果实验室相对简单的干扰条件都能如此轻易地削弱辨别力，那么城市生活的影响又会如何呢？在实验室里，实验对象感到的疲劳和受到的干扰都很轻微，两者在一定程度上能够由主体的兴趣和自我意识所平衡。然而，对那些在公共汽车和地铁上读报纸，进而得出政治判断的人而言，如果节拍器的节拍会降低智商，那么在工厂中持续8到12个小时的噪声、气味和高温，或者日复一日"喋喋不休的"打字机、电话铃声和砰砰的关门声，又会使他们受到什么影响呢？在嘈杂的环境中，还能听到不尖叫的声音吗？或在刺眼的眩光中，还能看到不像电子招牌一样闪烁的东西吗？城市居民的生活中缺乏独处、安静和轻松，就连夜晚的城市通常也非常嘈杂，充满了各种声音和灯光。大城市里的人不断地遭受着各种声音的袭扰，这些声音有的激烈刺耳，有的断断续续，但是永远不会停止，并会一直持续下去。这些声音来自城市的各个角落，包括交通繁忙的街道、建筑工地、商业区等。这些声音让城市变得嘈杂不堪，让人感到疲惫和压抑。在现代工业主义下，我们的思想浸泡在喧嚣中。如果说人们的辨别力常显得迟钝愚蠢，至少有一部分是这方面的原因。无论是经验还是实验均证明，在这种环境下，人们很难保持思维的清晰度和辨别能力，而统治者就是在这样的环境下支配着人们的生死和幸福。当环境条件使思考成为负担时，"无法忍受的思想负担"就成了一种确切的负担。然而，当环境条件有利时，思考就不再是负担，而是令人愉悦振奋的体验，和跳舞一样自然。

每个工作中需要"思考"的人都知道，他必须在一天中留出一段安静时光以供自己思考。但是在我们以文明之名义赞颂着的喧嚷混乱中，整个环境充斥着嘈杂、拥挤和压力，公民们不得不在可能是最糟糕的环境中履行政府施加的十分危险的政治事务。人们隐隐约约感受到了自己所处环境的危险，这激发了人们争取缩短工时、延长假期，以及要求改善工厂和办公室照明、采光、通风、秩序和争取尊严的运动。但是，想要提高我们生活中的认知水平，那些争取仅仅只是一个开始。对工人来说，只要各类工作仍然是无休止的，是漫无目的的例行公事，是单调重复的机械动作，那么他的整个生活就会趋向于一种无目的的自动化状态，除非有什么惊人的事情发生，否则他生活中的一切都不会有什么特别之处。因此，只要他日夜都被困在人群中，他的注意力就会时而闪现，时而松懈。想想看，在一个空气污浊的房子里，到处都是繁重的家务、孩子的尖叫、刺耳的声音、难以消化的食物、糟糕的空气和令人窒息的装饰，他怎么能坚持下去，进行清晰而迅捷的思考？

也许我们偶尔会走进一座宁静而宽敞的现代建筑；或者去一

个剧院，在那里现代舞台艺术能够去除日常所带来的干扰；或者去海边，去一个安静的地方，这时我们就会想起我们的日常城市生活是多么混乱、多变、奢靡和嘈杂。我们就会开始明白为何我们头脑混乱，无法精确地捕捉到信息，为何我们被新闻标题和口号所困扰，以及为何我们经常无法准确把握事情的本质或区分明显不同的事物。

但是，外在的混乱由于内在的无序会变得更加复杂。实验表明，我们所经历的情感冲突会干扰我们联想的速度、准确性和质量水平。在 1/5 秒的时间内，向受试者展示 100 个包含中立和感情色彩强烈的词，受试者只对其中 5 到 32 个有反应，有的甚至完全没有反应。[1] 显然，我们的舆论与各种复杂的命题保持着间歇性的联系，诸如野心、经济利益、个人仇恨、种族偏见、阶级感情等。它们以各种各样的方式扭曲我们的阅读、思维、谈话和行为。

最后，由于舆论的影响力不会止步于社会普通成员，加上政治选举、宣传、追随活动、争取足够多支持者的政治活动，注意力的质量会进一步下降。完全不识字、意志薄弱、极度神经质、营养不良和沮丧的人群数量相当可观，甚至远远超过我们的想象。因此，迎合普通民众、富有感染力的内容会在群体中广泛传播。这些人心理上像孩子或野蛮人，或是生活深陷泥潭，他们的活力被耗尽、孤僻封闭。这些人可能没有足够的经验或者知识来理解

---

1 Jung, *Clark Lectures*.

当下的时事问题，在讨论问题时可能也缺乏全面的理解和判断力。舆论之流动会被这些人的错误理解所妨碍，被这些人用偏见和牵强的类比歪曲，从而失去原有的意义和价值。

上文提到的"广泛的吸引力"，考虑到了人在联想事物时的特征，并且考虑了那些能引起更多人响应共鸣的因素。而另一种"狭窄的"或"特殊的吸引力"是针对那些能引起异乎寻常的共鸣的点而言的。但同一个人可能对不同的刺激，或在不同时间对相同的刺激做出大相径庭的反应。人类的共鸣点复杂多样，就像高山国家的地形一样，"远近高低各不同"。这里有孤立的山峰，有广阔但彼此分离的高原，还存在着一些低海拔的平原，这些连绵不绝的平原就是普通大众的共鸣阶层。有些人在某些特定的共鸣点上表现出了与众不同的方面，如弗雷格和皮亚诺理论存在的精细差异，或者萨塞塔早期作品和晚期作品之间的区别。他们在某些方面可能表现出坚定的共和党派倾向。然而，当面临饥饿和恐惧时，他们的反应可能与普通人一样。难怪发行量大的杂志更喜欢使用漂亮女孩的脸当封面，而不是任何其他商标。一张脸，若是足够漂亮就可以迷倒众生，而若足够天真无辜则让人容易接受。这种"心理层面"上的刺激作用决定了公众的潜在数量有多少。

因此，我们的舆论所处的环境在很多方面都被扭曲了。比如，审查和隐私制度从源头上设置了障碍，物质和社会环境条件限制了信息的接收，注意力被分散，语言的贫乏、分心、无意识情感的堆积、暴力、生活的单调、耗损等等，这些限制，加上事实本身就已非常晦涩与复杂，使得我们对环境的接触与感知不够清晰和公正，用误导性的虚构想象取代了富有建设性的观点，剥夺了我们对故意误导他人的人进行充分检查的能力。

第三部分

刻板印象

第六章

刻板印象是什么

我们每个人都生活和工作在地球表面的一小部分区域,在一个小圈子里兜兜转转,只和少数比较熟悉的人打交道。一件拥有广泛影响的公共事件,我们充其量也只能看到其中一个方面和一个阶段。那些参与其中起草条约、制定法律和发布命令的知名内部人士是如此,那些制定条约、颁布法律和下达命令的人也是如此。相比直接观察,我们的观点往往能涵盖更广阔的空间,穿越更漫长的时间,涉及更冗杂的事物,而这些比事实本身"多出来的"观点便是从其他人报道的碎片和我们的想象中拼凑起来的。

然而，即使是目击者也无法重现当时的场景。[1]经验表明，目击者会无意识地将自己想象的内容融入对现场的描述中，导致对事件的描述出现变形。意识实际上是主客观统一的产物，只有很少一部分意识是客观的，大部分意识是主观塑造的，是对客观存在的反映。一篇报道是其理解者与事件本身共同构造出来的，目击者的角色总是选择性的，通常是创造性的。我们所能看到的事实真相取决于我们所处的地位和看待问题的习惯。

陌生的场景就像是婴儿的世界，是"一片极度模糊、喊喊喳喳的混沌"[2]。就像美国著名教育家约翰·杜威[3]说的那样，任何新事物都会让成年人感到震惊，只要它是真正的新的、奇怪的。"那些我们听不懂的外语就像是在胡言乱语，而在混乱中是无法找到一组观点明确、清晰易懂、旗帜鲜明的声音的。"拥挤街道上的乡下

---

[1] 参见 Edmond Locard, *L'Enquête Criminelle et les Méthodes Scientifiques*。近年来，人们收集了大量关于证人可信度的有趣材料，一位评论家在《泰晤士报》1921 年 8 月 18 日的文学副刊中对这本书做出了评论。提到近年来出现的材料表明，证人的可信度受证人阶层、事件本身的阶层以及不同知觉类型的影响。触觉、嗅觉和味觉等感知的证据价值较低。因为当判断声音的来源和方向时，我们的听力是有缺陷的和武断的；在听别人说话时，证人"会真诚地提供自己没有听到的话。这些话语将由证人根据自己的理解和理论来填补，并将他听到的声音与之匹配"。即使视觉感知也可能存在很大的错误，比如识别、判断距离和估算数量等方面。对未经训练的观察者来说，很难准确感知时间的长短。所有这些原始的弱点都会因记忆和想象力的不断作用而变得复杂化。

另见 Sherrington, *The Integrative Action of the Nervous System*, pp.318-327。已故的雨果·闵斯特贝尔格（Hugo Münsterberg）教授就这一主题写了一本名为《证人席上》(*On the Witness Stand*) 的畅销书。

[2] Wm. James, *Principles of Psychology*, Vol. I, p.488.

[3] John Dewey, *How We Think*, p.121.

人，海上的陆客，夹在复杂体育竞赛行家之间的门外汉，都是例子。把一个没有经验的人直接"空降"进工厂，这样的开头会让懵懂的新人觉得这项工作无从下手。一场竞赛中的新手，会被人一眼认出，因为他们看起来就像是在赛场上"梦游"。对外行人来说，他们只能分辨出羊群中大小或颜色有巨大差异的羊，但对牧羊人来说，每只羊的特点他都了然于心。我们无法理解那些散乱模糊又肆意变幻的事物。因此，通过事物获得意义的难点，或（以另一种方式表述）形成简单理解习惯的困难在于，如何将确定性和区别性以及意义的一致性或稳定性引入其他模糊和摇摆的事物中。

但事物的确定性和连贯性又取决于向外界描述这些事物的人。在后面的一段文章中[1]，杜威举例说明了一个经验丰富的外行和一个化学家对"金属"这个词的定义是非常不同的。"光滑、坚硬、有光泽、闪亮，相比它的尺寸，其重量很重，具有耐用性，进行锤击和拉伸不会轻易使其断裂，能够通过加热软化和冷却硬化，能够保持既定的形状和形态，能够抵抗压力和腐蚀。"这是外行人给出的定义。但化学家可能不会理会这些美学和实用性状，并将金属定义为"某种可以与氧结合形成碱的化学元素"。

在大多数情况下，我们不是先看到再定义，而是先定义，再看到。在极度模糊、喊喊喳喳的混沌的外部世界中，我们挑选出已经被我们的文化定义好的东西，并倾向于按照自己的文化设置

---

[1] John Dewey, *How We Think*, p.133.

好的刻板印象去理解这些东西。战后，解决人类纷争大事件的要员们齐聚在巴黎，他们中有多少人能够真正看到周围的欧洲，而不仅仅是他们口中所承诺的欧洲？如果有人深入了解克里孟梭的内心，会在那里找到1919年欧洲的真实形象，还是在长期战乱后由一大堆刻板观念积累起来的固化印象？他所看到的是1919年的德国人还是自1871年以来他所了解的与法国积怨已久的德国人形象？克里孟梭看到的德国人形象来自从德国传来的报告，而他只记住了那些符合他脑海里德国人刻板印象的报告。在他眼中，如果一个贵族咆哮，那是一个真实的德国人；如果一个劳工领袖承认德意志帝国的罪行，那么他就不是一个真实的德国人。

在哥廷根的某届心理学大会上，曾有过一次有趣的实验，参与者是一群看似经过训练的观察者。[1]

> 在哥廷根大会所在的大厅附近有一个公共庆祝活动，其中有一个假面舞会。突然，大厅的门被推开，一个小丑闯了进来，他被一个拿着手枪的黑人疯狂追赶着。两个人在房间中间打斗了一会儿，小丑倒下了，黑人跳到他身上，开了一枪，然后两个人都冲出了大厅。整个事件只持续了20秒钟。
>
> 会议主席要求在场的人立即撰写报告，因为事后肯定会有司法调查。他一共收到40份报告。只有1份报告在主要事实方面的错误率不到20%；14份报告的错误率在20%到

---

[1] A. von Gennep, *La formation des légendes*, pp.158-159. 引自 F. van Langenhove, *The Growth of a Legend*, pp.120-122。

40%；12份报告的错误率在40%到50%；13份报告的错误率超过50%。另外，在24份报告中，有10%的细节完全是编造的，并且有10份报告编造的细节超过这个比例，6份报告编造的细节低于10%。总之，有1/4的报告是虚假的。

不用说，整个场景都是事先安排好的，甚至是事先排练好的。这10份虚假报告可能会被归入故事和传说的范畴；24份报告中有一半是虚构的；6份报告可以视为有证据价值的确切证据。

在上面的实验中，40位受过训练的观察者被要求撰写了一份责任重大的报告，描述刚刚在他们眼前发生的场景。超过一半的人提供了没有发生的场景。那么，事件发生时，他们看到了什么？人们可能会认为，描述已经发生的事情比编造没有发生的事情更容易。其实，他们看到的是脑海中对斗殴的刻板印象。在看到斗殴场景时，他们脑海中闪过此前人生中见到过或者经历过的一系列争吵斗殴的画面和场景。他们不由自主地用脑海里的斗殴图像取代了眼前的打斗场景。在其中一个人眼里，这些图像取代了不到20%的实际场景；13个人则以超过一半的脑海中的图像取代了实际场景；在40个观察者中，有34个人让刻板印象占据了实际场景中超过10%的内容。

一位著名的艺术评论家曾说过[1]："物体可以呈现出无数种形态，

1　Bernard Berenson, *The Central Italian Painters of the Renaissance*, pp.60, et seq.

而我们是迟钝和大意的，如果没有艺术赋予物体刻板印象的形状，该物体对我们来说几乎没有确定和清晰的特征和轮廓，我们也无法随时回想起它们来。"实际上，事实不止于此，因为赋予世界刻板印象的不仅来自绘画、雕塑、文学等艺术形式，还来自我们的道德规范、社会哲学和政治运动等方面。

在贝伦森先生下面的这段话中，用"政治""商业"和"社会"来代替"艺术"一词，这些句子还是正确的："……除非艺术学校还教会了我们用自己的眼睛观察，否则我们很快就会养成习惯，把我们所看到的事物塑造成我们自身熟悉的那种艺术形式。这就是我们的艺术标准。任何人给我们提供我们无法立即匹配的形状和颜色，我们都会摇头，认为他无法再现我们所知道的事物的确切形态，或者会指责他虚伪。"

贝伦森先生谈到了，当一位画家"没有像我们希望的那样准确地将物体可视化"时，我们就会感到不满意，并且由于"自那时以来，我们的形式视觉方式已经发生了千百种变化"，所以很难欣赏中世纪的艺术。[1] 他接着说明了，从人物造型角度出发，我们应该怎么看待我们所看到的东西。"多那太罗和马萨乔创造了新的

---

1 参见其在 *Dante's Visual Images, and his Early Illustrators in The Study and Criticism of Italian Art*（First Series），第13页的注释："我们不可避免地要把维吉尔（Virgil）打扮成罗马人，给他一个'古典的侧面'和'雕像般的体态'，但丁（Dante）对维吉尔的罗马诗人视觉形象的描述可能同样是中世纪的，不过是基于对古物的批判和重建。14世纪的画家把维吉尔描绘成一个穿着学士袍的中世纪学者，所以但丁这样描述维吉尔的视觉形象也没什么奇怪的。"

人类形体标准和新的面部特征表现手法，并得到了人文主义者的认可……他们向当时的统治阶层呈现了在人类力量的斗争中能获胜的人类类型……谁有能力打破这种新的视觉标准，并从万物的混沌中挑选出比天才们所确定的那些更能明确表达现实的形状呢？没有人。所以，人们被迫以这种方式看待事物，别无他法，只看到以这种方式描绘的形状，并爱上这种方式，认为这是理想的方式……"[1]

我们无法完全理解其他人的行为，除非了解他们的知识背景和认知方式，那么，为了公平起见，我们不仅需要考虑他们掌握的信息，还需要评估他们的思维方式，因为这些思维方式会过滤掉他们所接收到的信息。在信息进入意识的过程中，社会约定俗成的模型、流行的模式、标准的说法会更容易被接受，它们可能会干扰大脑对信息的接受，使其无法到达意识层面。以"美国化"为例，从表面上看，美国化就是以美国人的刻板印象代替欧洲人的刻板印象。比如，农民可能会把自己的地主视为庄园主，把自己的雇主视为当地的权贵，而美国化则教导他们按照美国的标准来看待地主和雇主。这种思维方式的改变，实际上是在不同思维方式嫁接成功的情况下，改变了他们的视野和观念。于是，他们看世界的方式不同了。一位和蔼的女士承认，这些刻板印象如此"自负"，以至当现实与她的这些刻板印象不相符时，她甚至无法接受手足情谊，就连上帝的圣父身份也不相信了："我们的衣着会

---

[1] *The Central Italian Painters*, pp.66-67.

创造出一种心理和社会氛围。面对一个坚持雇佣伦敦裁缝的男人，你还能指望他的美国化会有多么深刻呢？一个人的食物也会影响他的美国化，想想看在酸菜和林堡式干酪的氛围中，还能生出怎样的美国观念？或者你对一个呼吸总是有蒜味的男人的美国化还能抱有怎样的期待呢？"[1]

上面提到的这位女士可能赞助了我的一位朋友曾经参加的一场盛大游行。这场盛会被称为"大熔炉"，于7月4日在一个汽车城举行。许多有着外国血统的工人都在这里工作。在棒球场的二垒中心，矗立着一个由巨大的木头和帆布做成的大锅，几段台阶一直从两侧通到大锅边缘。在观众就座，乐队演奏完毕后，一个由工厂里的所有外国国籍的工人组成的队伍穿过场地一侧的开口。他们穿着本民族的服装，唱着本民族的歌曲，跳着本民族的舞蹈，举着欧洲各国的旗帜。打扮成山姆大叔的司仪是当地小学的校长，他带领队列来到大锅前，并引导他们走上台阶，一直走到大锅边缘，然后走进去，从大锅另一头出来。出来时，毫无疑问，队列中的人都戴着圆顶礼帽，穿着外套、长裤、背心，打着硬领和圆点领带，我的朋友说，每个人口袋里都揣着一支"永锋"牌铅笔，并齐声合唱着国歌《星条旗永不落》。

可能对这个游行的发起人以及大多数参与者来说，他们似乎成功地展示了美国本地人和外来人口之间建立友好关系的最大难题。他们脑中对彼此的刻板印象妨碍了他们基于共同人性对彼此

---

[1] 引自 Mr. Edward Hale Bierstadt, *New Republic*, June 1, 1921, p.21。

的充分理解。改名的那些移民都知道这一点，实际上，他们其实是想通过改名换姓来改变自己，从而改变陌生人对他们的态度。

当然，我们观察外部场景时的所思所想与那个场景之间存在着某种联系，就像我们能想到激进集会中会有一些长发男性和短发女性一样。但对匆匆忙忙的观察者来说，略微一瞥就足够了，没时间细细思索。如果观众中有两个剪了短发，四个留着络腮胡子，那么对事先知道此类集会并喜欢这些发型的记者来说，这就是剪了短发和留胡子的观众。我们的视觉和事实之间确实存在联系，但往往是一种奇怪的联系。比如说，一个人除了去乡下考察场地是否适合建房，很少去外面欣赏风景，但他看到了挂在客厅里的很多风景画。从这些画中，他了解到乡下的风景：有着玫瑰色的日落或一条旁边有教堂尖塔的乡村小路，天空中挂着银色月亮。有一天他去乡下，花了好几个小时却没看到任何一处与他脑海中刻板印象相符的风景。但当玫瑰色的太阳落山时，他立刻认出了这一片风景，惊呼它的美丽。但是两天后，当他试图回忆起他所见的一切时，他极有可能想起的还是挂在客厅里的某幅画。

上面提到的那个人，他既没喝醉，也没在做梦或是精神错乱，他确实看到了日落，但他在日落时看到的与记住的，大多还是油画引导他观察到的东西。这和印象派画家或受过良好教育的日本人不同，他们能够看到并从日落中感悟到艺术。反过来，除非这些日本人和画家碰巧是极少数能够开辟新的视觉体验的人，否则他们看到并记住的依旧更多的是他们所学到的形式。如果未经训练，我们在观察时只能从环境中挑选出我们熟悉的、可识别的标志，这些标志转化为思想观念，我们再用我们的图像库存来补全这些思想观念。我们并不是真的看到这个男人和那个日落，相反，我们先注意到的事物是人或日落，然后才看到我们头脑中已有的跟这些主题相关的东西。

之所以会这样，是因为其中还涉及了"经济性"的问题。与将事物归类并以刻板印象来看待它们相比，试图全新并详细地看待所有事情是令人疲惫的，而且在繁忙的事务中也几乎不可能实现。在朋友圈子里，不能简单地将周围的人划归到亲密的同事或竞争对手等不同类型中，人与人之间的交往没有捷径可走，也没有什么替代方法能简单地给别人贴标签区别对待，只能亲身体会和仔细感受对方的行为，具体问题具体分析。我们最深爱和钦佩的人，是那些能关注到具体的人、具体的行为，以事实为依据采取行动的人，而不是满脑子给别人贴标签划分阵营的人。他们了解我们本身，而不是将我们归入某种分类中。因为即使我们没有亲口说出这种随便给人贴标签区别对待的情况，我们也能直觉地感受到，不管是不是我们的本意，这种贴标签分类的方法都会引起一些后果。人与人之间的交流必须以相互尊重为前提，彼此不能侵犯对方的人格。如果不将此作为互相交流的准则和前提，人与人之间的任何关系都会被玷污。

但现代生活匆忙而多样。物理距离经常成为阻隔有重要社会关系的人们的首要因素，如雇主和员工、官员和选民。他们既没有时间也没有机会进行深入的交往。相反，我们只会注意到他们身上标志性的特征，根据我们脑海中对这种类型的刻板印象将他们强行划入某种类型，并对其形象进行"脑补"。比如，如果我们将某人称为煽动者，有人告诉我们或者我们意识到的信息就都会跟"煽动"有关。煽动者是这种人，所以那个人也是这种人。类似的标签还有很多，比如：说一个人是知识分子；是财阀；是外国人；是南欧人；是来自后湾区的人；是哈佛人（与耶鲁人截然不同的那种人）；是普通人；是西点军校的学生；是位老陆军中士；是格林尼治村民（有了这个标签，我们几乎可以知道与这个人有关的任何事）；是国际银行家；是缅因街这种小地方的人……

在所有影响中，最微妙难以捉摸却又最普遍存在的是那些创造和维持刻板印象的影响因素。在我们看到世界之前，我们就被告知关于这个世界的事情。在我们经历某件事之前，我们就想象这些事情。除非教育让我们变得敏锐，否则那些先入为主的观念，会深深支配着整个感知过程。这些刻板印象将某些对象标记为熟悉或陌生，强调差异，使得稍微熟悉的事物被视为非常熟悉，而有些陌生的事物则被视为明显的异己。微小的迹象都可能引起这些刻板印象，这些迹象可大可小、可真可假，可能是真实清晰的表征，也可能是模糊不明的相似性。被唤起后，他们就会用旧的图景来理解新的现实，将激活的记忆中的东西投射到当下的世界中。如果新旧事物没有任何相似性，当人们用旧观念来审视新事物时，就谈不上节省注意力，在未来肯定也会导致出现错误。但是，当新旧事物是一脉相承的，有着高度一致性时，采用刻板印象节省注意力就不可避免。因此，如果放弃刻板印象，转而采用十分幼稚的方法去体验世界，人们的生活也会受到极大影响。

重要的是要了解刻板印象的特征，以及我们轻信这些刻板印象的原因。最终，这些都取决于那些构成我们生活哲学的包容性模式。假设在这种哲学中，我们对世界的理解就是我们对世界信息的编码和解码的结果，我们的大脑就会对我们接收到的信息进行编码和解码，从而使我们能够理解和感知世界。但是，如果这种哲学告诉我们每个人只是世界的一小部分，他的智力最多只能抓住一个粗略想法的某一片段和某一方面，那么，当我们使用刻板印象时，我们往往会知道它们只是刻板印象，所以轻描淡写，不会将其奉为圭臬。而且，如果发现这些刻板印象有错误，也会愉快地修正。我们也倾向于越来越清楚地意识到我们的想法始于何处、何时，以及这些观念是如何来到我们这里的，我们为什么接受了这些观念。所有有用的历史都是以这种方式保持与时俱进的。它使我们能够知道童话、教科书、传统、小说、戏剧、图片、词语，是如何在一个人的头脑中植入另一个先入为主的观念的。

那些支持审查艺术的人至少没有低估刻板印象的这种影响。但他们通常会误解刻板印象起作用的方式，总是近乎荒谬地阻止其他人接触未经他们批准的东西。不过，无论如何，像柏拉图关于诗人的争论那样，他们也模糊地感觉到，通过虚构获得的类型往往会被读者强加在现实中。因此，毫无疑问，人们在报纸上读到的文字会唤起人们对电影画面的想象。因为纵观人类历史，在对视觉的刺激方面，没有任何艺术形式可以与电影相媲美。如果一个佛罗伦萨人需要想象圣徒的样子，他可以去看教堂的壁画，在那里他可以看到由乔托画的圣人标准图像。如果一个雅典人需要想象众神的样子，他就可以去神殿。但能在照片中留下影像的物体数量并不多。在东方，第二戒律的精神仍被人们所推崇，对具体事物的描绘甚至更加贫乏。也许正因如此，人们在生活中做实际决策的能力大大降低了。然而，在西方世界，在过去的几个世纪里，世俗的描述在规模和范围上都有了巨大进步，从口头描述到文字记录、配有绘画插图的记叙，到电影，最后是有声电影。

如今，照片有一种超越想象的权威，就像从前的印刷文字和口头语言一样。因为照片看起来是完全真实的。我们认为，它们直接向我们传达信息，没有其他干预，似乎是最容易获得的精神食粮。任何言语描述甚至是任何插画图片，都需要我们努力记忆，画面才会出现在脑海中。但是在大屏幕上，观察、描述、报告、想象的整个过程早已提前完成。在不需要更多努力来保持清醒的情况下，我们一直试图用想象力想象的那些画面就在屏幕上被"重播"出来。模糊的想法变得生动起来；我们可以说，多亏了格里菲斯先生，当你看到《一个国家的诞生》时，你对三K党的模糊概念就变得生动起来了。尽管电影刻画的形象和历史可能不符，在道德上可能有不良影响，但这依旧是一个生动的形象。我想，任何看过这部电影的人，如果对三K党的了解不比格里菲斯先生多，那么只要听到三K党的名字，脑海里就会自动浮现出那些白人骑手的形象。

因此，当我们谈论一个群体的思想，比如法国的思想、军国主义的思想、布尔什维克的思想时，如果我们不将其本质与刻板印象、模式和规则区分开来，我们就有可能陷入严重的混乱。这些刻板印象、模式和规则在建设精神世界的过程中起着决定性的作用，我们的思想也是随着这个精神世界逐步调整与适应的。这种区分的缺失，导致人们对集体思想、民族精神和种族心理产生了大量不切实际的议论。确实，一个刻板印象可能在代代相传的过程中被一致而权威地传递下来，几乎像生物学遗传一样。如瓦莱斯先生所说，在某些方面，我们可能确实已经成为寄生在我们社会遗产上的生物。[1]但是这种说法：人们从呱呱落地的那刻开始，就拥有出生国的政治习惯，却没有任何科学证据。在国家政治习惯相似的情况下，如果要寻找解释，首先应该从托儿所、学校和教堂开始，跟"群体心理"和"民族灵魂"这种虚无缥缈的东西无关。除非你完全没有看到传统从父母、老师、牧师和叔叔那里传递下来，否则将政治差异归咎于遗传物质就会是一种最严重的谬误。

关于教育和经验的比较性差异，我们可以尝试性地进行概括，但也不能大言不惭地说能够完全说清楚。即使是这种简单的比较也是一项棘手的任务，因为几乎没有两种体验是完全相同的，甚至在同一个家庭中的两个孩子也是如此。大一些的孩子从未体验过做更小的那个孩子的感觉。因此，在我们能够忽略后天培养的

---

[1] Graham Wallas, *Our Social Heritage*, p.17.

差异之前，我们必须保留对自然差异的判断。就像你在比较两块土壤时，很难判断哪块来自拉布拉多，哪块来自艾奥瓦州，在不知道它们是否被耕种、施肥、过度耕种或者抛荒的时候，就去评判两种土壤的肥力，同样是不合理的。

第七章

作为防守手段的刻板印象

即便我们试图追求更客观公正的角度,在很多时候我们依然坚守自己的刻板印象。其中的原因除了节省精力,另一个是,这些刻板印象系统可能是我们个人传统的核心,是为了保护我们的社会地位。

我们的习惯、品位、能力、心理舒适感和内心期望等都已经经过自我调整适应了部分外部世界,与这些刻板印象一起组成了一幅有序的、或多或少统一和谐的世界图景。它们可能不是世界的全貌,却是我们所适应的一个世界的图景。在这个世界中,人们和事物都有各自的位置,做某些预期中的事情。我们在那里感到像在家里一样自在;我们适应环境并融入其中;我们是图景中的一分子;我们也熟知周围的一切。在那里,我们目之所及都是熟悉、正常、可靠的东西;这个世界的每个角落都是我们探索过并已经司空见惯的。我们在适应那个模式之前可能已经放弃了许多其他的可能性,而一旦我们适应了那个模式,它就像一双旧鞋一样合脚。

因此，任何对刻板印象的干扰看起来都像是在动摇整个世界的根基。实际上，这是对我们世界观基础的动摇，尤其是面对重大的事件时，我们拒绝承认自己所认识的世界和真正的世界之间实际上是有差异的。如果事实证明，在这个世界上，我们尊敬的人不值得尊重，我们鄙视的人却是高尚的，那将令人崩溃。如果我们固有的价值观被打破，我们就会陷入混乱。因为，对那些不愿意循规蹈矩生活的人来说，如果"温顺之人必能永存""在先的要在后""无罪之人可投石""恺撒的归恺撒"等谚语成真的话，他们自尊的根基就会动摇。

刻板印象的模式是有倾向性的。它不仅仅是一种秩序，被用来理顺嗡嗡作响的、混乱的现实，也不仅仅是一条捷径，刻板印象承载和代表着更多内容。它是我们自尊的保证，是我们自己的价值观、地位和权利的感受在外部世界的投射。因此，我们对这些刻板印象充满了依恋之情。刻板印象是守护我们内心传统的堡垒，在它的防御之下，我们才可以继续在我们已占据的位置上感到安全。

例如，公元前4世纪，在怀疑论甚嚣尘上而亚里士多德著书立说为奴隶制辩护时[1]，雅典奴隶在很大程度上已很难与自由公民区分开来。齐默恩先生引用了《老寡头》中一段生动有趣的话介绍了奴隶受到的优待。"假设法律允许公民殴打奴隶，那么很可能就会经常出现雅典人被误认为是奴隶或外国人而遭到殴打的情况；

---

1 Zimmern, *Greek Commonwealth*. 见脚注，p.383。

因为雅典人的穿着并不比奴隶或外国人好，外貌上也没有什么优越之处。"这种不加区分的情况自然会导致这种制度解体。如果自由人和奴隶看起来都一样，那还有什么必要去区别对待他们呢？亚里士多德在他的《政治学》第一卷中试图理清这种混淆。凭着某种可靠敏锐的直觉，他知道要想为奴隶制辩护就必须教导希腊人用一种能让奴隶制延续的方式来看待奴隶。

因此，亚里士多德说，有些人天生就是奴隶。[1] "他天生就是一个奴隶，正因为如此，他注定成为另一个人的财产。"这句话真正说的是，任何碰巧是奴隶的人都是天生注定要当奴隶的。从逻辑上讲，这种说法毫无价值，实际上，这根本不算是一个命题，逻辑也与之无关。它是一种刻板印象，或者更确切地说，它是刻板印象的一部分，人们几乎立刻就会据此得出某个结论。在断言奴隶具有感知理性的能力，但没有被赋予使用理性的能力之后，亚里士多德坚持认为："自然的意图是使奴隶和自由人的身体彼此不同，一种人生来是健壮的，做奴隶所要做的劳动正合适；而另一种人生来是直立挺拔的，这对于奴隶劳动毫无用处，却正适合公民的文明生活……很明显，有些人天生是自由的，而另一些人天生是奴隶……"

如果要去探究亚里士多德的论点错在哪里，我们会发现他一开始就在自己和事实之间竖起了一道巨大的屏障。当他说那些生来就是奴隶的人时，他直接排除了一个致命的问题，即那些碰巧

---

[1] *Politics*, Bk. 1, Ch. 5.

是奴隶的人是否天生注定要成为奴隶？因为这个问题会让每一个奴隶存在的合理性都被怀疑。既然身为奴隶的事实并不能证明一个人注定会成为奴隶，那么就没有什么特定的检验方法来确定谁注定是奴隶。因此，亚里士多德完全规避了这个具有毁灭性的怀疑论点，从而坚称那些生来就是奴隶的人注定要成为奴隶，并且每个奴隶主都应该把他的奴隶看作天生的奴隶。当奴隶主的眼睛习惯了那样看待奴隶时，他们就只关注到奴隶天生是奴隶的证明：比如，奴隶能胜任卑躬屈膝的工作，奴隶拥有强壮的体格，奴隶从事卑贱的工作，等等。

这是典型的刻板印象。它的标志是先于理性起作用。刻板印象是种感知形式，在人类理智思考之前，它将某种特征强加给我们的感官。这种刻板印象就像波士顿大街上薰衣草色的窗玻璃以及化装舞会门前评判客人着装的门卫。没有什么比刻板印象更冥顽不灵、更不愿意接受教育或批评的了。刻板印象会让你"按图索骥"式地寻找证据，找到的证据自然也都打上了它的"烙印"。这就是为什么从国外回来的旅行者讲述的往往是一个有趣的故事，因为他们抱有享受旅行乐趣的心态。如果他出发时带着品鉴美食的欲望、对瓷砖浴室和普尔曼卧铺车厢的期待以及要给服务员、出租车司机和理发师小费，但在任何情况下都不给车站工作人员和导游小费的打算，那么他的旅行记忆就会充满了好吃的或难吃的食物、状况频出的沐浴过程、火车车厢恶作剧以及逃脱付小费的经历。或者，如果旅行者是一个性格更严肃的人，他就会去参观各种名胜古迹。在到达目的地后，他会去匆匆看一眼纪念碑，然后埋头于旅游指南里，从头到尾认真阅读每一个字，再继续前往下一个著名的景点。这样，他就带着紧凑和有序的旅游记忆返回了欧洲，给它评了一星或者两星。

在某种程度上，来自外部的刺激，尤其是当印刷文字或口头语言形式出现时，会唤起我们刻板印象系统的某些部分，从而使实际的感觉和先入为主的观念同时占据意识。两者融合在一起，就像我们用蓝色眼镜看红色，会看到绿色一样。如果我们所看到的与我们的预期一致，那么这种刻板印象就会进一步得到强化，就像一个人事先知道日本人狡猾，而不幸被两个不诚实的日本人欺骗一样。

如果这种经历与刻板印象相矛盾，就会出现两种结果。如果这个人不再具有开放包容的精神，或者如果有强大的利益驱使他必须坚守刻板印象，他就会对出现的矛盾嗤之以鼻，并将其视为例外；他会通过质疑和抹黑证人、找出某个缺陷、设法忘记这个"特例"等方式，来证明规则的存在。但是如果他仍然保持好奇心和开明的思想，他就会接纳新事物，并据此来修正旧观念。有时，新旧观念冲突太过激烈，他很可能会动摇，甚至改变原来看待生活的方式，并质疑人们对该事物的普遍认知。尤其是如果他是文学家，在极端的情况下，他可能会通过让犹大、本尼迪克特·阿诺德或切萨雷·博尔吉亚成为故事中的主角，来激发推翻道德准则的热情。

在德国关于比利时狙击手的传闻中可以看出这种刻板印象所起到的作用。奇怪的是，这些传闻首先被一个名为帕克斯的德国天主教神父组织驳斥了。[1]暴行传闻本身并不罕见，德国人民也很乐意相信这些传闻。一个保守的德国爱国主义组织竟然早在1914年8月16日就开始反驳一连串对于敌人的诽谤，即使这样的诽谤可以极大安抚德国同胞愧疚不安的良心。可为什么偏偏是这个耶稣会组织特意出手揭穿一个能够鼓舞德军士气的谣言呢？

此处我引用范·兰根霍夫先生的叙述：

> 德国军队刚进入比利时，奇怪的谣言就开始流传。它们从一个地方传播到另一个地方，被媒体转载，很快就传遍了整个德国。据说比利时人在*教会的煽动下*背信弃义地参与了敌对行动；他们出其不意地攻击孤立的部队；他们向敌人指出德军的位置；比利时的老人甚至孩子们，对受伤的、手无寸铁的德国士兵犯下了可怕的暴行，挖出他们的眼睛，割下他们的手指、鼻子或耳朵；教士们在布道坛上鼓动人民犯下这些罪行，承诺他们将因此升到天国，甚至带头实施这种野蛮行径。
>
> 公众轻信了这些谣言。德国国家最高权力机构毫不犹豫地接受了这种说法，并用他们的权威给传言背书，加以推波助澜。
>
> 就这样，德国舆论大乱，群情激愤，*尤其针对传言中对比利时人野蛮行径负有责任的传教士*……自然而然，原本就

---

[1] Fernand van Langenhove, *The Growth of a Legend*. 作者为比利时社会学家。

对天主教神职人员怀有敌意的德国人将愤怒的矛头指向了普通天主教士。旧的宗教仇恨在新教徒心中重新燃烧，他们开始攻击天主教徒。一场新的文化斗争爆发了。

天主教会立即采取行动回击这种敌对态度。[1]（斜体为作者所加。）

可能确实有袭击事件发生。想象一下，如果每一个愤怒的比利时人都冲进图书馆，打开国际公法手册，然后去了解自己是否有权射击那些正在他们街道上肆虐的恶魔，那真是太不寻常了。如果一支从未遭受过炮火袭击的军队认为，每一颗子弹都必须经过批准才能射出，那也同样令人不可思议，简直是天方夜谭，因为那样不仅麻烦，还违反了战争规则。真要做到这种程度，可能军队早就被消灭了，这场战斗就会成为他们唯一一场战斗。可以想象，那些敏感的人更加会说服自己：那些对他们做出如此可怕事情的人肯定是恶棍。因此，这些传言可能一直被编织流传下去，直到传到审查人员和宣传人员那里。无论他们是否真的相信，他们都看到了这些传言的价值，并将其散布给了德国平民。而且他们发现，传言针对的是敌对势力，而且有利于本国军队，这也更让他们从内心深处乐见其成。因为这些传言来自战场上的英雄，这意味着必须相信这些传言，如果不相信，就是不爱国。

许多事情因战争迷雾而变得模糊不清，所以有太多的东西留给了想象，没有审查，也没有控制。关于凶猛的比利时神父的传

---

1 同上书，pp.5-7.

闻很快激起了人们的宿怨。因为在大多数爱国的德国新教徒（尤其在上层阶级）的心目中，俾斯麦的胜利是在与罗马天主教徒经历了长期斗争后才获得的。通过一种联想，比利时神父变成了"所有神父"，而对比利时人的仇恨成了他们所有仇恨的宣泄口。这些德国新教徒就像在战争压力下的美国人，把国外和国内的敌人都视为仇恨的对象，就这样创造了一个复合的仇恨对象。对于这个合成的敌人，在德国的德国佬和在美国的德国佬都释放出了他们所有的敌意。

天主教对暴行故事的抵抗当然是防御性的。它针对的是那些引发对所有天主教徒的敌意的谣言，而不仅仅只针对人们对比利时天主教徒的敌意。据范·兰根霍夫所说，"帕克斯"只具有教会性质，他们的注意力几乎完全集中在传教士不道德的行为上。不过，我们还是想知道，德国天主教会揭示俾斯麦帝国对德国天主教所作所为的意义，以及那些行为在德国天主教徒的心目中产生的影响。而这一切与那位愿意在停战协议上签字，相当于宣判德意志帝国死刑的著名德国政治家，同时也是天主教中央党领袖的埃茨贝格尔[1]是否又存在什么隐秘的联系呢？

---

1 写本书时，埃茨贝格尔已被刺杀。

第八章

盲点及其价值

我一直在谈论刻板印象,而不是理想,因为"理想"这个词通常被用来指代我们认为是真、善、美的事物。所以,它也带有一种暗示,即我们应该去践行或追求这些东西。但我们脑海中存储的固有观念远不止于此。它包含了理想的骗子、理想的坦慕尼派[1]政客、理想的帝国主义者、理想的煽动者和理想的敌人。刻板印象中的世界不必是迎合我们喜好的世界,它只是我们期望的世界。如果事件与我们的刻板印象相符,我们会感到熟悉,并感到我们正在与事情的变化同步发展。如果我们是雅典人,那么我们就会毫不犹豫地认为奴隶天生就是奴隶。如果我们跟朋友说可以在95杆内打进18洞,结果却用了110杆,打完后我们就会跟他们解释说:"我今天不在状态。"这也就相当于说自己和那个多打了15杆的笨蛋高尔夫球手不是一个人。

---

1 坦慕尼协会(Tammany Hall),美国纽约有重要影响的政治组织。存在严重的腐败问题。——译者

如果不是因为每一代中都有少数人不断地将刻板印象整理、归纳、提炼并且改进为各种政治经济学规律、政治原则等逻辑体系，我们大多数人都只会通过相当随意和无序变化的刻板印象来处理事务。通常当我们谈到文化、传统和群体思维时，我们想到的是天才们创造完善的这些体系。毫无疑问，不断研究和批评这些理想化的版本是必要的，但历史学家、政治家和公众人物却不会止步于此。因为操控历史的不是天才所提出的系统思想，而是个体思维中不断变化的模仿、复制、伪造、类比和扭曲。

因此，马克思主义不一定是卡尔·马克思在《资本论》中论述的内容，而可能是各个好战派系信奉的原则。就像你无法从福音书中推导出基督教的历史一样，你也无法从美国宪法中推论出美国的政治历史。你必须去研究《资本论》的构想，了解福音书的宣讲和传道，诠释宪法的内涵并去执行。尽管标准版本的观念和当前版本的观念之间相互影响着，但真正影响人们行为的正是当前传播的观念。[1]

---

[1] 但不幸的是，对这种文化的深刻理解，要比归纳和评论这些天才作品困难得多。这种文化存在于那些忙得不可开交的人身上，他们无法沉下心来理顺并整合自己的观点。他们只是偶尔记录自己的观点，人们也无法得知他们的数据是否典型。也许他所能做的最好的事情就是遵循布莱斯勋爵（Lord Bryce）的建议（*Modern Democracies*, Vol. i, p.156），"在各种各样的人群中自由游走"，寻找那些能进行理性评估且无偏见的人。只有长期练习且和外部保持"同情心"，人才能获得这种天赋。训练有素的观察者学会了如何从微小的迹象中获益，就像老水手能比陆地上的人更快地察觉到风暴即将来临的迹象一样。简而言之，这涉及大量的猜测工作，难怪喜欢精确的学者经常将注意力集中在其他学者的更简洁的表述上。

一位和蒙娜丽莎一样慵懒疲惫的评论家说："就像进化论一样，相对论有望发展成一种普适性原则。进化论最初只是一个生物学假设，后来则变成了几乎适用于所有知识领域的指导原则：风俗习惯、道德、宗教、哲学、艺术、蒸汽机、有轨电车等各个领域——一切都已经'进化'了。'进化'成了一个通用术语，它也变得不再精确，在许多情况下，这个词丢失了最初的确切含义，而用它来描述的理论也被误解了。我们可以大胆预言，相对论理论也会有类似的命运。这个目前人们还无法完全理解的物理理论将变得更加含糊和朦胧。历史会不断重演，相对论就像进化论一样，在科学性上得到了一些易懂但不太准确的流行论述后，就将开启征服世界的历程。我们认为，到那时，相对论可能会被称为'相对主义'。毫无疑问，这个理论可以合理应用在更广阔的领域，虽然其中有些可能显得荒谬，还有相当一部分将沦为陈词滥调。而物理理论，这个拥有巨大发展前景的种子，将再次成为科学家们纯粹的技术关注点。"[1]

但对这样一个以征服世界为目标的远大抱负来说，必须在某些方面与现实相对应，尽管这种对应并不精确。伯里教授指出，进步的观念在很长一段时间内依旧是一种空想。他写道[2]："在一个理论秩序中，新观念很难渗透到社会普世观念中，并使大众了解

---

[1] *The Times* (London), *Literary Supplement*, June 2, 1921, p.352. 1921 年爱因斯坦在美国时说，人们往往高估了他的理论的影响，低估了它的确定性。

[2] J. B. Bury, *The Idea of Progress*, p.324.

这种观念，除非它能表现为某种具体形态，或者得到某种明确的证据支持。对进步观念来说，这两种条件在1820—1850年（的英国）都得到了满足。"最有力的证据就是机械革命。"出生在19世纪初的人，在他们30岁之前，就已经看到了蒸汽航运的快速发展，看到了煤气照亮城镇和房屋，看到了第一条铁路的开通。"这样的奇迹在普通人的意识中形成了一种信念——人类是完美的。

坦尼森——在哲学方面有着普适性观念的人，告诉我们，当他1830年乘坐第一列从利物浦到曼彻斯特的火车时，他竟认为火车车轮是在凹槽中运行的。然后他写道：

> 让伟大的世界永远沿着变革的凹槽疾驰。[1]

因此，一个本来或多或少只适用于利物浦和曼彻斯特之间的旅程的概念，就这样被泛化为了一种"永恒性"的宇宙模式。这种观点被其他人所接受，并因那些眼花缭乱的发明而得到加强，进而给进化论强加了一种乐观主义色彩。当然，正如伯里教授所说，进化论理论在悲观主义和乐观主义之间是中立的。但它证明了世界是持续不断变化的，而这些明显的变化都体现出人类对自然非凡的征服，所以大众将两者混合在一起。进化论首先本来是达尔文本人的设想，然而赫伯特·斯宾塞却将其加工成"朝向完美的进化"。

从根本上，"进步"和"完美"等词所代表的刻板印象，是由

---

1 Tennyson, *Memoir by His Son*, Vol. I, p.195. 引自 Bury, *The Idea of Progress*, p.326。

机械发明所构成的。而且直到今天，这些刻板印象的主要特征仍然是机械化的。在美国，机械进步的景象给人们留下了深刻的印象，而且这种印象比其他任何事物都要深刻，甚至已经渗透到整个道德准则中。一个美国人几乎可以忍受任何侮辱，唯独无法容忍别人指责他不够进步。无论他是土生土长的美国人，还是最近刚去的移民，美国文明在物质方面的巨大增长总能够吸引他的注意。这构成了他看待世界的基本刻板印象：乡村会变成大都市，不起眼的建筑会变成摩天大楼，小的会变大，慢的会变快，穷的会变富，少的会变多，一切都会变得更好。

当然，并不是每个美国人都以这种方式看待世界。亨利·亚当斯不那么看，威廉·阿伦·怀特也不那么看。但是，那些致力于在成功宗教的杂志上标榜自己是"美国缔造者"的人却会那么看。当他们宣扬进化、进步、繁荣、建设性、美国化的做事方式时，他们的意图正是如此。这确实很容易让人感到可笑。但事实上，他们使用的模式是非常典型的人类行为方式。对一种事物采用一种客观的标准，对另一种事物采用另一种世俗的标准，换一种事物，又可能惯常地采用定量思考。当然，这种观念将卓越与大规模、幸福与迅速、人性与奇妙的新装置混为一谈。然而，相同的动机一直在发挥着作用，它们曾经或者将会一直影响着道德准则。对最大、最快、最高、最小（如果你是一个制造手表或显微镜的人）的渴望，简而言之，对最高级和"无与伦比"的热爱，在本质上可能都被看作一种高尚的热情。

当然，美国版的进步符合经济状况和人性中存在的大部分不同寻常的现实。它把大量的斗志、占有欲和权力欲变成了富有成效的工作。也许直到当前，它还没有严重破坏社会群体中活跃分子的积极性。这些活跃分子创造了一种文明，能让他们在工作、交配和游戏中得到充分的满足，他们战胜高山、荒野、远方和赢得竞争带来的快感，甚至部分取代了宗教感情，即与世界的共融感。这种模式按照"理想—实践—结果"的顺序运行，取得了近乎完美的成功，这也导致任何挑战这种模式的人都会被冠上"反美分子"的称号。

然而，这种模式在描绘和表现世界方面其实是非常片面和狭隘的。将进步视为"发展"的思维惯式意味着环境中的许多方面被简单地忽视了。在"进步"的刻板印象下，大多数美国人几乎看不到与这种进步不相符的东西。他们看到了城市的扩张，却没有看到贫民窟的增加；他们为人口普查的统计数字欢呼雀跃，却拒绝考虑过度拥挤的问题；他们自豪地炫耀经济的增长，却看不到农村的人口流失，也看不到无法融入社会的移民们；他们不计后果地以消耗自然资源为代价疯狂扩张工业；他们在没有理顺劳资关系的情况下建立了庞大的公司；他们的国家成长为世界上最强大的国家之一，他们却没有为结束孤立做好制度或思想准备；他们在制度和物质上都没有做好准备，就跌跌撞撞地卷入了第一次世界大战，然后又跌跌撞撞地走了出来，但大失所望，几乎没有获得什么有用的经验。

在第一次世界大战中，美国人刻板印象的好坏影响都清晰可见。有人认为，战争的胜利可以通过不断招募军队、筹集无数的信贷、建造数不尽的船只、生产无限的弹药以及全力以赴来赢得，这种想法符合传统的刻板印象，并且已经创造了奇迹般的结果。[1]但那些受刻板印象影响最大的人，却没有考虑到胜利的果实是什么，或者如何获得胜利。因此，目标被忽略，或者被认为是理所当然的，而胜利则被刻板印象简单地定义为：在战场上毁灭对方。在和平时期，你不会好奇制造最快的汽车是为了什么；在战争时期，你也不会问赢得最彻底的胜利又是为了什么。然而，在巴黎，这种模式并不符合事实。在和平时期，你可以不断地用大事物取代小事物，再用更大的事物取代大事物；在战争中，当你取得了压倒性的胜利时，你就不能再取得更压倒性的胜利了。你必须以完全不同的模式做一些事情。如果没有这样的模式，那么战争的结束对你来说就像对许多好人一样，只是一个沉闷乏味、平淡无奇的结局。

这标志着刻板印象和不容忽视的事实肯定会产生矛盾。总有这样一个时刻，因为我们对事物发展趋势的看法，比事物本身的变化更简单、更僵化。所以，有时盲点会从视野边缘移到中心。然后，除非有敢于发出警报的批评家，有能够洞悉变化的领导者，以及大度包容的人民，否则刻板印象不但不会节省精力、集中能量（就像1917年和1918年的情况），反而可能通过蒙蔽人们来挫败他们的努力，浪费他们的精力，就像那些在1919年呼吁迦太基

---

[1] 我想到的是将200万军队运送到海外的运输和后勤供应问题。卫斯理·米切尔（Wesley Mitchell）教授指出，我们参战后的商品总产量并没有比1916年有大幅度的增加，但为了战争的生产确实有所增加。

和平，而在 1921 年谴责《凡尔赛和约》的人一样。

如果不加批判地坚持刻板印象，它就会屏蔽掉许多需要考虑的因素，而且到了该反省、总结的那一天，如果刻板印象被打破了，很可能其中理性思考的因素也会随之一起湮灭。这是萧伯纳先生对自由贸易、自由契约、自由竞争、天赋自由、自由放任和达尔文主义做出的评价。要是在一百年前，萧伯纳一定是这些理论的狂热拥护者，但他今天可能不会用像在《异教徒的半个世纪》[1]里的观点一样看待这些学说。如今，大家认为，这些学说是"搞垮对方"却免受惩罚的冠冕堂皇的借口；认为政府的一切干预、除警察外的所有组织都是为了保护合法的欺诈行为免受暴力侵害，以及所有试图将人类的目标、规划和先见引入混乱工业世界的行为都是"违背政治经济规律"的。然而，在过去，他可能并没有预见到这些学说会被如此曲解和利用。作为进军天堂之地[2]的先驱之一，萧伯纳可能感到了类似在维多利亚女王的叔父统治时，政府中存在的人类目标、规划和预想越少越好。他看到的可能不是强者打败弱者，而是愚者打败强者。毫无疑问，他可能看到了目的、计划和预想在起作用，他们在阻碍发明，阻碍企业，阻碍他已经认识到的创造性进化论的未来发展。

即使是现在，萧伯纳先生对他所知的任何强力控制型政府所展开的领导也毫无兴趣。但在理论上，他已经完全转向了，他反

---

[1] *Back to Methuselah*, Preface.
[2] *The Quintessence of Ibsenism*.

对自由放任主义。大多数战前最先进的思想也做出了同样的转变，反对那种既定的刻板印象，即如果你对一切都顺其自然（不加干预），智慧就会自动涌现，就能建立起融洽的关系。自战争以来，在审查员、宣传人员和间谍的协助下，强力控制型政府的作用得到了有效的发挥，严肃思想家也因此重新接纳了罗巴克·拉姆斯登和天赋自由。

这些循环有一个共同点。在每一组刻板印象中，都有一个节点，即一旦到达那个节点，即使停止努力，事情也会如你所希望的那样自动发生。激进的刻板印象能强有力地激励工作，甚至不需要人们去判断要做什么工作和为什么做这项工作。自由放任主义把人们从愚蠢的官僚主义中解放出来，认为人们会自发地积极行动起来，走上预先就已确定的和谐轨道。在马克思主义者看来，集体主义是一种治疗冷酷自私的解药，在一部分信仰马克思主义的官员眼中，集体主义是一种追求效率、明智的经济决定论。强大的政府、国内外的帝国主义，深知混乱的代价，最终依赖于这样一个观念：统治者会知晓一切与被统治者有关的事情。在每种理论中，都有一种盲目的自动主义。

盲点掩盖了一些事实，如果考虑到这些事实，人们就会重新审视刻板印象引发的那些重要的行动。如果进步主义者必须像笑话中的人一样问自己，想用打破纪录所节省的时间做什么；如果自由放任主义的倡导者不仅要考虑人们自由而充沛的精力，还能考虑一些人所说的人性；如果集体主义者能多考虑一下如何保证其官员的地位；如果帝国主义者敢于怀疑自己突如其来的想法：

那么就会有更多的哈姆雷特和更少的亨利五世。因为这些盲点会让人们避开那些容易分散注意力的形象，而这些形象及其伴随的情感可能会导致犹豫和目标不明确。因此，刻板印象在忙碌生活中既为我们节省了时间，捍卫了我们的社会地位，也阻止了我们稳定不变地全面看待世界，使我们免于迷茫。

第九章

准则及其反对者

任何一个曾经在火车站台出口等待过朋友的人，或许都会回想起自己认错人的经历，一顶帽子的形状，或是一种稍有特点的步态，都会在脑海中唤起那个要接的人的生动画面。人在睡梦中，叮当的铃声听起来可能像大钟轰鸣，远处锤子的敲击声听起来则可能像雷鸣。因为我们脑海中的图景会被外部的刺激唤醒，即使这种刺激可能只是与图景中的某些方面模糊地相似。在幻觉中，这些图景可能淹没了整个意识。被唤醒的图景可能很难进入我们的感知领域，尽管我自己倾向于认为这样的经历是罕见又复杂的，这种情况就像当我们茫然地盯着一个熟悉的单词或物体时，却渐渐地感到这个单词或物体变得陌生一样。当然，在大多数情况下，我们看到的事物其实是事物本身和我们期望看到的事物相结合的产物。天文学家眼中的天空与恋人眼中的天空是不同的；康德的思想在康德主义者和激进的经验主义者中会引发不同的思考；与在《国家地理杂志》读者的眼中相比，塔希提岛的美女在同族的追求者眼里显然更有魅力。

事实上，在任何领域中要想达到专业水平，不仅要对该领域的多个方面进行深入了解和探索，还需要培养一种心态，便是不要过分期待或预先设定结果。在无知者看来，一切事物都是相似的，生活只是一件接一件的事情。但对专业人士来说，事物都是千差万别、高度个性化的。比如对司机、美食家、鉴赏家、总统内阁成员和教授的妻子来说，在分别讨论汽车、葡萄酒、古典派大师、共和党人和大学教职等话题时，他们能清楚地说出其中的特点，头头是道地评价起品质的好坏；然而对普通人来说，面对这些特点和品质却是如堕云雾。

然而，正如萧伯纳先生所言，生命如此短暂。要成为真正的专家需要长期的学习以及实践和经验的积累，而大多数人可能并没有足够的时间和精力去达到这样的水平。尤其在舆论领域，能称得上专家的人更是寥寥无几。事实上，即使是专家也只是精通少数几个问题。正如我们在战争中了解到的那样，即便受过专业训练，专业骑兵也不一定擅长堑壕战和坦克战。实际上，有时在一个小话题上的一点专业知识都可能会放大我们人类的陋习：因为它可能会试图用刻板印象去解释一切事物，而对不符合刻板印象的东西则视而不见。

如果不够谨慎，我们就会倾向于借助脑海中已有的图景去理解那些自认为已经熟悉了的事物。因此，在美国人关于进步和成功的观点中，自然也存在着鲜明的美国人对人性和社会的观念。美国人认为，只有符合他们对人性和社会的观念，即能在逻辑上产生一种进步，才能被视为理想的人性和社会。然后，当我们试图描述或解释实际成功的人以及真正发生过的事件时，我们就会把刻板印象中预先设定的品质强加给他们。

这些品质被早期的经济学家们相当天真地标准化了。当这些经济学家试图描述他们所生活的社会体系时，却发现它复杂得无法用语言和文字表达。于是，他们构建了一个简化的图示，并希望人们能通过图示理解社会体系。实际上，这个图示既不能帮助人们理解社会体系，也不准确可靠，这就像孩子硬把纸上胡乱涂鸦出的加了腿和头的平行四边形称为"一头奶牛"。经济学家构建的图示包括一个通过勤奋劳动积累了资本的资本家，一个针对社会有效需求设立工厂的企业家，能自由决定签订和拒绝劳动合同的工人群体，一个地主，还有一群在廉价商品市场上享受购物快乐的消费者——这群消费者追寻快乐，拒绝痛苦，选择会给他们带来最大快乐的商品。这个模型奏效了。在这个模型里假设出的那种人，生活在模型假设的世界中，并且总能够在模型假设的世界中和谐地协作。

经过修改和润色，这种经济学家为了简化其思维方法而纯粹虚构出来的"动人故事"被大量传播并推广普及起来。对广大民众来说，这个"故事"也成了当时的经济神话。在一个自然更注重实现成功而非解释成功的社会中，这个"故事"为资本家、企业家、工人和消费者的形象提供了一个标准版本。那些拔地而起的建筑和不断积累的银行存款证明了人们对这个"故事"的刻板印象是准确的。那些从成功中获益最多的人开始相信自己注定会成为成功人士。难怪某些成功人士离世后，他们比较坦率的朋友在阅读完官方传记和讣告后，不由得心生疑虑：这真的是我认识的那个朋友吗？（因为文章里面的描述可能和他们认识的那个人判若两人。）

对失败者和受害者来说，其真实生活与经济学家的图示中所描述的情况相比，当然是完全不相符的。因为那些迈向成功的人往往不会停下来询问自己是不是按照经济学家所规划的路线，或者是按照其他同样值得信赖的路线才成功的，而失败者却会反思。威廉·詹姆斯[1]说："人只能丰富对细节的认识，却很难洞察全局。"工业巨头们将大型托拉斯[2]作为自己成功的丰碑；而被他们打败的竞争对手却将其视为自己失败的耻辱柱。因此，这些巨头阐释大型企业的经济效益和美德，声称他们是繁荣的代理人，是贸易的开拓者，并要求不要干涉他们。失败者则坚持认为托拉斯造成了浪费和暴行，并大声呼吁司法部去粉碎商业阴谋。在同样的情况下，一方看到了进步、节约和辉煌的发展，另一方则看到了倒退、挥霍和对贸易的限制。争论双方为了证明自己的观点，公布了大量的统计数据、关于真实情况和内部的轶事秘闻以及更深层次和更大范围的真相。

当刻板印象系统稳固后，我们的注意力就会被吸引到支持刻板印象的事实上，而忽略那些与之相矛盾的事实。所以，或许正是因为人们已经习惯于寻找支持刻板印象的事实，善良的人才会

---

[1] *The Letters of William James*, Vol. I, p.65.
[2] 垄断组织的高级形式。——译者

发现善良的理由，怀有恶意的人才会发现恶意。就像我们透过玫瑰色的眼镜或者用偏见的眼光看世界一样，视野会被限制或扭曲，无法清晰地看到事物的真实面貌。如果像菲利普·利特尔描述一位杰出教授时所写的那样，如果我们以阴郁的阶级角度去看待人生，那么我们对"顶层人"和"下等人"的刻板印象是不会被真正的理解所改变或打破的。异己的将被排斥，与众不同的将被忽略。我们会忽视视野里的陌生事物，而被那些符合我们脑海中的哲学观的事物打动，这种情况有时是有意识的，但更多是在不知不觉中发生的。

这种哲学观或多或少构成了一系列描述未知世界的图像。这不仅仅是为了描述世界，也是为了去评判世界。因此，刻板印象承载着偏好，充满了爱或厌恶，与恐惧、欲望、执念、骄傲和希望等情感紧密相连。凡是能引发刻板印象的事物都会让人带着先入为主的情绪来评判。除非我们有意地抑制偏见，否则我们不会在判断一个人的好坏属性前去下功夫研究他。我们会直接判定自己看到了一个坏人，正如我们有时会认为自己看到了露水般的早晨、面颊红润的少女、圣洁的牧师、古板的英国人、放荡不羁的波希米亚人、懒惰的印度教徒、狡猾的东方人、怀梦的斯拉夫人、善变的爱尔兰人、贪婪的犹太人以及纯粹的美国人那样。在日常生活中，这往往是我们判断事物的真实过程，早在证据出现之前，刻板印象就会给事物本身贴上标签，并从中寻找到肯定会被证实的结论。这样的判断既没有正义，也没有怜悯，更不真实，因为判断先于证据。世界上没有毫无偏见、完全中立的人，因此在任何鼓励思考的文明中,这种理想都是不可能实现的,也没有任何教育体系能在理想状态下实现。偏见是可以被发现、淡化和提炼的,但每个人都有其局限性,把庞大的文明压缩成短暂的学校教育是根本不可能完成的任务,所以所有人都不可避免地被灌输了刻板印象,并形成了偏见。人的思维和行动的品质将取决于这些偏见是否具有包容性,是否对他人、对其他思想友好,是否会抛弃成见,唤起对积极美好的事物的爱,而不会因为彼此观点不同就心生厌恶。

道德规范、较好的品位和得体的举止首先将这些潜在的偏见标准化,然后加以强调。当我们调整自己以适应我们的准则时,我们也是在根据那个准则调整看到的事实。理性地讲,客观事实对我们所有的是非观点来说都是中立的。实际上,在很大程度上是我们的准则决定了我们应当感知什么以及如何感知。

因为道德准则是一种适用于许多典型事例的行为规范。按照规范行事是为了实现规范所追求的某个目标。它可能是上帝的意志,也可能是国王的意愿,可能是在美好、坚实、立体的天堂里的个人救赎,或是俗世的成功,或是为人类服务。无论如何,规范的制定者会确定某些典型的情境,然后通过某种形式的推理或直觉,推断出要如何才能实现他们认可的目标,并且确保规范依旧能够发挥作用。

但在日常生活中,一个人如何才能知道他的处境是否符合规范制定者的设想呢?道德规范严禁杀人,但如果他的孩子遭到袭击,他是否可以杀人去阻止这个袭击呢?而《十诫》对此保持沉默。因此，围绕每条道德规范，都有一群诠释者推导出了更具体的案例去进行解读。那么，假设法学家们决定可以在自卫中杀人，对下一个人来说，疑问依然存在：他如何知道自己对自卫的定义是正确的？或者他误判了形势，也许根本不是对方先袭击的，而是他先挑衅才发生了这次的袭击呢？但什么又算是挑衅呢？在1914年8月，大多数德国人的头脑中都充满了以上这些困惑。

在现代世界，不同的道德规范之间已是迥然相异，但比这种差异更严重的情况是，依据这些道德规范去处理的现实事件更加天差地别。宗教、道德和政治规范之间的差异远不及他们的信徒要辨别的事实情况的差异大。因此，有益的讨论是重新审视看待事实的视角，而不是比较各自的价值观点。因此，待人如己的规则应建立在人性统一的信念之上。而萧伯纳先生则认为，不应提倡待人如己，因为人们的偏好可能不同，这一观点则建立在人性并非统一的信念之上。"竞争是贸易的生命"[1]，这句格言包括了对经济动机、产业关系和特定商业体系运作的一整套假设。声称只有当商船队为私人所有和管理的时候，美国才可能拥有一支商船队，这一说法假设了盈利和激励机制之间存在着某种已被证实的联系。

每个道德规范的核心里都有一幅人性的图景、宇宙的蓝图以及一种对于历史的诠释。在这幅（构想出的）人性图景中、在这种（想象出的）宇宙蓝图中、在这段（被理解后的）历史诠释中，道

---

[1] 见 *Two Years of Conflict on the Internal Front*，1920年莫斯科出版。Malcolm W. Davis 英译，载于1921年1月15日《纽约晚邮报》。

德规范可以适用。但只要人格、环境和记忆的事实千差万别,规范的准则就难以成功应用。现在,每一种道德规范都必须或多或少考虑人类心理、物质世界和传统等因素。但是,在受科学影响的准则中,人们知道这种构想是一种假设,而人们却从不质疑那些从实践经验中产生、从意识深处冒出来的构想,并将其当作一种毋庸置疑的构想去接受。在一种情况下,人对自己的信仰是谦逊的,因为他知道这些信仰是试探性的和不完整的;在另一种情况下,人又是有些教条的,因为他的信仰是一个彻头彻尾的神话。遵守科学规范的道德家知道,尽管他并不了解一切,但他可以逐渐地去了解某些事情。而教条主义者信奉神话,认为自己拥有了一部分全知全能的洞察力,尽管实际上他缺乏辨别是非的能力。神话的显著特征是真理与错误、事实与寓言、记述与幻想都具有同一可信度。

因此,神话未必就是虚假的。它有可能完全是真实的,或者是部分真实的。如果它在很长一段时间内影响了人类的行为,那么我们几乎可以认定它肯定包含了许多深刻而重要的真理。但神话从未包含过能将真理与谬误区分开的批判力量。因为要想产生这种批判力量,就要认识到,任何人类观点,无论其起源如何,都不能免于事实证据的检验,因为每个观点都只是其个人的观点。如果你问为什么事实证据的检验优于其他方式,那你可以亲自用一个测试来检验一下,否则我也没有更好的答案。

我认为,道德规范是基于事实的特定观点,这一陈述有大量事实证据可以证明。我所说的道德规范包括了所有种类:个人的、家庭的、经济的、职业的、法律的、爱国主义的、国际主义的等等。在每个规范的中心，都有一套关于心理学、社会学和历史的刻板印象。在所有的道德规范中，人性观、制度观或传统观很少能保持不变。例如，比较一下经济规范和爱国规范。假设一场战争对所有人都有影响。有两个人是商业伙伴。一个人应征入伍；另一个人签订了军火合同，成了承包商。入伍的士兵牺牲了一切，甚至可能牺牲了自己的生命。实际上，士兵每天只能挣1美元，但没人会认为，采用经济激励的手段就能让他成为更优秀的士兵。因为金钱或物质利益不再是他行动的主要驱动力。相较而言，承包商牺牲很少，并赚取了丰厚的利润，而没人相信，如果没有经济激励，他会生产军需品。这样的说法可能不公平。但关键在于，公认的爱国规范假设了一种人性，商业规范则假设了另一种人性。这些规范可能在很大程度上建立在真实的期望之上，即当一个人遵从某种规范时，他往往会展现出该规范所要求的那种人性。

这就是不能对人性进行简单概括或归类的原因之一，这样做是非常危险的。一个慈爱的父亲同时可能还是一个脾气暴躁的老板、一个热心市政改革的人，或者是一个贪婪的极端民族主义者。他的家庭生活、职业生涯、政治观点和外交政策都基于他认为自己是怎样的人以及应该如何行动的不同观念。这些观念因同一个人的不同身份而不同，同一社交圈子中的人的观念可能会有所不同，不同社交圈子之间、两个国家或两种肤色的人之间的观念也可能会大相径庭，完全没有相同点。这就是为什么那些宣称有相同宗教信仰的人之间也会发动战争。决定行为的信念要素是他们对事实的看法和观点。

规范就是如此巧妙、如此普遍地悄悄渗入并影响着舆论的形成。主流理论认为，舆论是对一系列事实的道德判断。而我所提出的理论是，在当前的教育状态下，舆论主要是有关事实的道德化和规范化的观点。我认为，处于我们规范中心的刻板印象在很大程度上决定了我们会看到什么事实以及我们如何看待这些事实。这就是为什么，即使编辑、记者出于最好的意愿，报刊的新闻报道往往也不会偏离其编辑方针；以及为什么一个资本主义者看到事实和人性的一方面，而其对手共产主义者则看到事实和人性的另一方面，并且双方都认为对方是不合理的或反常的，其实他们之间的真正差异是观念。这种差异是由资本主义和社会主义的不同刻板印象造成的。一名美国编辑写道："美国没有阶级。"《共产党宣言》则说："至今一切社会的历史都是阶级斗争的历史。"如果你脑海中的刻板印象与那名美国编辑的（思维）模式一致，你会清晰地看到能够证实那一刻板印象的事实，而那些与之相矛盾的事实则会显得模糊且缺乏说服力。如果你的刻板印象是共产主义模式，你就会看到完全不同的事实，而且你会以完全不同的视角看待你和美国编辑所共同看到的事情。

每个人的道德体系都建立在其所接受的关于事实的刻板印象之上，因此，那些否认我的道德判断或事实认知的人，对我来说，就是错误的、异己的、危险的。我又该如何解释他人呢？我们总是需要解释异己观点为何存在，而我们最后才考虑的解释往往是对方看到了不同的事实。我们尽量避免这种解释，因为它会动摇我们自信的根基，即我们笃定自己已经全面地看清了生活。只有当我们习惯于将自己的观点视为通过刻板印象看到的片面经验时，我们才能真正容忍持有不同意见的对手。如果没有这种习惯，我们就会相信自己看到的是绝对正确的，从而认定所有反对的声音都不怀好意。因为虽然人们愿意承认一个"问题"有两面性，但他们不相信他们所认为的"事实"有两面性。除非能经过长期的批判性教育，充分意识到自己对社会的理解是多么间接和主观，否则他们永远不会相信这一点。

因此，当两个派别清晰地看到自己的一面，并对所看到的做出自己的独特解释时，他们几乎不可能相信对方是坦诚的。如果这种刻板印象恰巧在某个关键点上符合他们的经验，他们就不再将其视为一种针对事实的解释，而把它视为"现实"。虽然这个刻板印象可能与现实并不相似，它只是一个与过去的经验相符合的结论。我可以用地图上的一条直线来代表我从纽约到波士顿的旅程，就像一个人可能把他的胜利视为一条通往终点的笔直而坚定的道路一样。我真正去波士顿的那条路可能迂回曲折，就像通往成功的路不只是需要纯粹的进取心、辛劳和节俭。但如果我成功到达波士顿，航空公司就会把这条路线当作成功的样板。只有当有人试图跟随他们，却没有到达目的地时，人们才会质疑这个样板是否正确。如果我们坚持自己的观点，而对方坚持拒绝接受，我们自然就会认为他是个危险的傻瓜，而他会把我们视为骗子和伪君子。于是，在交往和互动的过程中，我们开始逐渐勾勒出对彼此的印象与认知。对手将自己表现为那种宣称"你邪恶，我善良"的人。于是，在我们眼里，他就是一个令人烦恼的、与世间万物格格不入的人。尽管如此，他的存在对我们的观念体系仍然产生了干扰。既然这个体系在我们心中是基于无可辩驳的事实和不可抗拒的逻辑而建立的，那么就必须在这个体系中为这个反对者找到一个合适的位置。在政治或工业领域中，很少有人愿意直接承认对手看到了同样的事物的另一个方面。因为这将动摇整个体系。

因此，对在巴黎的意大利人来说，里耶卡就是意大利的城市。他们认为它不仅仅是一个被纳入意大利王国的城市，它就是意大利的。他们一门心思觉得在这座城市的合法边界内，意大利人是占大多数的。

美国代表团在纽约看到的意大利人比在里耶卡看到的意大利人还多，但他们不会把纽约当作意大利城市，而是把里耶卡视为中欧的一个入境港口。他们更多地聚焦在郊区和非意大利聚居区的南斯拉夫人上。因此，巴黎的一些意大利人需要得到一个令人信服的理由，以解释美国人的这种反常行为。他们从一则不知在哪里传出的流言中找到了答案，据说一个有影响力的美国外交官被他在南斯拉夫的情妇所陷害。有人看见过她……和他……就在凡尔赛宫附近的林荫大道上……在那栋为大树所环绕的别墅里。

这是一种相当常见的应对反对意见的方式。尽管这些指控非常具有诽谤性，但它们通常不会公开出现在报纸等媒体上。即使对像罗斯福或哈定这样的公众人物来说，他们也可能需要等上数月甚至数年才能去应对这些指控，去强硬地解决这些问题，终止那些已经深入每个谈话圈的小道消息。公众人物不得不忍受大量可怕、恶毒的流言，这些流言来自俱乐部、餐桌、闺房。这些流言被反复讲述、添油加醋，为人津津乐道，并被视为"美味可口"的谈资。尽管我认为这种事情在美国比在欧洲更为少见，但也很少有美国官员能够不被丑闻缠身。

我们把反对者描绘成恶棍和阴谋家。如果物价无情地上涨，那一定是因为奸商们的密谋；如果报纸新闻歪曲了事实，那一定是因为资本家的阴谋；如果富人太富，那一定是他们偷来的；如果一场本来势均力敌的选举输了，那一定是选民被贿赂了；如果一个政治家做了你不赞成的事，那就是他被某个声名狼藉的人收买或影响了。如果工人们焦躁不安，那他们一定是被煽动的受害者；如果骚乱四处蔓延，那就一定存在正在进行的阴谋。如果飞机产量不足，那一定是有间谍从中作梗；如果爱尔兰发生骚乱，那就是德国人的"金钱"在作祟。如果你十分疯狂地想要找出那些阴谋，你就会发现所有罢工、普拉姆计划、爱尔兰叛乱、穆斯林动乱、君士坦丁国王复辟、国际联盟、墨西哥骚乱、裁减军备运动、星期日电影、短裙、逃避禁酒令、黑人自主运动等都是莫斯科、罗马、共济会、日本人或犹太教长老会所策划的庞大阴谋的一部分。

第十章

刻板印象的探察

经验老到的外交家们不得不向交战各国大声疾呼,他们知晓如何大量使用刻板印象来进行观念灌输。他们正在与一个摇摇欲坠的大国联盟打交道,在这个联盟中,每个国家的领导都谨小慎微地努力维持着各国的团结。普通的士兵和他的妻子哪怕比任何历史记载中的英雄都要勇敢无私,也还没到足以欣然面对死亡的地步,更不会为了外国那些外交家鼓吹的对未来文明至关重要的思想,做到坦然地牺牲。有些港口、矿山、岩石山口和村庄虽然非常重要,但几乎也没有士兵愿意穿过无人区去为盟友夺取这些地方。

假设眼下在某个国家中发生了这样的事情:战争中主战的一方控制着外交部、最高指挥部和大部分的媒体,他们对几个邻国提出了领土要求。这些要求被受过良好教育的阶层称为"大鲁里坦尼亚"[1],他们认为吉卜林、特赖奇克和莫里斯·巴雷斯是百分之

---

[1] 也叫"浪漫国",是霍普的小说中一个虚构的中欧王国,后来常将其用作虚构的国家名。——译者

百的鲁里坦尼亚人。但是这个宏伟的想法并没有在国外引起任何热潮。因此，正如他们的桂冠诗人所说，鲁里坦尼亚的政客们把最绚丽的鲁里坦尼亚天才之花分而治之。他们将索要领土的要求分为几个部分，对于每个部分，他们都援引了某种刻板印象，而这种刻板印象正是他们的一些盟友难以抗拒的，因为这些盟友也有自己的诉求，并希望借助同样的刻板印象来使那些主张得到认可。

第一个区域恰好是一个异族农民居住的山区。于是，鲁里坦尼亚以完善其自然地理边界为理由，要求得到这片区域。一旦人们将关注的焦点放在自然条件上，异族农民就会像消失在雾中一样被视而不见，人们的眼中只有巍峨的山脉。第二个区域居住着鲁里坦尼亚人，根据任何民族都不应生活在异族统治下的原则，这块区域也被鲁里坦尼亚吞并。还有一个具有重要商业意义的城市，虽然没有鲁里坦尼亚人居住，但在18世纪，它曾是鲁里坦尼亚的一部分，因此根据历史权利的原则，这个城市也被鲁里坦尼亚吞并了。在更远的区域，有一个由异族人拥有和开采的资源丰富的矿区，根据"损害赔偿"原则也被鲁里坦尼亚吞并了。除此之外，还有一片领土，97%的居民是异族人，位于另一个国家的自然地理边界上，历史上也从未成为过鲁里坦尼亚的一部分。但是，已并入鲁里坦尼亚的一个省份曾与这里有过密切的贸易联系，鲁里坦尼亚的文化在当地占据统治地位，于是根据文化优越性和保卫文明的必要性，鲁里坦尼亚也对这些土地提出了领土要求。最后，有一个港口在地理、种族、经济、历史、传统上与鲁里坦尼亚完全无关，但鲁里坦尼亚以国防需求为理由提出了领土要求。

在"一战"结束后缔结的条约中，可以发现许多这样的例子。我并不想暗示什么，但我认为这些条约中的任何一条都不可能让欧洲重新恢复安宁。这些原则如此绝对、自以为是，和解的精神并未占据主导，因此和平的实质并不存在。当你开始将工厂、矿山、山脉甚至政治权力作为某些永恒原则的完美例子来讨论时，你就已经不是在争论，而是在争抢了。那个永恒的原则屏蔽了所有的反对意见，将问题从其背景和上下文语境中孤立出来，并激起某种强烈的情绪，这种情绪非常吻合原则，却与码头、仓库和房地产等问题格格不入。人们一旦开始受这种情绪支配，就很难收手，真正的危险便出现了。为了应对这种情绪，你必须引用更绝对的原则来捍卫可能受到攻击的事物。然后，你必须保卫防线，建立缓冲区，为缓冲区再建立缓冲区，直到整个事情变得极度混乱，这时你就会发现与其继续对话还不如直接战斗。

有一些线索往往有助于我们发现刻板印象那虚假的绝对主义。在上述鲁里坦尼亚的宣传中，不同原则之间快速地相互覆盖，前面的原则可能会轻而易举地被后面的原则推翻，这样人们就很容易看出宣传的论点是如何被炮制构建出来的。这种快速变化表明，对于每片土地，鲁里坦尼亚都采用了能消除所有与其主张相矛盾的刻板印象。而这种矛盾通常正是发现刻板印象的一个重要线索。

另一个线索是人们对空间概念的无知。例如，在1918年春天，大批民众对俄罗斯撤军感到震惊，按照他们的设想，这场战争是在两条战线上进行的,当其中一条战线消失时,他们感到恐慌,便立即要求重建东线。他们认为,暂无任务的日本军队正好可以替代俄罗斯军队的位置,驻守前线。但有一个不可逾越的障碍:符拉迪沃斯托克和东部战场之间的距离有五千英里,但是二者之间只有一条破败的铁路。然而,狂热分子的脑海中并没有这五千英里的概念。他们深信亟须建立一条东部战线,并对日本军队充满信心,他们想象着日本军队自有神奇的办法能从符拉迪沃斯托克飞往波兰。此时哪怕我们的军事当局竭力争辩,说在西伯利亚边缘的军队与德国前线毫无关系,就像从伍尔沃斯大楼的地窖爬到屋顶与到达月球毫无关系一样,也全是徒劳。

这个例子中的刻板印象便是两线作战。自从第一次认识世界大战以来,人们就认为德国是夹在法国和俄罗斯中间的。一代甚至两代的战略家的脑子里都是这种战略图景。近4年来,他们看到的每一张作战地图都加深了这样的印象:战争就是这样的。当事态出现新的变化时,他们就不容易看清当时的真相。人们是透过刻板印象来看待问题的,而与之相冲突的事实,比如从日本到波兰的距离,无法在短时间内被人们清晰地认识到。

值得注意的是,在处理这些新的事实时,美国当局比法国当局更现实。部分原因是(在1914年之前),他们对大陆战争没有先入为主的观念;另一部分原因是美国忙于动员军队,他们更看重西线战场,这种刻板印象使他们在意识中排除了对其他战场的清晰感知。1918年春天，美国的这种观点无法与传统的法国观点相抗衡，因为虽然美国人对自己的力量深信不疑，但法国人在当时（坎蒂尼战役和第二次马恩河战役之前）却陷入了严重的自我怀疑。美国人的自信中充斥着美国人的刻板印象，这赋予了美国人那种自信心、清晰和敏锐的理性批判、斗志昂扬的战意、在情感上追求某一目标的锲而不舍，让他们的意志与行动保持一致。正如詹姆斯所指出的，这是我们所说的"实事求是"的典型特征。[1]但绝望的法国人仍然固守着他们公认的形象。当事实，尤其是地理事实与先入为主的刻板印象不符时，他们要么将其从脑海中剔除，要么将事实本身变形曲解。在他们的脑海中，日本人迎击五千英里外的德国人也没什么困难，因为德国人会穿过遥远的战场来与他们作战。他们甚至得到了一个"消息"，在1918年3月至6月期间，据称有一支"德国军队"在西伯利亚东部活动。但实际上，这是由一小撮德国战俘加上人们脑补出的更多的"德国军队"构成的一支"幽灵军队"。在那些人的意识里，那五千英里的距离并不存在。[2]

---

[1] *Principles of Psychology*, Vol. II, p.300.
[2] 关于这一点，见1918年2月26日《纽约时报》刊登的查尔斯·格拉斯提（Charles Grasty）先生对福煦元帅（Marshal Foch）的采访："德国正在穿越俄罗斯。有能力的美国和日本应该去西伯利亚狙击德国。"另见1918年6月10日通过的犹他州金（King）议员的提议，以及塔夫脱（Taft）先生在1918年6月11日在《纽约时报》上的声明，还有1918年5月5日俄罗斯情报部门长官萨克先生（A. J. Sack）对美国发出的呼吁："如果德国站在协约国的立场上……一年内它将派出300万士兵在东线作战。"

真正理解空间并非一件简单的事。在地图上画一条从孟买到香港的直线测量出的距离和实际航行中要走的距离没有任何关系。即使我测量出实际必须走过的距离，我对这条航线仍然所知甚少，直到我了解到有哪些船只可用、这些船只的运行时间表、船速如何，以及我是否能找到住宿并支付得起费用。在实际生活中，空间是一个关于交通可行性的问题，而不是几何平面的问题。老铁路大亨清楚地知道这一点，于是他们威胁要让冒犯他们的城市街道上长满草。如果我在开车时询问某人到目的地还有多远，那个人告诉我还有3英里远，却不提需要绕行6英里，那我一定会认为他是个十足的傻瓜；如果有人告诉我步行需要3英里，那这对开车的我来说也没有任何帮助；也许还有人会告诉我，两地的直线距离只有1英里。但我既不能像乌鸦那样飞，也并非步行。我必须知道开车需要9英里，而且，如果是这样的话，其中6英里都是车辙和水坑。我会认为，告诉我步行只要3英里的行人是个讨厌鬼，告诉我飞行只要1英里的飞行员是坏人。因为他们谈论的都是他们自己要走的距离，而不是我必须走的距离。

在划定边界线时，如果忽视了一个地区的实际地理情况，就会出现荒谬的复杂情况。政治家们总是在一些诸如自决等粗略原则的指导下去划定边界，但到了实地勘察时，却发现这些边界线要么穿过工厂的中线、村庄街道的中心，要么斜穿教堂的中殿，或穿过农舍的厨房和卧室之间。在一个以畜牧业为主的国家，有时边界线还可能将牧场与水源、市场分隔开来；而在工业国家，边界线则可能将铁路起点与铁路终点分隔开来；在用彩色标记的民族地图上，这条边境线的划分可能是准确的，也就是说，仅仅是在种族地图上才可能是准确的，除此之外的划分方式仍有可能是错误的。

人们对时间的概念与对空间概念的理解一样糟糕。一个常见的例子是，有人试图通过精心立下遗嘱，保证在自己死后自己的财富能够长久延续下去。"第一任威廉·詹姆斯的初衷，"他的曾孙亨利·詹姆斯写道[1]，"是希望他的孩子们（他去世时其中几个还是未成年）能够通过自己的努力和历练来获得享受他计划遗赠给他们的大笔遗产的资格，为此他留下了一份详尽无遗的遗嘱，遗嘱里充满了各种限制和指示。他通过此举表明了对自己判断的极大信心，以及他对自己后代道德福祉的深切关心。"但法院推翻了这份遗嘱，因为法律反对永久持有财产，并且认为将自己的道德观念强加给未知的未来的这种做法，其效用有明显的局限性。但是，詹姆斯立下这种遗嘱又是人之常情，因此，法院人性化地允许这份遗嘱在詹姆斯死后的一段时间内继续有效。

宪法的修正案体现了宪法制定者对于后世延续其理念的信心。我认为，美国有些州的宪法没有留下什么修改的余地，甚至几乎无法修改。制定这些宪法的人几乎对时间的流逝没有任何概念：对他们来说，此时此地是如此辉煌而稳固，而未来却是模糊和可

---

[1] *The Letters of William James*, Vol. I, p.6.

怕的，所以他们胸有成竹地指导后人，告诉他们未来的生活应该按照当下的规则继续。而且，由于宪法难以修改，那些热衷于事物永恒不变的狂热者，在宪法——这座不朽的铜器上写下了各种规则和限制。实际上，但凡他们对未来抱有适当的谦逊态度，就不应该赋予宪法比普通法令更持久的效力。

对时间的预设普遍存在于我们的头脑意识中。对一个人来说，他头脑意识中有关生活的规则制度是永恒不变的；但对另一个人来说，这些制度规则可能只是暂时的。地质学上的时间与生物学上的时间概念大不相同，而社会学领域的时间概念最为复杂。政治家必须决定是解决燃眉之急，还是为长远打算。有些决定必须基于接下来两个小时内会发生的事情来做；其他的则可能基于一周、一个月、一个季度、十年内会发生的事情，基于孩子们长大后会怎样，或者基于他们的子孙后代会怎样来决定。智慧的一个重要部分就是具备针对不同事情区分其所对应的时间概念的能力。从好高骛远的空想家到鼠目寸光的庸人，都是使用错误时间概念的人。只有拥有正确的价值尺度，我们才能对时间的相对性保持敏锐的感知。

遥远的过去和未来，从来都不可能被人们直观地感受到，这是一种心理状态，因此人们只能通过某种方式将其构想出来。但正如詹姆斯所说的，"对于更长的时间跨度，我们没有直接的'现实'感"[1]。我们能立即感受到的持续最长的时间就是所谓的"似是

---

1 *Principles of Psychology*, Vol. I, p.638.

而非的现在"[1]。据铁钦纳说，它大约最长持续六秒钟。[2]"在这段时间内的所有表征都立即呈现在我们面前。我们不仅能够感知静止的物体，还能感知到事件和发生的变化。概念性的现在补充了感知中的现在。通过将感知与记忆图景相结合，我们将过去的一整天、几个月甚至几年的时间都集合到了现在的概念里。"

正如詹姆斯所说，在这种概念性的当下，事物的生动性与我们在其中所能辨别的数量是成比例的。因此，我们感觉无所事事、无聊透顶的假期过得很慢，但在记忆中那段时间却似乎很短。因为我们没有太多可回忆的内容。大量的活动会迅速消耗时间，但在记忆中它却显得十分悠长。关于我们辨别事物的数量与时间观念之间的关系，詹姆斯有一段有趣的论述[3]：

> 我们有充分的理由认为，生物直接感受到其经历的事件的时间长度，与其体验到这些事件表征的精细程度之间可能存在着巨大差异。冯·贝尔沉迷于一些有趣的计算，这些计算揭示了这种差异是如何改变事件的自然面貌的。假设我们能够在一秒钟内清楚地记录下1万个事件，而不是像现在这

---

1 1890年，美国心理学之父——威廉·詹姆斯在《心理学原理》中认为，时间知觉就是对"似是而非的现在"（specious present）的一种觉察，即在日常生活中对"现在"的知觉：我们持续知觉到一些特定的持续时间——似是而非的现在——持续大约数秒，也许不会超过一分钟，这个持续时间（以及它的内容的先后顺序）是我们原始的时间直觉。——译者
2 引自 Warren, *Human Psychology*, p.255。
3 *Principles of Psychology*, Vol. I, p.639.

样勉强记录下10个；[1]且如果我们的生命注定要容纳的记忆的事件总数保持不变，那么生命可能会缩短一千倍。我们应该活不到一个月，无法体会季节交替。如果我们出生在冬天，我们对夏天的想象和认知就会像现在对遥远地质时期——石炭纪的炎热气候条件的想象和认知一样。有机生物体的变化对我们的感官来说非常缓慢，我们只能推断这些变化，而无法直观看到。太阳在天空中静止不动，月亮几乎没有变化，等等。但是现在反过来假设一下，假设一个生物在规定时间内只能感受到千分之一我们感受到的事物，它的寿命就将会延长一千倍。那么，冬天和夏天对其来说就像一刻钟。蘑菇和生长期短的植物将瞬间破土而出，仿佛凭空出现；一年生灌木会像涌动的泉水一样此涨彼落；动物的运动对我们来说就像出膛的子弹和炮弹一样无法轻易被看见；太阳会像流星一样掠过天空，在身后留下一道火焰轨迹；等等。

威尔斯先生在《世界史纲》一书中勇敢地尝试将"历史和地质时间之间的真实比例"进行了可视化。[2]如果在一个时间尺度上，用3英寸的距离来表示哥伦布到我们这个时代的时间跨度，那么读者需要走55英尺[3]才能看到阿尔塔米拉（Altamara）洞窟壁画家

---

1 高速相机利用这一原理进行了奇妙的创造，于是有了电影。
2 Vol. II, p.605. 也可以见于 James Harvey Robinson, *The New History*, p.239。
3 英尺，英美制长度单位，1英尺约合0.3048米。——编者

的年代,走550英尺才能看到更早的尼安德特人,大约走1英里才能看到最后一批恐龙。直到公元前1000年左右,才开始出现精确的年代学,而在那个时代,"阿卡得-苏美尔帝国(Akkadian-Sumerian Empire)的萨尔贡一世(Sargon I)已经是遥远的记忆……比君士坦丁大帝距今还要遥远……汉穆拉比已经死去一千年了……而英国的巨石阵也已经存在一千年了"。

威尔斯先生写作是有目的的。"在这短短的一万年里,这些单位(由人类所组成的)已经从新石器时代早期的小家族部落发展成了当今庞大统一的联合王国——虽然庞大,但仍然太小、太局部。"威尔斯先生希望通过改变我们看待当前所面临的问题的时间观来调整我们的道德立场。然而,无论是天文学的时间尺度、地质学的时间尺度、生物学的时间尺度,还是任何将当下最小化的宏观尺度,都不会比微观尺度"更真实"。西米恩·斯特伦斯基坚持认为"如果威尔斯先生是在考虑他的副标题《人类的未来》,他就应该用几个世纪来完成他的解决方案。如果他在考虑如何拯救在大战影响下摇摇欲坠的西方文明,他就必须考虑在几十年的时间内完成"。[1] 斯特伦斯基是对的,采用何种时间尺度完全取决于你采用这种尺度的实际目的。有些情况下需要延长时间尺度,有些情况下则需要缩短时间尺度。

有人说,如果150万某国人死于饥荒,那没关系,因为两代

---

[1] 参见 The Salvaging of Civilization, The Literary Review of the N. Y. Evening Post, June 18, 1921, p.5。

人之后，出生人口将弥补损失的人口，这个人就是在使用时间观来为自己的惰性辩解。有人因为一时感情冲动，对眼前的困难产生过激反应，做出了让健康年轻人陷入贫困的决定，他没有考虑到这个决定会对年轻人的整个人生产生长期的影响，他可能只看到了眼前的困境。有些人为了眼前的和平，甘愿纵容一个侵略成性的帝国，去收买他们，已经让"当下那虚假的现实"干扰了后辈的和平。那些对麻烦的邻居没有耐心，想用一次性的对决来搞定一切问题的人，同样是"似是而非的现在"的牺牲品。

几乎所有社会问题都会涉及对时间的合理计算。以木材问题为例，有些树木的生长速度快于其他树木。因此，合理的林业政策应该是：通过补种来弥补不同季节、不同树龄、不同树种的砍伐量。只要这种计算是正确的，那么就会实现真正的经济性。少砍就会浪费资源，多砍则会过度开采。但是也可能会出现紧急情况，比如战争中对制造飞机的云杉的需求增加，必定会超过一年的采伐配额。一个警觉的政府会认识到这一点，并将在未来恢复木材采伐量和补种量的平衡。

与树木不同，煤炭则涉及不同的时间概念，煤炭是在地质时间的尺度上产生的，而且煤炭的储量是有限的。因此，正确的社会政策需要进行复杂的计算：全世界煤炭的可用储量、探明新矿脉的可能性、目前煤炭的使用率、能源利用效率和替代能源情况等等。但是，当这个计算完成时，它最终必须经过时间标准的调整，并与其相符。例如，假设工程师们得出结论，目前的燃料正在以一定的速度逐渐耗尽，除非有新的矿点发现，否则工业将不得不在未来某个特定的时间进入收缩阶段。那么，为了避免掠夺子孙后代的资源，我们就必须确定，在所有可行的经济措施已实施之后，我们还要在多大程度上节约煤炭使用量。但是，我们应该考虑的后代要有多"后"呢？是到我们的孙辈？还是到曾孙辈？也许我们应该以100年为单位进行计算，如果当下就确定要寻找新能源，这将为发现替代燃料提供足够的时间。当然，这个时长是假设的。但是，在进行社会决策时，我们应该理性地计算并考虑时间因素。我们将使社交时间在舆论中占有一席之地。现在让我们想象一个稍微不同的情况：一个城市和有轨电车公司之间的合同。该公司表示，除非获得对主要公路长达99年的垄断权，否则不会投资。在那些提出这一要求的人看来，99年就像"永远"一样长。但是，如果地面有轨电车在20年内过时了，那么签订这样的合同是非常不明智的，因为这实际上是在让未来的一代人使用劣质的交通工具。在签订这样的合同时，市政府官员缺乏对"99年"这一时限的真实感受。相比沉溺于虚假的永恒感来刺激投资，为了吸引资本，现在就给公司一些补贴要好得多。当谈到"99年"时，市政府官员和公司高层都缺少实时感。

大众史学中存在着大量混淆时间的情况。例如，对普通英国人来说，克伦威尔的行为、《联合法案》的腐败、1847年的饥荒，都是早已去世的人遭受的磨难，而导致这些情况发生的人也亡故已久，与现在活着的爱尔兰人和英国人都没有任何真正的联系。但在一个爱国的爱尔兰人看来，这些事件几乎是同时发生的。他的记忆就像一幅历史画，仿佛维吉尔和但丁并排坐在那里交谈。

这些不同的观点和缩短的时间段是各国人民交流的一大障碍。对受某一种传统影响的人来说，要记住另一个传统中同时代的事物是非常困难的。

任何以"历史正确"或"历史错误"为名的东西都不能当作真正客观的历史观。以关于阿尔萨斯-洛林地区的归属争议为例，这块区域到底是属于德国还是属于法国完全取决于你选择的初始时间。如果你从劳拉契人（Rauraci）和塞夸尼人（Sequani）开始算起，这些土地在历史上就是高卢的一部分；如果你更喜欢亨利一世时期，那么这些土地在历史上就是德国的领土；如果你选择从1273年开始，这块土地就属于奥地利皇室；如果你选择1648年或《威斯特发里亚和约》签订后的时代，那么这块土地大部分属于法国；如果你选择路易十四执政期间或1688年，那么这块土地几乎就都是法国的领土。如果你从历史角度来论证这块土地的归属问题，你有很大概率会选择那些能够支持你观点的特定时代。

关于"种族"和民族的争论往往暴露出同样武断随意的时间观。在战争期间，在强烈的感情影响下，人们普遍认为"条顿人""盎格鲁-撒克逊人"和法国人之间永远存在差异。他们一直是对立的种族。然而，就在一代人之前，像弗里曼这样的历史学家还在强调西欧民族共同的条顿起源，人类学家还坚定地认为德国人、英国人和大部分法国人曾经都是共同血统的分支。一般大家遵循的规则是：如果你当下喜欢一个民族，你就会从分支追溯到主干，并认为各分支有着共同的主干；如果你不喜欢这个民族，你就会坚持认为这些分支来自不同的主干，互相之间没有联系。在前一种情况下，你关注的是这个民族可区分之前的时期；在后一种情况下，你关注的是这些分支变得不同之后的时期。这些符合人们心境的观点则被视为"真理"。

家谱是另一个比较温和的贴合这种变化的案例。通常，一对夫妇会被认定为祖先，如果可能的话，这对夫妇会与历史上非常荣耀的一些事件相关，如诺曼征服[1]。这对夫妇没有祖先。因此，他们并不是某些人的后代。然而，他们确实又拥有祖先，"某某是其家族的创立者"这种说法并不意味着他是家族里具有（《圣经》里）亚当那样地位的祖先，而意味着他是那个人们希望开始追溯的特定祖先，或者也可能是因为他是家谱里有记载的最早的祖先。但家谱表现出了一种更深的偏见。除非女性血统特别出众，否则血统会通过男性来追溯。这棵家谱树是男性的。在不同时刻，女性就像蜜蜂反复落在古老的苹果树上一样，依附于这棵家谱树。

然而，未来是最难以捉摸的时刻。我们受到的诱惑在于，容易跳过抵达未来所需的必要步骤，直达目的地。并且当我们受到希望或怀疑的支配时，在达成未来某个目的的过程中，会延长或缩短各个部分所需的时间。关于工人阶层在工业管理中应发挥的作用的讨论里就充满了这种困难。因为管理是一个涵盖许多功能

---

[1] 以诺曼底公爵威廉一世（约 1028—1087）为首的法国封建主对英国的征服。——译者

的词。[1]其中一些功能不需要培训；有些功能需要一点培训；其他的只能在一生中学习。而真正具有辨别力的工业民主化方案一定是遵循适当的时间顺序的，这样，就能在让工人承担职责的同时对他们开展工业培训。让无产阶级立刻实现专政，就是试图忽略其中所需要的准备时间。而抵制所有责任分担的提议，则是试图否认人类能力会随着时间的推移而改变的事实。原始的民主观念，如轮流任职和蔑视专家，实际上只不过是一个古老的神话——智慧女神从朱庇特的额头上刚诞生就全副武装并马上成熟。他们认为那些需要多年学习积累的东西实际上是根本不必学的。

每当"落后民族"一词被用作政策依据时，时间观念就是一个决定性因素。例如，《国际联盟盟约》规定，"委任统治的性质必须根据民族发展的不同阶段以及其他各种情况而有所不同"[2]。它断言，某些地区"已经达到了一定的发展阶段"，其独立性可以得到暂时承认，但前提是它们要接受建议和援助，"直到能够独立为止"。托管国和被托管国对时间的看法将深刻影响两者之间的关系。因此，就古巴而言，美国政府的判断与古巴爱国者的判断基本一致，虽然存在麻烦，但在强国处理与弱国关系的历史中，没有比这更精彩的一页了。然而，糟糕的是，在这段历史中，双方的估计往往并不一致。帝国主义者——无论其公开表态如何，都

---

1 参见 Carter L. Goodrich，*The Frontier of Control*。
2 第19条。

深信落后民族的落后程度已到了无可救药的地步，不值得去补救，抑或是帝国主义者能够从这种落后中攫取利益，因而不想去补救。此时，这种关系就会恶化，进而破坏世界和平。在少数情况下——可以说是非常少的情况下，落后意味着其统治需要一个能助其进步的、具有明确标准和明确时间的计划。然而，更常见的是，这似乎也已经成了一种规律，即落后总会被视为内在固有的和永恒的劣等标志。然后，在这种情况下，落后的国家所做的任何想要摆脱落后的尝试都会被视为叛乱，这无疑是事实。在我们自己的种族战争中，其实我们可以看到一些后果，因为我们没有意识到时间会逐渐抹去黑人的奴隶性质，也没有认清基于这种奴隶性的社会机制也将不复存在。

我们很难不将未来想象成顺从我们当前意愿的样子，以消除那些阻碍我们欲望的事物，或者加固那些为我们抵挡恐惧的保护罩。

在综合汇总公众意见时，我们不仅要看到更广阔的空间，感受更多的时间，还要描述和评判比我们所能计数或想象出来的更多的人、行动与事物。我们必须进行概括和总结。我们要挑选样本，并将它们视为典型。

要在一个庞大的阶层当中公平地挑选出一个好的样本并不容易。这个问题属于统计学范畴，对任何数学基础薄弱的人来说，都是一件极其困难的事情，我曾经真的以为自己能够理解那六本统计学手册，却依然停留在初始阶段。它们只是更让我意识到分类和抽样有多么困难，也让我明白，就像把一点黄油抹在整个宇宙里那样，我们容易过于乐观地将有限的资源或经验应用于广阔而复杂的领域中。

不久前，英国设菲尔德的一群社会工作者开始用更准确的描述来取代他们之前对该市工人精神面貌的印象式理解。[1]他们希望基于一些合理的理由来说明设菲尔德的工人们的精神面貌是良好的。他们发现，就像我们所有人在拒绝让第一印象占上风时那样，工人们的精神面貌远比他们想象中复杂得多。关于他们所采用的测试，没什么好说的，只不过那是一份大型问卷。为了说明这一点，我们假设问卷中的问题能公平地测试出工人们是否具备适应英国城市生活所需的精神素质。那么理论上看，这些问卷应该向身为工人阶级的成员发放。但要知道谁是工人阶级就不那么容易了。然而，再次假设人口普查知道如何对其进行分类。那么大约就有104000名男性和107000名女性要接受询问。他们的回答可以证实或反驳关于"工人是无知的"还是"工人是聪明的"的随意说法。但对这20多万人进行问卷调查的难度也是难以想象的。

于是，社会工作者请教了著名统计学家鲍利教授。教授建议他们，应抽取不少于408名男性和408名女性当作公平的样本。根据数学计算，这个数字与平均值的偏差不会超过1/22。[2]因此，他们必须询问至少816人，但他们应该去问哪816个人呢？"我

1　*The Equipment of the Worker.*
2　同上书，p.65.

们可以收集在前期调查中就接触过的工人的详细信息；我们可以通过做慈善的先生和女士们进行调查，他们与在俱乐部、教会、医院、礼拜场所或定居点的某些工人有联系。但这种选择方法会产生完全无价值的结果。这样挑选的工人从任何意义上说都不能代表人们通常所说的'普通工人'，他们只代表他们所属的小圈子。"

"正确的方法是通过某种'中立'、'偶然'或'随机'的方式去选择工人。我们严格遵循此方法，付出了巨大的时间和劳动成本。"他们的确就是这样做的。虽然采取了这些预防措施，他们却并没有得出比之前的分类更明确的结论。根据他们的调查问卷，即在20万名设菲尔德工人中，"大约1/4"的人"具备较高的素质"，"大约3/4"的人"素质不算太高"，而"大约1/5"的人"素质较低"。

我们可以将这种非常认真甚至几近迂腐的方法与我们通常对大多数人所做的判断方法做个比较，比如关于易变的爱尔兰人、逻辑严谨的法国人、训练有素的德国人、无知的斯拉夫人、诚实的中国人、不可靠的日本人的判断等等。所有这些都是从样本中得出的概括，但样本的选择方法在统计学上完全是不合理的。因此，雇主会根据他对最麻烦的员工或最顺从的员工的印象来对整体劳工做判断，许多激进团体还认为以这样的方式来看待工人阶级很合理。有多少女性对"仆人问题"的看法只是她们自己对待仆人的反应？这种随意性的心态要么会导致人们随意选择能支持其偏见的样本，要么会仅凭某个偶然的发现又反驳了之前的偏见，然后将其视为对整个阶层的典型印象。

当人们拒绝按照既有的分类来定义自己时，就会产生很多困惑。只要他们待在我们为他们设定的位置，预测就会容易得多。但是，事实上，像"工人阶级"这样的词语只能涉及在一定时间内的部分事实。当你把收入低于一定水平的所有人都归为工人阶级时，你会忍不住假设那些被归类的人都会按照你对工人阶级的刻板印象行事。尽管你不太确定具体是哪些人。工厂的工人和矿工可能或多或少都符合，但农场工人、小农户、小贩、小店主、店员、仆人、士兵、警察和消防员却不太符合你对"工人阶级"的印象。当你向"工人阶级"呼吁时，你的注意力往往会集中在两三百万大致可被认定为工会成员的人身上，并觉得这些人才是劳工；其他一千七百万或一千八百万人，尽管可能符合"工人阶级"的条件，他们的意见却默认般地被那些核心工会成员的意见所代表了。正如在1918—1921年期间，将工会大会的决议或知识分子所写的小册子看成英国全体工人阶级的观点，这是多么误导人啊！

一旦形成了工党是解放者的刻板印象，人们就只会接受能够支持自己这种想法的证据，并且排斥与之相左的其他证据。因此，与现实中的工人运动并行的，还有一个虚构的劳工运动，其中，一个理想化的群体朝着一个理想的目标前进。这个虚构涉及未来，而在未来，可能性与概率性和确定性几乎无法区分。如果未来足够长，人类的意志可能会把刚刚能想到的事情变成非常可能的事情，把可能的事情变成肯定会发生的事情。詹姆斯称之为信仰阶梯,并说:"这是善意的斜坡,人们在面临生活中更大的问题时,常常站在这样的斜坡之上。"[1]

1. 认定某种世界观是真实的,并不荒谬,也并不矛盾;
2. 在某些条件下,它可能是真实的;
3. 它现在可能就是真实的;
4. 它适合成为真实;
5. 它应该是真实的;
6. 它一定是真实的;
7. 无论如何,它对我来说,都是真的。

正如他在另一处补充的那样[2],"在某些特殊情况下,你这样做可能最终会确保它的真实性"。然而,没有人比他更坚持地认为我们必须避免用目标代替起点,必须避免将通过勇气、努力和技能才能在未来创造的东西当成现在就能创造的。然而,这个显而易见的道理却极难付诸实践,因为我们每个人在选择样本方面都缺乏训练。

如果我们相信某件事是真的,我们几乎总能找到一个它是真的的例子,或者总能找到一个相信它应该是真的的人。当有一个具体的事实正好符合了那种希望时,要正确地权衡这个事实就是非常困难的。当我们遇到的前六个人都同意我们的观点时,我们其实是很难想起他们可能都在早餐时读了同一份报纸的。并且每

---

[1] William James, *Some Problems of Philosophy*, p.224.
[2] *A Pluralistic Universe*, p.329.

当我们想要估计一个概率时，我们其实也没法向816个随机样本发出问卷。在处理大量事实时，如果我们只是按照一种偶然的印象行事，那么我们就不可能选择出真实的样本。

当我们试图更进一步，以寻求无形而又复杂的事务之间的因果关系时，随意的意见是非常棘手的。在公共生活中，很少有重大问题的因果关系体现得非常明显。例如，对那些已经投入数年时间研究商业周期、价格和工资变动、人口迁移和人口同化、外国势力的外交目的等问题的学者来说，这些问题就并不明显。然而，不知何故，我们又都对这些问题有着某种意见，因此，大多数最常见的推理实际上只是一种直觉，那么仅仅因为一件事发生在另一件事之后，就错误地认为先发生的事件是后来事件的原因，即"事后归因"，也就不足为奇了。

一个人思维越是未经训练，就越轻易地觉得在同时引起他注意的两件事之间存在因果关系。我们已经详细讨论了事物引起我们注意的方式。我们已经看到，我们获取信息的途径是受阻的和不确定的，我们的理解深受刻板印象的控制；我们的理性所能获得的证据受制于诸如自我保护、声誉、道德、对时空的感知和不合理的抽样方式等因素产生的错觉的影响。

我们现在必须注意到，除去我们的思维认知具有的上述这些问题，舆论仍然受到其他因素的干扰，因为在主要通过刻板印象看到的一系列事件中，我们很容易将前后关系或平行关系等同于因果关系。

当两个想法结合在一起激起同样的感觉时，这种情况最有可能发生。如果它们结合在一起，很可能会引起同样的感觉；即使它们不是同时出现的，与其中一个紧密相连的某种强烈的依恋感也可能会从记忆的各个角落引起某种感觉相似的想法。因此，所有痛苦的事物都倾向于汇集到一个因果系统中，同样，所有愉快的事物也会如此。

11月11日（1675年），今天我听说上帝向这座城镇的中心射了一箭。天鹅客栈的店主温莎的女儿就得了天花。值得注意的是，这种疾病始于啤酒屋，这是上帝对酗酒和增设酒馆的罪恶表示不满！[1]

因此，在1919年，伊利克斯·马瑟和一位杰出的天体力学教授讨论爱因斯坦的理论时就是这样说的：

很可能……布尔什维克的起义实际上是某种潜在的、深刻的、精神不安的显性表现，具有全球性的特征……这种不安的精神已经侵入了科学。[2]

在激烈地憎恨一件事时，我们很容易将其与我们激烈憎恨或恐惧的大多数其他事物联系在一起，并认为它们彼此之间是因果关系。它们之间的联系可能就像天花和酒馆或者相对论和布尔什维主义之间的联系那样微弱，但它们被同样的情绪捆绑在一起。在一个迷信的头脑中，就像那位天体力学教授的头脑

---

[1] *The Heart of the Puritan*, p.177, edited by Elizabeth Deering Hanscom.
[2] 引自 *The New Republic*, Dec. 24, 1919, p.120。

一样，情感就像一股熔岩流，它抓住并嵌入其所接触到的任何东西之中。若你在其中深入挖掘，你就会发现里面像一座被埋葬的城市一样，各种各样的物体滑稽地纠缠在一起。只要感觉对了，任何东西都可以和其他东西联系起来。处于这种状态下的头脑也无法知道自己究竟有多么荒谬。古老的恐惧被最近的恐惧所强化，凝结成混乱的恐惧，任何可怕的事情都互为因果、错纵交织。

通常，这一切都以制造一个万恶体系和另一个万善体系而达到顶峰。此时我们对绝对性的热爱就体现出来了。因为我们不喜欢有限定意思的副词。[1] 它们使句子变得杂乱无章，阻碍了富有诱惑力的感觉。我们喜欢大多数而不是更多，最少而不是更少，我们更不喜欢这些词：也许、如果、或者、但是、倾向于、不完全、几乎、暂时、部分。然而，几乎每一种关于公共事务的观点都需要用这样的词来加以限定。但在我们空闲的时候，一切都会表现得绝对——百分之百，无处不在，永远如此。

仅仅说我们的立场比敌人的更正确，我们的胜利比敌人的胜利更有利于民主，我们总觉得不够，还要坚持说我们的胜利会永远结束战争，给世界的民主以安全。战争结束后，尽管我们已经挫败了比我们目前所遭受的更大的邪恶，但有一些较小的罪恶仍会折磨我们，此时，之前的相对胜利似乎就消失不见了，当前较

---

[1] 参见弗洛伊德《梦的解析》(*Interpretation of Dreams*) 第六章中对梦中的绝对主义的探讨，尤其是第 288 页及其后的内容。

小的邪恶的绝对性就会压倒我们的精神，我们会感到自己无能为力，因为我们并非如想象般具有压倒性的力量，就会在无所不能和无能为力之间摇摆不定。

在这种状态中，真实的空间、时间、数字、联系，真正的重量都消失了。我们的视角、背景和动作的维度也就此被剪切和冻结在刻板印象中。

第四部分

兴趣和利益

第十一章

调动兴趣

人类的头脑并不是一部通过快门和镜头一劳永逸地记录每一个印象的电影。人类的思维是无穷无尽且持续创新的。这些画面逐渐消退或融合,有的部分会更加清晰,有的部分会更加凝练,因为我们使这些画面更完全地属于我们自己。它们并不只是存在于思想的表面,被诗意的力量重新塑造成我们自己的个人表达。我们划分其中的重点,并参与到这种转化的行动之中。

为了做到这一点,我们倾向于将许多事物个性化,并将其间的关系戏剧化。除思想极其精巧的人以外,很少有人能不把世界上的事以某种寓言的形式表现出来。社会运动、经济力量、国家利益、舆论都被当作"个人"来对待,像教皇、总统、列宁、摩根或国王这样的"个人"就会被当作某种思想或制度。所有刻板印象中最严重的就是对人的刻板印象,这种刻板印象将人性归为无生命或集体性的事物。

由于我们对事物的种种印象是如此纷繁复杂,即使在经过各种筛选和处理之后,我们也仍然倾向于使用寓言这种更简洁、更经济的方式来表达和传达这些印象。事物如此之多，我们无法将它们生动地记在脑海里。因此，我们通常给它们命名，让名字代表整个印象。但命名是漏洞百出的。旧的意义消失了，新的意义出现了，试图保留名字的全部意义几乎和回忆最初的印象一样令人疲惫。然而，名字对思想而言就如贫乏的货币，它们太空洞，太抽象，太不人道了。于是我们开始通过个人的刻板印象来看待这些名字，解读它们，最终这些名字也会具备某些人类的品质。

然而，人类的品质本身也是模糊和变化多端的。最好通过一个物质符号来记忆它们。因此，我们倾向于将人类的品质与我们印象中的某个事物的名称挂钩，这样一来，人类的品质就会在事物的这种隐喻中显现出来。就像英格兰的人民、英格兰的历史，都被浓缩成了"英格兰"，而英格兰这个词又变成了约翰牛的形象——快乐而肥胖，不太聪明，但很会照顾自己。移民这件事在一些人看来可能像河流一样蜿蜒曲折，而在另一些人看来则像是一场毁灭性的洪水。人表现出的勇气可能会被视为一块石头；人的目标可能会被看作一条道路；疑虑会被看作岔路口；困难会被看作车辙和岩石；进步会被看作肥沃的山谷。如果军舰被调动，他们就会"拔剑出鞘"。如果军队投降，他们就"一败涂地"。如果士兵受到压迫，他们就是在"经受苦难"。

当要通过演讲、头条新闻、戏剧、电影、漫画、小说、雕像或绘画等方式普及公共事务时，要将其转化为人们感兴趣的内容，首先需要对原始事件进行抽象化处理，然后再对所抽象的内容进行生动化的呈现。我们不会对看不到的东西产生太大的兴趣，也不会被它们所感动。我们每个人对公共事务的了解都很少，因此，对我们来说，这些事务就会变得乏味且没有吸引力，除非有人用艺术天赋将它们转化成感人的画面。这样一来，尽管我们受到认知渠道较少和偏见的限制，但我们对现实的认识容易抽象化的问题却得到了补偿。由于我们并非无处不在、无所不知，所以我们无法看到太多需要思考和谈论的东西。我们是血肉之躯，不可能仅靠文字、名字和枯燥的理论为生。作为某种程度上的艺术家，我们或许都可以从抽象观念中创作出戏剧和漫画。

或者，如果可能的话，我们会找到有天赋的人为我们进行图像化，因为并不是所有人都拥有同等的图像化能力。然而，我想，如伯格森所断言的，实用型的头脑最能适应空间特性[1]。一个"思路清晰"的思想家几乎总是善于将其思想观点可视化。但出于同样的原因，他们像看"电影"一样看待世界，所以他们经常表现得浅尝辄止，要么就是略显迟钝。拥有敏锐直觉的人可能更擅长音乐或运动感知等领域，他们往往比善于将事物视觉化的人更能欣赏事件的品质和行为的内在性。如果关键要素是一种永远不会被直接表现出来的欲望，并且只通过表面上隐蔽的动作姿态或言语的节奏表现出来，直觉敏锐的人往往会有更深的理解。视觉化或许会捕捉到刺激点和结果，但中间和内部的内容通常会被擅长视觉化的人严重歪曲，就像作曲家在一个甜美清纯的少女声部里加入一个音量巨大的女高音一样。

---

1 *Creative Evolution*, Chs. III, IV.

然而，尽管直觉往往有一种特殊的正义感，它仍然是高度私人的，很大程度上是不可交流的。但社交依赖于交流，虽然一个人可以凭借自己的直觉极其优雅地驾驭自己的生活，但他通常很难让别人感受到这种直觉是真实存在的。当他谈论这些直觉时，在外人听来就像一团迷雾。虽然直觉确实能更准确地感知人类的情感，但有着空间和触觉的隔阂，理性很难处理这种感知。因此，当需要多数人意见一致才能采取行动时，人们面对的第一个问题就是，思想不够清晰明确。如果看不到摸不到，就很难统一思想付诸行动。不过同样真实的是，视觉化的思想对我们来说毫无意义。除非它能释放或抵抗、压抑或增强我们自身的某些渴望，否则它仍然只是无关紧要的事情。

图画一直是传达想法的最可靠的方式，次之的方式则是能唤起记忆图景的词语。但是，除非我们认同画面的某些方面，否则这些画面所传达的想法就没法成为我们自己的观点。这种认同，按照浮农·李所说的就是"移情"[1]，这个过程可能非常微妙并具有象征意义。模仿可能是在我们没有意识到的情况下进行的，有时会让我们丧失人格中的自尊。但是对成熟、思想深刻的人来说，他们不仅是在关注"英雄人物"的命运，还在关注整体上的价值观念体系，他们认为在这个体系中，无论是英雄还是恶棍都很重要。那就是更深层的认识了。

在一些流行的表现形式中，用于识别的标签几乎总是被标记

---

[1] *Beauty and Ugliness.*

出来。你一眼就能看出谁是"英雄"的角色。在没有明确标识和清晰选项的情况下,任何作品都不可能轻易流行起来。[1]但这还不够。观众必须有所作为,而对真、善、美的思考并不是需要去"做"的事情。为了不对着画面呆坐,观众必须加强在图像方面的培训和锻炼,这一点同样适用于报纸故事、小说和电影。无论是从被追捧的程度,还是从观众们寻求刺激的热切程度上,如今有两种形式对观众的吸引力远远超越其他形式。它们就是性和战斗。两者紧密地融合在一起,以至一场关于性的战斗的吸引力会超过其他所有主题。没有任何一种主题能像它们那样引人入胜,或像它们那样能超越所有文化和边界的限制。

性主题几乎不会出现在美国的政治意象中。除了在某些小规模的冲突、偶尔发生的丑闻、与黑人或亚洲人的种族冲突中曾出现过,其他时候,即使提及性,似乎也很牵强。只有在电影、小说和一些杂志小说中,劳资关系、商业竞争、政治和外交等事情才会与女人产生联系。但战斗主题无处不在。当发生斗争,或者我们说的,出现问题时,政治才会有趣。为了让政治受到大众欢迎,必须提出问题,即使在真理和正义方面,实际上并不存在问题,但是在判断结论、引用原则或选择事实方面,也要制造一些需要诉诸争斗的分歧。[2]

---

1 一个对于新闻的特性有重大影响的事实,见本书第七部分。
2 参见 Frances Taylor Patterson, *Cinema Craftsmanship*, pp.31-32。"三、如果情节缺乏悬念,那就:1. 添加一个敌手;2. 添加一个障碍;3. 添加一个问题;4. 强调观众心中的一个问题……"

然而如果没有好斗性，我们这些没有直接参与事件的人就很难一直保持兴趣。对那些参与的人来说，即使没有问题存在，他们的专注度也足以让他们保持兴趣坚持下去。他们可能纯粹是被活动的乐趣或是微妙的竞争或创新所吸引。但是，对那些认为整个问题都事不关己和遥不可及的人来说，其他的技巧不会轻易发挥作用，为了让这件事的模糊图景对他们有意义，就必须激发他们对斗争、悬念和胜利的热爱。

帕特森小姐[1]坚持认为："悬念……构成了大都会艺术博物馆的画作与里沃利或里亚尔托剧院的影片之间的区别。"如果她想明确指出这些作品既没有辨识度，又不符合这一代人所热衷的主题，那么她完全可以说："这解释了为什么只有零星几个人走进大都会艺术博物馆，而成百上千的人拥入里沃利或里亚尔托剧院。大都会艺术博物馆里的人欣赏一幅画的时间不会超过10分钟——除非他们碰巧是艺术生、评论家或鉴赏家。而里沃利或里亚尔托剧院里成百上千的人看一场电影的时间超过了1个小时。从美学角度看，这两个剧院里的电影作品，其艺术价值可能根本无法与艺术博物馆里的作品相提并论，然而，电影比画作能吸引更多的人，并能让他们的注意力集中更长时间，但这并不是因为电影本身有任何内在的艺术价值，而是因为电影描绘了正在展开的事件，而观众迫不及待地等待着结局。故事具有斗争的元素，这总是能成功制造悬念。"

---

1 同上书，pp.6-7.

为了确保距离我们遥远的景象不会被注意力所忽略，它必须被转化成可被人们识别的图像，否则只会短暂地引起少数人的兴趣。这些景象应该被看到而非被感知到，应该能冲击我们的感官而不为人所发现。它让我们不得不选择立场。我们也该有能力去选择自己的立场。在我们内心深处，我们必须走出观众席，站到舞台上，像英雄一样为战胜邪恶而奋斗。我们必须在故事中注入属于我们自己的生活气息。

因此，尽管有这些批评，关于现实主义和浪漫主义的旧争论还是有了定论。大众的偏好是让戏剧起源于一个足够真实的环境，具有可信度，并在一个足够浪漫的环境中结束，让人心生向往，又不会太过浪漫或令人难以置信。在开始和结束之间，内容可以是自由宽松的，但真正的开始和美好的结局往往有着固定的模式。电影观众拒绝基于逻辑发展出的幻想，因为在机器时代，纯粹的幻想并无立足之地。观众们无情地拒绝现实主义，因为这样一来电影和生活中的斗争可能会重合，这种斗争或许已经成了他们生活的一部分，而他们不喜欢看到"自己"在斗争中的失败。

什么是真实的、现实的、好的、坏的、令人向往的，这些并非永恒不变，而是由刻板印象决定的。这些刻板印象从早期的经历中获得，并延续到对后来经验的判断中。因此，如果电影和大众杂志的投资方没有因为资金投入过高而需要立即让作品"火起来"，那么有想法和想象力的人将能够像人们梦想的那样，利用银幕和期刊来放大、提炼、验证或批评那些由我们的想象力创造出的图景。但是，鉴于目前的成本，制作电影的人就像其他时代的教堂画家和宫廷画家一样，只能遵循他们找到的刻板印象，否则就要付出破坏期待的代价。这些刻板印象可以被改变，但不足以保证能让电影在六个月后上映时取得成功。

那些切实改变刻板印象的先驱艺术家和评论家自然会对保护投资人利益的经理人和编辑感到沮丧和愤怒。他们觉得自己冒着一切风险，可为什么其他人没有呢？这并不公平，因为他们在义愤填膺中，忘记了自己的回报，而这些回报远远超出了雇主的期望。他们不能，即使能也不会改变立场。在与市侩主义不断的战争中，他们忘记了另一件事，那就是他们正在用过去艺术家和智者从未想象过的标准来衡量自己的成功。如今他们所要求的发行量和观众数量，在过去几代艺术家之前都是无法想象的。而当他们得不到成功的时候，他们就会感到失望。

就像辛克莱·刘易斯在《大街》中塑造出的明白人，他们能成功且明确地说出许多在其他人头脑中盘旋良久却表达不清楚的话。"你替我说出了我的心里话。"他们建立了一种新的形式，然后无休止地复制，直到这种形式也成为一种刻板印象。下一个先锋艺术家发现很难让公众以其他方式看待《大街》，所以和前辈辛克莱·刘易斯一样，这个先锋艺术家也与公众产生了分歧。

这种分歧不仅源于刻板印象引发的冲突，还源于先锋艺术家对他所处理的素材的敬畏。无论选择什么层面的素材，他都会在这个层面坚持下去。若他正在深挖一个事件的内核，无论这个过程有多么痛苦，他都会坚持到底。他不会打着帮助别人的旗号自以为是地把自己的空想强加于人，也不会在没有和平之地高喊和平口号。这就是他所理解的美国精神。广大观众对此类严肃态度缺乏兴趣。相较于其他任何事物,他们更加关注自我存在。而这种自我存在感是由学校和传统培育出来的。他们坚持认为,艺术品应该是一种载体,不应有国家领土范围的限制,他们可以乘着这个载体向上攀登,并且艺术作品应该能让人感到至少在一小时内都能摆脱时间和琐事的束缚。为了满足这些期待,中间阶层的艺术家应运而生——他们能够且愿意融合各个层次,并将伟大人物的创造发明拼凑成现实与浪漫的混合物;正如帕特森小姐所建议的那样,"将真实生活中很少能成功解决的一系列困难问题,比如美德之人的痛苦和罪恶之人的胜利……变成对美德的赞美和对敌人的永恒惩罚"[1]。

政治意识形态也遵循这些规则。现实主义的立足点始终存在,一些真正邪恶的图景,如德国的威胁或阶级冲突,在争论中是可以识别出来的。对世界的某个方面的描述之所以会有说服力,是因为它符合我们熟悉的观念。但是,由于意识形态既涉及切实的现在,也涉及看不见的未来,它很快就不知不觉地跨越了可验证的边界,进入无法证实的领域。在描述现在的情况时,你或多或少地会被一些常见的共同经验所局限。在描述没有人经历过的事情时,你就会放开束缚,给予想象和推测的空间。仿若你处于末世,几乎是为上帝而战。一个真实(符合当时流行标准的所谓的

---

[1] 参见 Frances Taylor Patterson, *Cinema Craftsmanship*, p.46。"男女主人公一般都必须具备青春、美丽、善良、崇高的自我牺牲精神和不变的坚贞。"

"真实")的开端会迎来一个幸福的结局。每一位马克思主义者都对当今的残酷行径如数家珍，认为独裁统治终结后的日子会充满光明。战争宣传人员也是如此：他们认为在莱茵河以东或以西的任何人身上（如果他们是德国人的话），都能找到人性中残暴凶恶的兽性部分。兽性确实存在，但战争胜利后，他们又会强调，永恒的和平就降临了。然而其中很多都是刻意为之的，因为老练的宣传者知道，虽然你必须从一个貌似合理的分析开始，但你不能一直分析下去，因为真正的政治成就是乏味的，很快就会让人失去兴趣。因此，宣传者会先以一个看似合理的开端耗尽人们对现实的兴趣，然后就开始挥舞通往天堂的护照，以诱人的前景来激发人们的热情和信念。

这种策略在公众虚构与个人的紧迫需求相互交织时，就会产生效果。然而，一旦两者纠缠在一起，产生了激烈斗争，最初的个人需求和最初的刻板印象可能也就消失于斗争之中，不会再被注意到了。

第十二章

重新审视个人利益

对听众来说，同样的故事在不同人听来可能迥然各异。每个人都会从各不相同的角度进入故事，因为没有两个人的经历是完全相同的。他会以自己独特的方式重新演绎故事，并融入自己的情感。有时，一位极具感染力的艺术家会带领我们进入与我们自身截然不同的生活之中，这种生活往往乍一看非常枯燥、古怪或令人反感，不过这种情况也并不常见。几乎在每一个引人入胜的故事中，我们都会代入自己，并且无声地扮演着某个角色，幻想自己在演一出哑剧。这出哑剧可能或微妙或粗俗，可能与故事主旨一致，或只是大致相似。但它包含着我们对角色感同身受的理解，以及被故事唤起的情感。因此，随着故事的传播，人们会将其原本的主题进行强化、扭曲和修饰处理。就像莎士比亚戏剧每次上演都会被改编一样，是随着演员和受到启发的观众根据自己的经历和需求的变化而变化的。

口口相传的故事在最终记录在纸张上之前，似乎都经历过类似的过程。在我们这个时代，印刷品的存在限制了每个人想象力的发挥。但谣言却几乎没有任何限制，最初的故事，无论是真实的还是编造的，似乎都会在艺术家的加工下长出翅膀、犄角、蹄子和喙。第一个讲述者叙述的版本在之后的传播中就不会再保持原样。所有听过、用它做过白日梦并传播它的人都会编辑和修改这个故事。[1]

观众身份越混杂，其对故事反应的差异就越大。因为随着观众规模的增大，共同语言会减少。因此，故事中的共性特征就变得更加抽象。这个故事就会缺乏自身本来明确的特征，性格各异的听众会给故事赋予自己的个性。

他们赋予故事的个性不仅取决于其性别、年龄、种族、宗教和社会地位，还会受到某些更宽泛的分类的影响，比如因个人的遗传和后天习得构成、能力水平、职业发展、情绪和心理的紧张程度以及在人生竞赛中所处位置的不同而呈现出多样化的特征；还受到接触的公共事务、阅读的文字与图片以及个人经历等偶然因素的影响。他们通过自身既定模式进行思考，并受情感影响做出反馈。他们不会将个人问题视为宏大环境的一部分，而是会将宏大环境看作其个人生活的放大与模拟。

然而，个人所描述的私生活并不一定是真实存在的。在私生活中，选择是狭窄的，自我在相当大程度上被压抑、被忽视，无法直接指导人们的外在行为。因此，除了那些会将个人的幸福放

---

[1] 一个有趣的例子可参见荣格描述的案例，C. J. Jung, *Zentralblatt für Psychoanalyse*, 1911, Vol. I, p.81. Translated by Constance Long, in *Analytical Psychology*, Ch. IV.

大为普遍的善意，或将个人的不幸放大为普遍的怀疑和仇恨的人，还有一些人，在表面上看起来幸福快乐，却对自己社交圈外的人暴虐残忍，要么就是对自己的家庭、朋友和工作充满憎恨，却又对全人类满怀爱意。

当从宏观层次逐渐深入细节时，就会更加明显地看到人们处理事务时体现出的多样性格。尽管人们不同的自我可能有着共同的根源和特质，但在细节之处又不尽相同。在各种情景下，没有人的性格会一成不变。因为人并非机器，个体的性格在某种程度上总是会受到时间和记忆积累的影响。他的性格会随时间和环境的变化而变化。传说在南海的一个孤岛上，有一个独居的英国人，他总是刮好胡须，并在晚餐时系上一根黑领带，这证明了他在潜意识里是害怕失去他在文明社会所获得的特性的。日记、相册、纪念品、旧信、旧衣服以及对一成不变的例行公事的热爱，都证明了我们内心的感受——即想要两次踏入同一条河流是多么困难。

没有一个自我能从始至终起作用。因此，在任何舆论的形成中，弄清到底是哪个自我在其中发挥作用是至关重要的。比如，在看待日本人要求获得在加利福尼亚的定居权这件事的时候，显然，把这一要求看作希望种植水果，或者解读成想娶白人的女儿，会产生截然不同的结果。再比如，当两个国家间存在领土争端时，人们是将谈判视为一笔房地产交易，还是一次对自己的挑衅，或者是用挑衅性和极端的言论将其描述成一次"侵犯"，也会产生天差地别的结果。这就像是当我们想起柠檬这种水果或遥远的土地时，掌控本能的自我与那种作为一家之主被冒犯而暴跳如雷的自我，是截然不同的。在前一种情况下，个人的感受是温和而平静的，后一种情况下，个人的感觉则是强烈的。因此，虽然"利己主义"决定了观点的说法看起来非常真实，但这种说法只是废话，除非我们知道，在众多的自我中，所谓的"利己"到底是哪一个自我在选择并进行引导的。

宗教信仰和世俗智慧常将个体性格划分为多种类型，包括高尚与低俗、精神与物质、神圣与尘世等。尽管我们可能不完全接受这种分类，但我们不能否认差异的存在。这种二元对立的区分方式可能不太适合现代人，现代人更倾向于去留意对立不那么明显的自我。他们会认为神学家所做的区分过于武断且表面，因为只要符合神学家的分类，许多不同的自我就都被归为了"高尚"。然而，现代人也承认，尽管如此，这一点确实证实了人性的多样性。

我们已经了解到自身众多自我的存在，并且不太愿意对此做出评判。我们明白，虽然我们看到的是同一个身体，但往往在本质上却是不同的人。采取何种态度，取决于与他打交道的是谁，是社会地位与他相等，社会地位较低，还是社会地位较高；在与人发生性关系后是否会结婚，取决于对方是否符合与其成婚的条件；男人在面对一个女性时，会根据她的条件来决定自己是否要追求她；面对自己的子女、伴侣、最信任的下属以及决定自己命运的老板时，人都会采取不同的态度；他是已经奋斗成功了，还是处在正在为温饱而努力奋斗的过程中，状态截然不同；是面对友好交流的陌生人，还是面对蛮横无理的人，态度亦会不同；是处于安全中还是处于极度危险中，状态也不同；是独自在巴黎生活，还是与家人一起在皮奥里亚度假，也完全不同。

当然，人们在性格的稳定度上有着巨大差异，这种差异如此之大，就像杰基尔博士是分裂的双重人格，而布兰德、帕西法尔和堂吉诃德则是完全专一的人那样。如果一个人的各类自我显得毫无关联，我们就不会信任这个人；如果一个人的个性过于呆板，我们就会觉得这个人枯燥、固执或古怪。在各种性格之中，对孤立和自负的人来说，其性格可能显得很单一；对环境适应能力强的人来说，其性格可能非常多样化。在一个人一系列的自我中，既有我们希望让上帝看到的最表层的自我，也有连本人都不敢直视的隐藏在最深处的自我。在家庭层面上，可能存在不同层面的自我——他可能是父亲、耶和华、暴君，同时也可能是丈夫、地主、大男子，还可能是情人、浪子。在职业层面上，他可能是雇主、主人、剥削者，也可能是竞争者、阴谋家、敌人，还可能是下属、侍从、势利小人。有些角色从来不会出现在公众视野中。有些角色只有在特殊情况下才会被公开。但是角色的形成取决于一个人对自己所处环境的理解。如果他非常敏锐地感应到自己处于一个周围恰好都是聪明人的环境中，他就会模仿自己认为比较合适的角色。这种模仿往往会调节他的举止、言语、话题选择和喜好等。生活中很多喜剧都源自此，即当人们处于陌生的环境中时，会想象自己应该有什么样的角色性格，比如，被推销者包围的教授、扑克游戏中的执事、在乡下的伦敦人、混在真钻石中的假钻石。什么是真，什么是假，一时难以分辨。

一个人性格的形成受到多种因素的影响，而且这些因素互相难以分割。[1]对性格的基本分析至今仍然存在争议，就像公元前5世纪希波克拉底提出的气质学说一样，不能令人信服。当时，希波克拉底根据人的体液将性格区分成多血质、忧郁质、胆汁质和黏液质4个类型，并将其归因于血液、黑胆汁、黄胆汁和黏液的作用。而一些最新理论，如坎农[2]、阿德勒[3]和肯普夫[4]的理论似乎都遵循了相似的思路，即从外在行为和内心意识再到身体生理机能。尽管技术突飞猛进，但没有确凿的结论可以将天性与后天培养区分开，并从后天习得的个性中抽象出先天性格。约瑟夫·贾斯特罗曾提出"心理学贫民窟"的说法，指出心理学的理论其实是匮乏的。关于性格的种种解释在心理学中其实被视为一种固定的系统，只有颅相学家、手相学家、占星师、读心者和少数政治学教授才会津津乐道。在那里，你仍然会发现人们断言"中国人喜欢色彩，他们的眉毛高耸"，而"卡尔美克人的头顶凹陷，但侧面非常宽大，这些器官特征让他们喜欢获取，而这个民族的偷窃成性也是世人皆知的"[5]。

---

1 约瑟夫·贾斯特罗（Joseph Jastrow）的《信念心理学》（*The Psychology of Conviction*）一书的"性格和气质研究的先例"一章中对早期性格进行了一番有趣的解释。
2 *Bodily Changes in Pleasure, Pain and Anger.*
3 *The Neurotic Constitution.*
4 *The Autonomic Functions and the Personality; Psychopathology.* 另见 Louis Berman，*The Glands Regulating Personality*。
5 *Jastrow*，同上书，p.156.

现代心理学家倾向于将成年人的外在行为视为一系列变量之间交互作用的结果，例如，环境的阻力、在各个成熟期被压抑的欲望和显现出的个性。[1] 尽管我没有亲眼见证这个过程是如何起作用的，但心理学家的理论让我们能够假设，对欲望的压抑或控制并非始终与整体自我相关，而是或多或少与多重的自我有关。出于某些原因，一个爱国者可能会拒绝做一些事，但当他不再把自己当作爱国者时，他可能就会去做了。毫无疑问，人们在童年时期都会多多少少有一些冲动，可能终其一生都不会再出现了，除非这些欲望隐晦地、间接地与其他冲动结合在一起。但这种情况也不是一成不变的，因为那些压制并非无法消除。正如精神分析可以使埋藏的冲动浮出水面一样，社会环境也可以实现这一点。[2] 只有当我们的环境保持正常和平静，并且所遇到的人对我们的期望一致时，我们才会无法察觉到自己所具有的某些性格特征。一旦意外事件发生，我们就会了解到很多自己以前不知道的内在特质。

---

[1] 肯普夫（Kempf）在《精神病理学》（*Psychopathology*）第74页中这样阐述：从青春期前就被压抑的欲望，到青春期被压抑的欲望，再到青春期后被压抑的欲望，最后到一个人外显的个性，所有这些因素都受到来自环境的抑制；以上作用的最终结果就是人的行为。

[2] 参考埃弗雷特·迪恩·马丁（Everett Dean Martin）非常有趣的著作《群体行为》（*The Behavior of Crowds*）。另见，霍布斯（Hobbes）的《利维坦》（*Leviathan*）一书的第二部分，第25章。"人们的激情如果分散开，其激烈程度还算适中，就像一根点燃的木头，可一旦集中在一起，就像是许多根木头聚拢在一起，点燃彼此，尤其是当他们用演说的方式互相吹捧煽动的时候……"勒庞（LeBon）在著作《乌合之众》（*The Crowd*）中详细阐述了霍布斯的这一观察。

所有曾对我们施加影响的人，都对我们构建自我起到了一定作用。在他们的帮助下，我们制订了自我规范来指示自己在某种特殊情境下应产生什么冲动、冲动的程度应当多大、指向的目标应该是什么，而我们也学会了做好准备以适应某些典型的情境。人的经验有特定的类型，某一种个性可能会控制着我们的外在表现。例如，在文明生活中，残暴仇恨的情绪是被抑制住的。即使你已经怒不可遏，但作为父母、子女、老板或政治家，你绝不会轻易展示出这种情绪。没人想展示自己残忍、暴虐的那一面性格。大多数情况下，你和周围的人最多只是表现出厌恶的情绪而已。然而如果爆发了战争，你就会发现，你所钦佩的每个人可能都开始认为杀戮和仇恨是正当的。最初，这些情绪的发泄可能还非常克制，与真正的爱国情感相一致。在鲁珀特·布鲁克和爱德华·格雷爵士于1914年8月3日的演讲中、在威尔逊总统于1917年4月2日对国会的演讲中，都可以找到这种情感存在的证据。这时，战争的现实仍然令人憎恶，人们也在逐渐学习了解战争的实际意义。因为之前人们对战争的记忆都经过了美化变形。在"蜜月"期间，仍然有现实主义者坚称国家民众尚未觉醒，并彼此安慰说："等伤亡名单出来再说吧。"随着时间的推移，杀戮冲动占据了主导地位，并摧毁了所有可能取代它的因素。这种杀戮的冲动变得至关重要，神圣不可侵犯，并逐渐难以驾驭。杀戮的冲动不仅让大多数人对着战争中具体面对的敌人进行发泄，还让人们对所有一直令他们感到憎恶的人、物和思想进行发泄。"憎恶敌方"成了合理合法的行为，其他形式的憎恶则通过最粗略的类比以及牵强附会而变得合理起来。一旦冷静下来就能发现,这种类比其实根本站不住脚。冲动一旦爆发,就需要很长时间才能平息。因此,当战争结束时,实际上,人们需要很长时间来进行自我控制,并以"文明人"的角色特征来处理和平问题。

正如赫伯特·克罗利先生所说,现代战争是现代社会政治结构所固有的,但又违背了其理想。对平民来说,战争中不存在像士兵仍然拥有的或骑士曾经规定的那样理想的行为准则。平民在战争中没有标准,除非是他们中最优秀的人设法临时应对,拼凑出对战争的理想认识。他们唯一持有的标准是将战争视为罪恶的事情。然而,尽管战争可能是难免的,但他们没有接受任何道德训练以应对战争。只有自我中比较高尚的部分具备某种规范和模式,来指导人们按照特定行为准则和模式来行动。当他们不得不以高尚自我去应对低劣行事时,内心深处就会产生深刻的困扰。

道德教育的功能之一就是培养合适的性格,让人们应对各种可能遭遇的情况。显然,道德教育的成功与否取决于人们是否真诚地探究环境并具备广博的知识。在错误构想的世界中,我们对自身性格的设想会出现偏差,行为也将失准。因此,道德家必须做出选择:要么必须为生活的每个阶段提供行为模式,无论其中的某些阶段多么令人厌恶;要么必须保证他的学生永远不会遇到他们反感的情形;要么废除战争或指导人们如何以最小的心理代价面对战争;要么废止人类的经济生活,让人们靠幻想来生活;要么必须调查所有困扰经济活动的复杂问题,并提供在无人自给自足的世界中适用的行为模式,这种模式可以让人们在即使无法维持自己生活的状况下,依然能有良好的行为举止。但这些正是主流道德文化所拒绝做的事。面对现代社会的复杂问题时,往好了说,在面对现代世界的极端复杂性时,这种文化不够自信,往坏了说就是懦弱无能。现在,无论是道德家研究经济学、政治学和心理学,还是社会科学家去教育道德家,都无所谓了。因为除非每一代人都能得到足够的教育,具备能应对所有问题的品质,否则他们就都只是仓促地进入了现代世界。

天真的利益观忽略了许多相关问题,他们忘记了"自我"和"利益"都是按照某种方式构建出来的,并且在很大程度上是依赖习得规范的。普通人的自我利益论常常会完全忽视人的认知功能,坚持把一切归因于个体本能,而未注意到思想与态度皆非先天条件而需后天获得。

因此,正如詹姆斯·麦迪逊在《联邦党人文集》第十篇中所写的那样,"在文明国家中,土地、制造业、商业、金钱等次级利益及其他许多次级利益必然发展起来,并根据不同情绪和观点而把人划分成不同阶层"。但如果你深入研究麦迪逊文章的上下文,即可发现他是在用经济的视角去解释历史,这也是一种本能的宿命论的观点。在为美国联邦宪法辩护时,麦迪逊将"联邦能打破和控制派系斗争带来的暴力"列入"联邦众多优点"之一。"派系斗争"是麦迪逊担心的问题,他还把派系斗争的原因归结为"人的本性",即因为"人的本性","潜在的倾向会根据文明社会的不同变化被代入不同程度的人类社会活动中"。"人们对于宗教、政府以及众多在思辨或实践层面的不同观点抱有热忱;他们有着对野心勃勃争夺权力的不同领袖的依恋，也有对能引发人类激情的另一种生活的兴趣。诸如此类，这些反过来将人类分为不同党派，使他们相互仇恨，使他们更倾向于互相折磨和压迫，而不是为了共同利益而合作。人类仇视彼此的倾向是如此强烈，在没有重大事件发生时，仅仅一点微小的区别就足以将友好转变成敌意与冲突。然而，派系斗争最常见且持久的根源在于财富分配不均。"

因此，麦迪逊的理论是，派系斗争可能是由宗教或政治观点、领导人引发的，最常见的原因是财产分配问题。但需要注意的是，麦迪逊只是声称人们是因为他们与财产的关系而分裂的，并没有说他们的财产和他们的观点之间存在因果关系，而认为财产差异是意见分歧的原因。麦迪逊论证中的关键词是"不同"。从不同的经济状况可以推断出人们可能会有意见差异，但不能确定这些意见到底是什么。

享乐主义者认为，要追求快乐，避免痛苦。这种理论基于詹姆斯[1]提出的一种天真的本能观点，尽管他从根本上对该观点加以限制，定义其是"一种行为方式"，并指出"人们以这种方式行动，产生某些结果，却在行动中没有预见性，也没有在事前受过足够的教育"。

这种本能行为是否在人类的社会生活中占据重要地位，颇有争议。正如詹姆斯所指出的那样："有记忆能力的动物，在每次重

---

1 *Principles of Psychology*, Vol. II, p.383.

复进行了本能行为后，就不再是'盲目'的。"[1] 无论出生时拥有什么条件，人们与生俱来的性格从婴儿时期起就沉浸在经验之中，并且这些经验决定了哪些刺激将在后天激发出这些性格。正如麦克杜格尔先生[2]所说："他们不仅能够通过感知直接激发出天生性格，也能通过对这些对象的观念、其他种类对象的感知和观念激发出天生的性格。"[3]

麦克杜格尔先生进一步说："只有'核心性格'保留了其特殊性，这部分性格在本能被激发的任何个人和任何情景下都能保持稳定。"实现目标所需的认知过程和身体采取的行动可能都非常复杂。换言之，人类具备恐惧等各种内在倾向，至于他害怕什么以及如何努力逃离其所害怕的事物，并非出生时就决定好的，而是由经验决定的。

如果没有这种可变性，则很难想象人性如此多样化，但是只要想想人类所有重要的倾向——欲望、爱、恨、好奇心、性欲、恐惧与好斗心以及能激发这些倾向的刺激物有多繁杂，满足这些倾向的刺激物有多庞杂时，人类天性的复杂多样就不再那么难以理解了。事实上，每代人都会受到前代人局限性的影响，并继承前人造就的环境，可以想见，其中的组合和排列也是无穷无尽的。

因此，没有任何明显的证据能证明，人们对某种特定事物或

---

1 *Principles of Psychology*, Vol. II, p.390.
2 *Introduction to Social Psychology*, Fourth Edition, pp.31-32.
3 "大多数关于本能和本能行为的定义通常只考虑其内在含义，而忽视了与认知和情感相关的本能心理过程，这是一个常见的错误。"参见上书脚注，第29页。

行为方式的渴望是注定与其本性相关的。这种渴望和行为方式都是通过后天习得的，并且不同代的人的习得方式也各有不同。心理学和社会史的分析共同支持了这一观点。心理学揭示了特定刺激和反应之间的联系在本质上是随意多变的。而最广义上的人类学则证明了在不同时代和地域中，引发人们热情的事物以及实现这些热情的手段是无穷无尽、多样化的，进一步强化了该观点。

人们追求自己的兴趣爱好，然而他们如何追求却并非命中注定，因此，无论在这个星球上生活多长时间，人类都不会给自己的创造力设限。我们不应宣称人类的创造力会自然导致灭亡。如果一定要说，那也只能说是对其目前的生活状态而言，还没有需要改变之处。然而，这样做就会把他的生活局限在眼前可见的范围内，并拒绝头脑所能洞察到的更广阔的领域；他就会把只有他碰巧拥有的东西作为衡量好坏的标准。一旦他放弃了对未知的探索和期待，他就会陷入一无是处的境地，除非他选择相信不为人知的事永远不会为人所知，无人所知之事永远无人所知，无人所习之事将永远不能被人所习得。

第五部分

共同意志的形成

第十三章

兴趣的转移

由前文所述,我们已经知道,每个人对自己见不到的外部世界的印象,都存在着许多变数。由于和外部世界的接触点不同,人们对其具有的刻板印象也不尽相同,其中又以引起兴趣的机制的变化最为微妙。在人们对某件事物形成的印象里,往往充斥着独特且难以估量的个人色彩,而要想了解整个群体对某件事的共同印象,在很大程度上是一件难以控制又异常复杂的事。那么,一个人的心智与其所未知的环境之间到底是怎样建立实际联系的呢?换言之,外部世界的图景是非常抽象的,很多人对此各怀心思,那他们是如何形成民主理论中所说的共识的呢?一个简洁而持久的观念是如何从这些复杂的变数中产生的?那些所谓的"民意""国家目标"或"舆论",又是如何从转瞬即逝和偶然的图景中被提炼出来的?

1921年春天,美国驻英国大使哈维先生和许多美国人之间爆发了一场针锋相对的争辩。这次争辩证实了上文提到的种种困难。在一次英国晚宴上,哈维先生毫不迟疑地向全球介绍了1917年美国参战的动机。[1]正如他所描述的,这些动机并非像威尔逊总统阐述美国精神时所坚称的那样。当然,无论是哈维先生还是威尔逊先生,无论是他们的批评者还是支持者,抑或是其他任何人,都无法准确了解那时三四千万成年美国人的想法。但每个人都知道,打赢一场战争需要付出大量努力。没有人知道,在赢得战争方面是威尔逊的还是哈维的动机发挥了更大作用,还是二者动机混合的共同作用。人们应征入伍、投身战斗、工作、交税,为共同的目的而牺牲,但没有人能确切地说出是什么驱使他们做出了这一切。那么,一名士兵认为这场战争是终结所有战争的正义之战,然而哈维先生明确指出,这名士兵的想法是错误的。这其实是毫无意义的。因为该士兵仍会固执己见,毫不动摇。哈维先生也会固执己见,毫不动摇。

也是在这次讲话中,哈维先生明确阐述了1920年选民的想法。然而,简单地假设所有投票给自己的人都与自己站在相同的立场上是轻率且不真诚的。统计数据显示,有1600万人支持共和党,900万人支持民主党。哈维先生认为,选民们是根据对国际联盟的态度进行投票的。为了支撑这一说法,他搬出了威尔逊总统要求全体公民参与投票的事实,还有另一个不可否认的事实,即民主党和考克斯先生都坚称国联是问题的焦点。然而,认为国联是问题的焦点并不意味着它本身真的是问题的焦点;仅靠在选举日清点选票是无法揭示关于国联的真正分歧的。例如,是否可以肯定

---

[1] *New York Times*, May 20, 1921.

900万名投票给民主党的人都坚定支持国联？答案是显然不能。因为以我们对美国政治的了解，数百万选民中有很多人是为了维护南部地区的既有惯例投的票，无论怎样看待国联，他们都不会投给共和党，他们不会用投票来表达自己的观点。那些希望加入国联的人可能因为民主党也赞成加入该组织而感到高兴，那些不喜欢国联的人在投票的时候可能会嗤之以鼻。但这两组南方人还是都会把票投给民主党。

那共和党内部意见是否会更为一致？任何人都可以从他们的社交圈中找到足够多支持共和党的朋友，其中既有坚决抵制国联的参议员约翰逊和诺克斯，也有为国联辩护的国务卿胡佛和首席法官塔夫脱。这些意见囊括了所有观点。没有人能确切地说出有多少人对国联持有同样的观点，也没有人能断言有多少人是根据对国联的态度来决定投票给哪个政党的。人们有成千上万种观点，但最终只能用两种方式来表达，所以无法从投票结果中确定到底是哪些观点的组合起到了决定性作用。参议员博拉在共和党候选人中找到了投票给共和党的理由，洛威尔校长也是如此。共和党多数派由以下人士组成：坚信共和党的胜利将扼杀国联的人，觉得共和党获胜能挽救国联的人，认为共和党获胜可以确保国联发展得更高级、更合理的人。这些选民都有他们自己的诉求，还与其他选民的愿望密不可分地纠缠在一起：希望改善商业环境，管束劳工，要么惩罚民主党参战，要么惩罚他们未早日参战，除掉伯利森先生，提高小麦价格，降低税收，阻止丹尼尔斯先生满世界盖房子，帮助哈定先生，等等。

然而，在某种程度上，一个决定性因素出现了：哈定先生入主白宫。因为所有选票最基本的共识就是让民主党下台，让共和党上台。这是所有矛盾相互抵消后剩下的唯一因素。但这一因素足以改变此后4年将会执行的国家政策。1920年11月的那一天，人们希望变革的确切原因没有被记录下来，甚至在选民个人的记忆中也模糊不清。原因是变动的，会发展、会演化，并融入其他原因。因此，哈定先生上台后要面对的舆论已经不是当初投票选他当总统时的舆论了。在1916年，每个人都曾亲眼看见，舆论的差异和选择特定路线的行动之间没有必然联系。威尔逊先生当选总统显然是因为他高呼着"让我们远离战争"的口号，但当选总统仅五个月后，他就将国家推向了战争局面。

因此，多数意见是如何形成和起作用的，总是有待解释。对这一反复无常的机制的作用有着深刻印象的人将勒庞先生当成了预言家，并且非常赞同罗伯特·皮尔爵士所说的"所谓的舆论，即由愚蠢、软弱、偏见、错误的感觉、正确的感觉、固执的观点和报纸文章构成的一个巨大的复合体"这一概括。还有人说，既然从随意和不连贯中都能出现一个确定的目标，那么在一个国家的居民以外，一定有一种神秘力量在起作用。他们幻想有一种集体的灵魂、一种民族的精神、一种时代的精神，以为这种精神能使混乱得到控制，同时在这种控制之中产生秩序。似乎需要一个"超灵"才能解释这一切，因为一个团体的成员的情感和想法并没有揭示出任何像数学公式那样简单和清晰的东西，而这些人也不认为这种乱七八糟的东西就是所谓的舆论。

然而，我认为，不需要假设存在超自然力量的帮助，上述的事实就可以得到更具说服力的解释。毕竟，在每次政治竞选中，都有一种方法能够使观点迥异的人们的投票达成一致。例如，在1916年，共和党候选人必须争取各种各样的共和党人的支持。让我们来看看休斯先生接受提名后发表的首次演讲。[1] 演说的背景清晰明朗，这里不做过多解释，演说中提到的问题如今也已经不存在争议。这位候选人讲话非常直率质朴，并且他已远离政界好多年，也没有参与过关于最近发生的一些热点问题的讨论。此外，他没有罗斯福、威尔逊或劳合·乔治等备受欢迎的领导者所拥有的那种魅力，也没有这些领导人能模仿其追随者情绪感受的那种表演天赋。从政治角度来看，出于性格和教育背景的原因，他与政治相距甚远；但他心思深沉、工于心计，深谙政治家的技巧。他属于那种知道自己应该做某件事，却无法躬身实践的人。与那些政治手腕高超的艺术大师相比，这种人通常更擅长教学。因为对大师们来说，政治手腕已经浸入举手投足，成为第二天性，以至连自己都不知道是怎么就把事情"做到了"。才华横溢的人去搞创造，没有才华的人去传授——并非像听起来那样只适用于老师。

休斯先生深知这是一个重要时刻，并精心准备了演讲稿。刚从密苏里回来的西奥多·罗斯福在一间包厢里坐着。整个大厅中坐满了曾经历过世界大战的复员老兵，各怀着不同程度的惊惧、

---

[1] 1916年7月31日于纽约卡内基音乐厅发表的演说。

疑惑和沮丧的情绪。在讲台上和其他包厢内，可以看到1912年的伪善者，他们看起来身体健康，双眼饱含着热泪。大厅外面有强硬的亲德派和亲协约国派；东部地区和大城市是主战派；而中部和西部地区是主和派。墨西哥问题引起了与会人员的强烈反响。为了反对民主党，休斯先生必须尽量赢得更多人的投票支持，而这些人分为各种组合：塔夫脱派与罗斯福派相对立，亲德派与亲协约国派相对立，主战派对阵中立派，赞成干预墨西哥派与反对干预墨西哥派等。

当然，道义或智慧并非我们在此所关心的事。我们唯一感兴趣的是领导者是如何处理意见分歧以达成共识的。

"代表人集会"本身就是一个良好的信号，它象征着**团结**的力量。它意味着"**林肯的政党**"的复苏已经开始……

黑体字部分起到黏合剂的作用：当然，在这样一次演讲中提到的林肯与现实中的亚伯拉罕·林肯没有任何关系。这只是一种刻板印象，它将人们对亚伯拉罕·林肯的那份虔诚的感情转移到现任共和党候选人身上。林肯的名字唤起了共和党人、进步党[1]人以及保守派的共同记忆——尽管曾发生过分裂，但大家都经历过相同的历史。至于分裂问题，则无人敢说不存在；它确实存在，并且至今未完全愈合。

演讲者需要解决这一分裂问题。如今，1912年的分裂又出现

---

[1] 美国第三党。——译者

在了内政问题中；就如罗斯福先生所宣布的那样，在1916年，大家能重新团结起来，则是基于威尔逊先生对国际事务的处理方式所引发的公愤。但国际事务本来就很容易成为冲突源。因此，需要找到一个开场白，既能避开1912年的历史，又能避免1916年爆炸性的决裂局面。"值得称赞的民主党人"作为一个贬低用语立即引起了休斯先生的注意，他迅速找到合适的角度对民主党展开了攻击。逻辑上来说，这正是引起共同情绪最理想的方式。

休斯先生接着转向墨西哥问题，开始回顾历史。他必须考虑到人们对墨西哥局势正在恶化的普遍不满情绪；同时，还要避免另一种同样普遍的情绪，那就是应该避免战争；还有两种主流的舆论，一种认为威尔逊总统不承认韦尔塔[1]是正确的，另一种则倾向于支持韦尔塔而非卡兰萨[2]，并对两者都进行干预。韦尔塔是问题中的第一个痛点……

他确实是墨西哥政府事实上的首脑。

但那些将韦尔塔视作酗酒的杀人犯的道德家的情绪也必须得到安抚。

是否应该承认他，是一个需要根据正确原则，审慎地做出决定的问题。

---

1 韦尔塔（1881—1955），墨西哥政治家，曾短暂担任过墨西哥总统。——译者
2 卡兰萨（1859—1920），墨西哥革命领导人之一，1917年曾当选墨西哥第一任立宪总统，1920年遭刺杀身亡。——译者

因此，候选人不是说韦尔塔应该得到承认，而是说应该遵循正确的原则。每个人都信奉正确的原则，当然，每个人都相信候选人掌握了这些原则。为了进一步模糊问题，威尔逊总统的政策被描述为"干预"。在法律上也许是这样，但在当时的语境下这个词不是这个意思。通过扩大这个词的含义，演讲者将威尔逊先生实际所做的事以及真正的干涉主义者所期望的都囊括进来。这样，两个派系之间的分歧就被压制了。

通过拓展延伸"韦尔塔"和"干预"这两个词的意义，让所有人都认为听到的是自己心中所想的那个意思，演讲者绕开了这两个会引起争议的爆炸点，演讲内容暂时转向了更安全的领域。候选人讲述了坦皮科、韦拉克鲁斯、比利亚、马拉博、哥伦布和卡里札尔的故事。休斯先生演讲的内容非常具体，之所以这么做，要么是因为从报纸上得知的事实令人恼火，要么是因为真正的解释太复杂了，例如关于坦皮科的解释。他这样做不会激起任何反对的情绪。但最后，候选人必须表明立场。他的听众期待着这一点。控诉是罗斯福先生提出的。休斯先生会采取罗斯福的补救措施，支持干预吗？

我国对墨西哥没有侵略政策。我们对它没有任何领土上的企图。我们希望它保持和平、稳定和繁荣。我们应该做好准备，帮助它治愈创伤、消除饥饿和摆脱困苦，我们将以各种切实可行的方式给予墨西哥无私的友谊，使其从中获益。本届政府的行为造成了我们必须克服的困难……我们必须采取全新的、稳定的、一以贯之的政策，只有通过这种政策，我们才能促进双方保持持久的友谊。

这段话里，友谊的主题是说给不干涉主义者听的，"新政策"和"稳定的"的主题是为干涉主义者准备的。在这些没有争议性的表述中，细节铺天盖地，让听众应接不暇、无法抗拒；但这些细节似乎掩盖或混淆了要点，围绕核心问题的一切观点都是模糊不清的。

关于欧洲战争，休斯先生采用了一个巧妙的说法：

我主张毫不动摇地维护美国在陆地和海洋上的一切权利。

为了理解这句话在当时的影响力，我们必须记住，在中立时期，每个派系都认为，只有自己反对的欧洲国家侵犯了美国的权利。休斯先生似乎对亲协约国派说："我会制服德国。"但亲德派却坚持认为，是英国的海上力量侵犯了我们的大部分权利。这个说法用"美国权利"这个象征性的短语掩盖了两个截然相反的目的。

但卢西塔尼亚号[1]的问题，就像1912年发生的分裂一样，给双方达成共识造成了不可逾越的障碍。

……我相信，卢西塔尼亚号的沉没并没有伤害任何美国人的生命。

---

1 卢西塔尼亚号，英国的一艘豪华客船，1915年被德国潜水艇用鱼雷击沉。——译者

因此，在无法达成一致的问题上，我们不如就将其抹除，假装它不存在吧！关于美国与欧洲未来的关系，休斯先生选择保持沉默。他所能说的话不可能同时取悦两个对立派别，而他正在争取这两个派别的支持。

毫无疑问，休斯先生并没有发明这种技巧，也没有最大限度成功地运用它。然而，他也证明了由不同意见构成的舆论是多么混乱和模糊，它几近由多种颜色混合调成的中性色调。若事实中存在冲突，而政客们又想达到表面上的和谐，他们对公众的号召中就往往会带有蒙昧的意味。在公共辩论中，关键问题如果总是模模糊糊，让人感到雾里看花，那就意味着双方的观点实际上有针锋相对之处。

然而，为什么一个模糊的想法往往能将强烈不同的观点统一起来呢？我们心中的这些观点，无论情绪多么强烈，实际上都与自己声称要处理的事实没有持续而深刻的联系。对于墨西哥、欧洲战争等在我们无法亲眼见到的环境中发生的事，虽然我们对其的理解很少，但我们的情绪可能是强烈的。通常，唤起这种情绪的图片和文字描述根本无法与情绪本身的力量相提并论。那些我们没有看过听过、没有经历过、从未拥有也永远无法拥有、只在梦境幻想中出现过的事物的描述，可能会唤起与现实相同甚至比现实更加强烈与真切的情感。因为触发情感的因素可能不止一个。

最初触发刺激的可能是由阅读或口头语言在脑海中唤起的一系列图景。这些图景会逐渐褪色，它们的轮廓和力量也会出现变化，难以保持稳定。渐渐地，你开始知道自己正在经历某种情绪，却不理解自己为什么会产生那种情绪。褪色的图景被其他图景所取代，然后会被名字或符号所取代。但情绪仍然存续，并被取代最初图景的那些图景及名字唤醒。即使在严肃的思考中，这些替代也会发生，因为如果一个人试图比较两种复杂场景，很快就会发现，要在脑海中完全记住两者所有的细节十分费劲，必须使用名称、符号和例子等进行简化。他必须这样做才能取得进展，因为他不能在每一个步骤、每个表述里都背负沉重的包袱，这显然不太现实。但是，如果他忘记了自己已经进行了替换和简化，他很快就会开始谈论名称而不去考虑对象，就会陷入空洞的措辞之中。然后，他就很难意识到名字已经脱离了原本指代的事物，而与其他事物错误地混合在一起。社会大众很难在认识政治的过程中防范这种变化无常、漏洞百出的事物。

因为根据心理学家所说的条件反射，一种情绪可以不只是与一种想法有关。能引起这种情绪的事物是无穷无尽的，能使情绪得到满足的事物也是无穷无尽的。当引发情绪的事物只是模糊地、间接地被感知，而情绪主体同样模糊、间接地去感受时，这种现象就尤为突出。因为你可以把一种情绪，比如说恐惧，首先与某种一触即发的危险联系起来，然后这种情绪会与你对这种危险事物的想法相联系，接着它又会与这种想法类似的想法相联系，如此等等。从某种意义上说，人类文化的整个结构在某一方面而言就是对刺激的阐述和反应，而原始的情绪感受能力仍然居于一个相当稳定的核心地位。毫无疑问，情绪的品质在历史进程中已经发生了变化，但其速度、细腻程度等可以展现情绪状态的条件特征却并没什么变化。

人们对思想感受的敏感程度差异很大。有些人一想到俄罗斯挨饿的孩子，就会如同亲眼看到那个孩子一样，非常动容；而有些人对远在千里之外发生的事毫无波澜。在这两种极端表现之间还有许多不同的层次。有些人对事实不敏感，只能被想法触动。但是，虽然情绪是由想法调动起来的，我们却不能通过在现场立即行动来满足这种情绪。比如一想到饥饿的俄罗斯孩子就被唤起了喂养孩子的欲望，但是，被激起这种情绪的人却不能亲自喂养那个饥饿的孩子。他只能把钱捐给一个冷冰冰的慈善组织，或者说捐给一个他称之为胡佛先生的化身——此类慈善机构的拟人化称呼。他的钱并没有送到那个嗷嗷待哺的孩子手里，而是汇入一个公共的资金池子里，这些捐款被集中起来，用于向大量处于类似情况的孩子提供食物。正如想法是间接地被唤起的，因想法而产生的行动也是间接产生效果的。因此，人对某一事物的认知是间接的，产生的欲望是间接的，只有实施效果是直接的。在这个过程的三个部分中，刺激来自无法触及的地方，反应产生的效果也无法触及，只有情绪完全存在于人的内心之中。他并没有亲眼看到饥饿的孩子，也没有亲自对孩子施以援手，这些都来源于他间接获得的信息，是存在于他脑海中的想法，但是他真实体验到了自己想要帮助孩子的愿望。这是这件事的核心事实，即他内心的情绪感受是第一手的，而不是间接的。

因为限制条件会变化，所以情绪在刺激和反应方面是可以转移的。在一群具有各种反应倾向的人中，你如果能找到一种刺激物，使他们中的许多人产生同样的情绪，你就可以用它来代替原来的刺激物。比如，一个人不喜欢国际联盟，另一个人憎恨威尔逊先生，第三个人害怕劳工，那么，如果你能找到某种象征，当作他们厌恶之事的对立面，你就可能把他们团结起来。假设这个象征符号是美国主义，那么第一个人可能会将其解读为保持美国的孤立，或者用他的话说，是独立；第二个人可能会以此抵制与他心目中美国总统的"模范形象"相冲突的政客；第三个人则可能会把它理解为抵制革命的号召。这个象征本身并没有什么特别的意义，但它几乎可以与任何事情联系起来。正因为如此，它可以成为共同情感的纽带，尽管这些情绪感受最初来自完全不同的思想，彼此之间毫不相干。

当政党或报纸宣扬美国主义、进步主义、法律和秩序、正义、人道主义时，其实他们的真实目的是希望调和那些会产生分歧的、相互冲突的派别的情绪。如果请大家来讨论具体的方案，而不是这些象征符号，那么最后冲突的各派别肯定会不欢而散，陷入势不两立的僵局。因为当围绕着象征符号形成一个联盟时，人们的情绪就会在这个象征符号的旗帜下慢慢汇聚、趋同，而不是去批判、审视这些措施正确与否。我认为，用"象征"来描述诸如此类的多个短语，既方便我们理解，在技术上也是可行的。它们并不代表具体的思想，却能调和各种矛盾的思想或使它们相互融合。它们就像一个战略铁路枢纽，无论这些轨道从哪里来，最终又去向哪里，这些轨道总会汇聚于此。但是，谁掌握了能够统领并裹挟公众情绪的象征符号，谁就能在很大程度上掌握并控制公共政策的走向。只要某个特定的象征符号拥有联合的力量，野心勃勃的派别就会为占有它而斗争。举个例子，想想林肯的名字或罗斯福的名字吧。任何领导人或利益集团，如果能主宰上述象征符号，就能主宰当前局势。当然，这也有一定的局限性。比如，某一群体认为象征符号代表着某种现实意义，于是就加以滥用，或者以那个象征符号的名义过多地去排挤各种新的意志，都会使该象征符号体系分崩离析。在1917年，庄严的"圣俄罗斯"和"小圣父"这两个非常重要的象征符号就是这样在苦难和战败的冲击下崩溃的。

整条战线和战线上的各国人民都感受到了俄国崩溃导致的严重后果。这直接引出了一场引人注目的试验——从被战争扰乱的各种观念中提炼出一种共同观念。"十四点和平原则"是对所有政府、盟国、敌国、中立国，以及所有民族的呼吁，它试图把有关世界大战的各种关键、不确定的因素汇集起来。这必然是一个新起点，因为这是一次规模如此浩大的战争，在这场战争中，关于人类的所有决定性因素都被调动起来，各国人民被迫思考同样的观念——即使只是字面上的观念。如果没有电缆、无线广播、电报和日报，"十四点和平原则"的试验是无法实现的。本质上，这次试验是一种利用现代通信工具和方式在全世界范围内重建"共同意识"的尝试。

但首先，我们必须审视一下1917年底出现的一些情况。在文件的最终版本中，所有这些考虑都将我们关心的内容以某种方式表现出来。在这年的夏秋相交之际发生了一系列深刻影响人民的情绪和战争进程的事件。7月，俄国人发动了最后一次进攻，却遭遇惨败，士气一蹶不振，这导致了11月发生了布尔什维克革命。稍早的时候，法国人在香槟战役中经历了严重的、几乎是灾难性的失败，这引发了军队兵变，以及平民中的失败主义骚乱。英国正在饱受潜艇袭击之苦，被笼罩在佛兰德斯战役惨败的可怕阴影下。11月，英国军队在康布雷的败退，令前线部队和国内领导人感到震惊。整个西欧弥漫着极度强烈的厌战情绪。

事实上，这种痛苦和失望已经动摇了人们对这场战争的固有观念。他们已不会再被普通的官方声明牵着鼻子走，他们的注意力开始游移，时而集中在自己的痛苦上，时而集中在自身所属的党派和阶级目标上，时而又集中在对政府的普遍怨恨情绪上。官方的政治宣传对观念进行着近乎完美的操纵，他们通过希望、恐惧和仇恨的刺激煽动起来的大家的兴趣和注意力，即所谓的士气，正在逐渐崩溃。各地的人们都开始寻找新的可以使人得到解脱的精神寄托。

突然，他们目睹了一场巨大的戏剧性转折。在东线发生了圣诞节休战，杀戮停止了，喧嚣停止了，和平仿佛就要降临了。在布列斯特-里托夫斯克，所有心思单纯的人的梦想都实现了：谈判是可能的，除了与敌人同归于尽，还有其他方式结束这场苦难。人们开始胆怯地、全神贯注地转向东线。他们想知道，这一切都是为了什么？政客们知道他们在做什么吗？我们真的在为他们所说的那些冠冕堂皇的理由而战吗？也许不靠战争也能成功？在审查制度的禁令下，这些内容很少被允许出现在印刷媒体上，但是，当兰斯多恩侯爵讲话时，人们发自内心地做出了回应。早期关于战争的象征符号已经变得陈腐，失去了对人民的凝聚力。在平静的表面之下，每个协约国都出现了一道巨大的裂痕。

类似的事情也在中欧发生了。在那里，人们对战争的初始热情已经减弱，神圣联盟已破裂。原本应该沿着战线的垂直方向对垒的两大阵营，现在却被各种难以预测的、横向延伸的标准所划分开了。各国内部形成了林林总总、立场各不相同的派系。战争的道德危机在军事成败未定之时就已经到来了。威尔逊总统和他的顾问们意识到了这一切。当然，他们没有完全了解局势，但我所描述的上述情况他们是知道的。

此外，他们也知道，各国政府被一系列契约所绑定在一起，这些契约不论是在文字上还是在精神上都与人们对战争的普遍看法背道而驰。比如，公众当然有权了解巴黎经济会议的决议，但布尔什维克却在1917年11月公布了决议中秘密条约的经济网络。[1]各国人民对这些条款知之甚少，但人们确信这些条款并不符合民族自决、不兼并、不赔款的理想主义口号。民众的质疑表现为询问"阿尔萨斯－洛林或达尔马提亚值多少英国人的生命？""波兰或美索不达米亚值多少法国人的生命？"这样的问题。在美国，这样的质疑也并非完全无人知晓。整个协约国的事业因拒绝参加布

---

[1] 威尔逊总统在与参议员的会议上表示，他在到达巴黎之前从未听说过这些条约。这一说法令人费解。正如文本所示，如果不了解秘密条约，就不可能制定出这"十四点和平原则"。当总统和豪斯（House）上校准备"十四点和平原则"的最终公开文本时，这些条约的实质内容就已经摆在了总统面前。

列斯特－里托夫斯克谈判而陷入了被动。

这是一种高度敏感的群体心态，任何称职的领导人都无法忽视。理想的应对措施本应是协约国的联合行动。但在同年10月的协约国内部会议上，人们发现做到这点是绝无可能的。到了12月，压力剧增，以至劳合·乔治先生和威尔逊先生不得不各自做出一些回应。总统采取的方式是发布"十四点和平原则"的条款。对条款内容进行编号是一种策略，旨在确保精确性，并立即给人留下一种印象：这是一份务实的文件。之所以用"和平条款"而不是"战争目标"来表达，是因为有必要提供一个货真价实的方案来替代《布列斯特－里托夫斯克和约》。他们的目的是用一场更为壮观的全球公开辩论来代替苏德谈判的场面，争夺公众的注意力。

在引起了全世界范围的注意力之后，为了应对局势中可能出现的各种问题，有必要让这些注意力保持一致，并使其具有灵活性。这些条款必须得到协约国中大多数国家的认可，必须让其认为这些条款是值得支持的。它们必须满足各国民族的抱负，但又要限制这些抱负，以免让任何一个民族觉得自己可能会沦为他人的"爪牙"。条款必须满足各国官方的利益，以免造成各国政府之间关系的破裂，但又必须合乎公众的想法，以防止低落的士气四处蔓延。简而言之，这些条款必须维护和巩固协约国内部的团结，以防战争继续下去。

然而，这些条件也必须是为了争取可能实现的和平而设定的，这样万一德国的中间派和左翼分子认为时机成熟而着手准备煽动行动时，他们就能以此文件为依据来打击德国的统治阶级。因此，这些条款旨在推动协约国统治者更接近其人民，使德国统治者远离其人民，并在协约国、非官方的德国人和奥匈帝国控制下的民众之间建立起互相理解、达成共识的桥梁。"十四点和平原则"是一次大胆的尝试，它提出了一个标准，让几乎所有人都朝着这个方向努力。若能获得敌方内部足够数量的人的支持，和平就将降临；如果没有，那么协约国也能更好地做好准备承受战争的冲击。

所有这些考虑都融入了"十四点和平原则"的拟定过程中。没人能想到所有细节，但与此相关的各方多少都想到了其中某一部分的内容。在这种背景下，让我们审视一下该文件的某些方面。前五点和第十四点涉及"开放外交""航海自由""平等贸易机会""裁减军备""禁止兼并殖民地"和"建立国际联盟"等。这些被视为当时的主流观点，并获得了人们的广泛认可和支持。但第三点更为具体，它有意识地直接针对巴黎经济会议的决议，旨在减轻德国人民对经济停滞的恐惧。

第六点是首个涉及特定国家问题的条款。它旨在回应俄罗斯对协约国的怀疑态度，并通过掷地有声的承诺，来应对布列斯特－里托夫斯克戏剧性的转折。第七点则关注比利时，其形式和目的都得到了几乎全世界（包括中欧大部分国家）的无条件支持。关于第八点，我们需要多加注意。它首先从撤离和恢复法国领土的绝对要求开始，然后转到阿尔萨斯－洛林问题上。这一条款的措辞完美地体现了"公开声明"的特点，它必须用几句话把极为复杂的各方利益浓缩起来。"普鲁士1871年在阿尔萨斯－洛林问题上对法国犯下的错误,已经扰乱了世界和平近五十年,应该得到纠正……"这里的每一个词都是经过精心挑选的。"犯下的错误……应该得到纠正";为什么不直说德国应当把阿尔萨斯-洛林归还给法国?之所以没有说,是因为当时还不确定如果举行全民公决,是否所有的法国人都会为了收复失地而同意无限期地战斗下去,而且更不确定的是,英国人和意大利人是否还会继续战斗。该表述必须覆盖以上两种可能的情形。"纠正"一词确保了既可以满足法方的期望,读起来又不会被简单地理解为承诺法国一定会收复失地。那么,为何要提及普鲁士于1871年所犯的错误呢?显然,"普鲁士"一词用以提醒南部德国人:阿尔萨斯-洛林不属于他们,而属于普鲁士。为什么说和平悬而未决的"五十年"?为什么用"1871年"?首先,法国人和世界上的其他国家对"1871年"刻骨铭心,那是他们不满和怨恨的症结所在。但是"十四点和平原则"的起草者又知道,法国官方计划的领土范围并不止于1871年的阿尔萨斯-洛林。1916年,沙皇的大臣和法国官员之间交换的秘密备忘录中包括了法国试图吞并萨尔河谷和在某种程度上割裂莱茵河地区的意图,并计划将萨尔河谷纳入"阿尔萨斯-洛林"的范畴,因为它在1814年是阿尔萨斯-洛林的一部分。它在1815年被分离开来,而且在普法战争结束时还不是法国领土的一部分。法国吞并萨尔的官方措辞是将其归入"阿尔萨斯-洛林",这里的"阿尔萨斯-洛林"指的是1814—1815年的阿尔萨斯-洛林。坚持提到"1871年",威尔逊总统实际上是在界定德国和法国之间的最终边界,他注意到了秘密条约,并把它抛在一边视而不见。

第九条在意大利问题上稍显直白，但本质与上一条差不多。其中，"划分清晰可辨认的国界"这一点正是《伦敦条约》所不具备的。这些界线部分是战略性的，部分是经济性的，部分是帝制的，还有部分是种族性的。其中唯一可能获得协议国同情和认同的是收复部分意大利被他国占领的领土。至于其余的部分，正如每个知情人士所知，只是延缓了即将到来的南斯拉夫起义。

如果认为各国对"十四点和平原则"的热情欢迎代表着人们达成了共识，一致同意这些条款，那就大错特错了。每个人似乎都在条款里找到了自己喜欢的那部分内容，并强调那部分的内容和相关细节，但没有人敢冒险去讨论其中真正的冲突之处。"十四点和平原则"的措辞富含了文明世界的各种冲突性，却得到了广泛的接纳。这些措辞表达了对立的观点，却唤起了共同的情绪。在某种程度上，这一原则在团结西方各国人民，使他们提振精神以度过最后十个月残酷的战争过程中发挥了重要作用。

只要"十四点和平原则"只涉及那个朦胧而幸福的未来，只讨论痛苦即将结束的那个时间点，真正的冲突就不会在阐释过程中显现出来。这些计划是为了完全不可见的环境而制订的，因为这些计划激发了不同阵营、不同团体里个人的希望，并让这些希望汇集成了一个共同的憧憬。正如我们在休斯先生的演讲中所看到的，"和谐统一"实际上是一种由象征符号构成的等级体系。为了笼络更多派别，你会努力提升自己在其中的等级，这时候，尽管可能暂时在理智层面受到损失,你仍可以保持情感联系,但是最终那个情感联系也会变得日趋淡薄。当你离实践经验越来越远时,越向上攀登,你的观念就会越倾向于概括和微妙。就像随着热气球的不断上升,你会扔掉越来越多的具体事物,当到达顶端时,脑海中就只剩下诸如人权、民主世界等宏大的措辞。虽然你看到的范围更加宽广、辽阔,但真正能看清的东西却很少。然而,那些已经被情绪牵引的人不会一直保持被动。随着公众呼吁越来越成为所有人的共同诉求,随着情感被激起而意义被分散,这些词语的私人化解读便被赋予了一种普遍适用性。无论你追求什么,都会被涵盖在"人权"一词的范围中,因为这个词语相当空洞,它似乎能够用来表述任何事物,于是它竟真的被这样使用起来了。在世界各地,人们对威尔逊先生的话都有着千差万别的理解,也没有经过谈判和公开记录的文件可以纠正这种理解上的混乱。[1] 因此,当和约签订的那一天到来时,每个人都翘首以待,希望实现自己的期望。参与条约起草的欧洲人最后做出了重大抉择——他们选择实现那些国内最有权势的同胞的期望。

他们沿着符号等级制度,从"人权"降到了"法国、英国和意大利的权利"。他们没有放弃使用象征符号,他们只是放弃了那些战后在选民的想象中失去了永久根基的部分符号。他们通过使用象征符号来保持法国的统一,但他们不会为了欧洲的统一冒任

---

[1] 停战前不久,美国才向协约国政要解释了他们对"十四点和平原则"的理解。

何风险。法国这个象征符号深入人心,而欧洲这个象征意义的历史却比较短暂。不过像欧洲这样的综合概念和像法国这样的象征符号之间的区别其实并不明显。国家和帝国的演变史揭示了统一观念范围扩大和缩小的变化历程。

我们不能简单地认为人的忠诚概念会持续膨胀,从认为自己属于小国,到认为自己归属于某一更大范围的国家或者政治实体,因为事实无法证实这一说法。比如,罗马帝国和神圣罗马帝国的扩张其实并不逊于19世纪有些国家的统一运动,而"世界国家"的信徒们却以后者做"世界国家"的类比,想借此支持他们的主张。不过,尽管各帝国会出现暂时的扩张和收缩,实际上,人类社会一体化的程度可能确有增强。

毫无疑问,这种真正的融合曾在美国历史上发生过。在1789年之前的十年里,大多数人似乎都认为他们的国家和社区是真实的,但州与州的联盟关系是不真实的。他们国家的理念、国旗、最引人注目的领导人,或者代表马萨诸塞州或弗吉尼亚州的任何东西,都是真切的象征符号。也就是说,这些象征符号是根据人们的童年、职业、居住等实际经历来塑造的。而人们的经验很少能越过他们想象中的州界。弗吉尼亚人这个词几乎与大多数弗吉尼亚人所知道或感觉到的一切都息息相关。这也是与他们的切身经验有着真正联系的最广泛的政治观念了。

此处强调的是经验,而非需求。因为人的需求产生于实际环境。在那个时候,他们所面临的实际环境,至少要与13个殖民地联系起来。他们需要共同的防御,需要一个与"联邦"一样广泛的财政和经济体制。但是，只要"州"的观念作为拟态环境包围着他们，"州"的象征符号就会耗尽他们的政治热情。一个像联邦一样的州际观念就只是一个苍白无力的抽象概念。它是一个综合性概念，而不是一个象征符号，而综合性概念在不同群体之间营造的和谐关系也是短暂的。

我在前文已经提到，"联邦"是一个苍白无力的抽象概念。然而，在美国宪法正式通过之前的十年里，对统一的需求是实实在在存在的。从某种意义上说，如果不考虑到统一的需求，各种事务就会陷入混乱。渐渐地，各个殖民地的某些阶级开始突破州的界限，因为他们的个人利益让他们超越了州的界线，从而促使他们产生了州际的经验，并逐渐在脑海中构建了一幅涵盖美国全国范围的图景。对他们来说，联邦的概念成了一个真正的象征符号，而不再是一个综合概念。这些人中最富有想象力的是亚历山大·汉密尔顿。碰巧的是，他对任何一个州都没有原始的依恋，他出生在西印度群岛，并且从他活跃的人生开始，他就一直与所有州的共同利益联系在一起。因此，对当时的大多数人来说，把首都安在弗吉尼亚州还是费城是一个至关重要的问题，因为他们都有地方意识。但对汉密尔顿来说，这个问题没有感情上的影响，他在意的是各州能否承担相关债务，因为将来这些债务会在联盟中进一步国有化。他非常乐意用国会大厦的选址换取代表波托马克地区的两张关键选票。对汉密尔顿来说，联邦是一个象征，代表了他所有的利益和他的全部经历。而对来自波托马克的怀特和李来说，他们所在的州才是他们要服务的最高政治实体，尽管不愿付出代价,但他们还是要为之服务。杰斐逊说,他们同意改变他们的选票,"怀特心有厌恶,胃几乎痉挛"[1]。

每一个共识的形成,都离不开亚历山大·汉密尔顿的努力。

---

[1] *Works*, Vol. IX, p.87. 引自 Beard, *Economic Origins of Jeffersonian Democracy*, p.172。

第十四章

是或否

象征符号用途广泛,常常具有强大而神奇的力量,以至词语本身就散发出一种魔力。在思考象征符号的问题时,人们很容易将其当作具有独立能量的东西来对待。然而,无数曾让人感到欣喜若狂的象征符号,最终都不再对人产生影响。博物馆和民间传说书籍中总是充斥着那些关于死亡的象征符号和咒语,因为除了借助人类头脑产生一定的联想,象征符号本身其实是没有任何能量的。那些失去力量的象征符号以及那些不断被提出却未能在现实中扎根的符号,提醒着我们,如果我们有足够的耐心去详细地研究象征符号的传播过程,那我们就会发现一部整个现世生活的历史。

在休斯的竞选演讲、"十四点和平原则"以及汉密尔顿的计划中,都使用了象征符号。然而,这些象征符号只有在某个特定时刻为某些人所用时,才会有效。这些词语本身并不能将任何随意的感觉具体化。这些词语必须在合适的时机下,由具备战略地位的人来说出,否则,它们就只是些空洞的言辞。这些象征符号必须被放在特定的场景之中，因为它们本身没有固定含义，而可供我们选择的象征符号总是如此之多，我们在各种引人注意的象征符号之间左右为难，就像站在两捆等距离的干草之间的驴子一样犹豫不决。

以下是1920年大选前，一些市民在报纸上陈述的投票理由：

支持哈定的市民：

今天的爱国男女，如果把选票投给哈定和柯立芝，将被后人视为签署了第二份《独立宣言》。

——威尔莫特先生，发明家

他将确保美国不会卷入"纠缠不清的联盟"中。将政府控制权从民主党转移到共和党，作为一座城市，华盛顿将受益于此。

——克拉伦斯先生，销售员

支持考克斯的市民：

美国人民认识到，加入国际联盟是我们在法国战场上许下的承诺。我们必须承担起维护世界和平的责任。

——玛丽小姐，速记员

如果我们拒绝加入国际联盟维护国际和平，我们将失去国人的尊重和其他国家的尊重。

——斯宾塞先生，统计员

这两方面的说辞同样高雅,同样真实,而且就算彼此互换也没什么问题。克拉伦斯和威尔莫特会承认自己认为美国故意不履行其在法国战场上的诺言,不去承担责任吗?或者他们干脆会承认自己不希望国际和平吗?当然不会。玛丽和斯宾塞会承认他们支持纷繁复杂的联盟或要放弃美国独立吗?他们可能会争辩,正如威尔逊总统所言,国际联盟是一个解决争端的组织,是全球版《独立宣言》,不过要加上一些面向全球的门罗主义。

既然提供给我们的象征符号如此多样,意义如此丰富多变,那么,某些特定的象征符号是如何在某些特定的人的头脑中扎根的呢?其实符号是由另一个我们视为"权威"的人植入的。如果符号植入得足够深,也许以后我们会将那位向我们挥舞着符号的"植入者"称为权威人士。但在最初的情况下,符号之所以能和我们的某个认知相契合,被我们赋予某种重要的意义,往往是因为符号是由与我们认为合得来并且重要的人传递给我们的。

因为我们并不是在18岁时带着对现实的想象一下子"破壳"而出的。我们仍然像萧伯纳先生所说的那样,处于伯哥和鲁宾的时代,这意味着我们在幼年阶段依赖长者进行交流的时代尚未过去,在某些方面,我们要想与外部世界建立联系,仍需通过一些亲近而有权威的人物来完成。他们是我们通往未知世界的第一座桥梁。尽管我们可能会逐渐掌握那庞大环境的许多方面,但仍存在更广阔未知的领域,需倚靠权威才能与之接触。尤其是在对事实所知甚少的情况下,真假很难分辨,一份真实的报告和一个貌似合理的错误读起来、听起来、感觉起来都是一样的。除了在我们自己深入了解的几个领域，我们无法在真实和虚假的叙述之间做出选择，所以我们就只好在可信赖和不可信赖的报道者之间做出选择。[1]

从理论上讲，在每个领域，我们都应该选择相信最专业权威的专家的解释。选择相信专家，虽然比选择真理要容易得多，但实行起来仍然很困难，而且往往不切实际。专家们自己也不确定他们中谁是最权威的专家。而且，即使我们能够找到最权威的那位专家，他也很可能因为太忙而无法接受咨询，或者根本联系不上。有些人我们能够很容易地识别出来，虽然他们不是专家，但是我们依然能毫不犹豫地相信他们，比如我们身边的父母、老师或者精明的朋友们。我们不需要深入探讨为什么孩子更信任父母中的一个而不是另一个，或者为什么孩子更信任历史老师而不是主日学校的老师，也不需要知道这种信任是如何通过一份报纸或对公共事务感兴趣的熟人完成传播的。对这类问题，精神分析学文献中就有丰富的暗示假设。

无论如何，我们发现自己确实信任某些人，他们成了将我们与几乎整个未知事物领域连接起来的桥梁。但奇怪的是，这一事实有时会被认为在本质上是不体面的，因为它体现了我们身上那些像羊、猿一般的动物天性。可是在宇宙中，完全与世隔绝是根本不可能的。如果我们不能把万事万物都视为理所当然的，就会

---

[1] 参见一本有趣又相当古怪的旧书：George Cornewall Lewis, *An Essay on the Influence of Authority in Matters of Opinion*。

把自己的生命浪费在那些琐碎的事情上。最接近完全"与世隔绝"状态的成年人是隐士，而隐士的活动范围非常有限，且完全为自己行事。他只能在很小的范围内为了简单的目的行事。如果一个人有时间去思考晦涩难懂的问题，我们可以肯定，在他选择隐居之前，他就已经毫无疑问地接受了一整套关于如何保暖、如何果腹以及哪些伟大问题需要思考等这类的信息，也肯定已经考虑清楚了这些问题。

在我们的生活中，除了极少的几个短暂时刻，多数时候能体现我们自身最大独立性的，就是在耐心听取几个权威专家的解说后，再通过自身去强化他们的权威。作为天生的"业余爱好者"，我们追求真理的方式往往是去鼓动专家，迫使他们回应那些看似合理但实际离谱的异端邪说。在这样的辩论中，我们往往能判断谁赢得了胜利。实际上，我们对这个过程中的一个关键问题毫无防备，即整场辩论是基于一个专家们不曾质疑的错误前提开始的，他们也不曾提及那些被忽视了的重要方面。我们将在后文中看到，民主理论是如何建立在完全不民主的基础上起作用的。这个民主理论假设个体面对任何事都能够自洽，以实现维护政府的目的。

充当我们与外界联系的"桥梁"的人，是那些看似恰好执掌运行"外部世界"的人，[1]尽管他们可能只是操纵着世界上很小的一部分事情。保姆喂饱孩子，给他洗澡，哄他睡觉，这些并不能使

---

1 参见 Bryce, *Modern Democracies*, Vol. II, pp.544-545。

保姆成为物理学、动物学和高级批评学领域的权威；史密斯先生自营或者雇人管理一座工厂，也并不能使他成为美国宪法的权威，更不能成为福德尼关税法案方面的权威；斯穆特先生是犹他州共和党分支的领袖，但这本身并不能证明他是税收问题的专家。但是，保姆仍然可以对孩子要学习的动物学内容产生决定性的影响；史密斯先生会滔滔不绝地向他的妻子、秘书，甚至可能是他的牧师解释宪法的含义；而至于参议员斯穆特先生的权限，又有谁能去界定呢？

牧师、庄园主、上尉、国王、政党领袖、商人、老板，不管这些人是如何被人们选中当作权威的，不论是通过出生、继承、征服还是选举，他们和他们身后有组织的追随者都在管理着人类的事务。他们是世界的干事，虽然对同一个人而言，在家里可能是军队元帅，在办公室则可能是空军少尉，在政治上又可能是普通士兵，虽然在许多机构中，等级制度是模糊或隐蔽的，但在需要许多人合作的每一个机构中，都存在这样的等级制度。[1]在美国政治中，我们称之为"体制"或"组织"。

体制里的成员和普通人之间有许多明显的区别。体制内的领导、指导委员会和核心圈层都直接与他们的环境接触，并不需要权威做"桥梁"。当然，他们可能对自己所定义的"环境"所知甚

---

[1] 参见 M. Ostrogorski, *Democracy and the Organization of Political Parties*, 多处提到; R. Michels, *Political Parties*, 多处提到; and Bryce, *Modern Democracies*, particularly Chap.LXXV; also Ross, *Principles of Sociology*, Chaps. XXII-XXIV。

少，但他们并不是完全在与抽象观念打交道。他们希望某些人能够在选举中获胜，希望看到财务状况有所改善，希望既定目标能够达成。我并不是说他们能逃脱人类刻板印象的影响，他们的刻板印象常常让他们成为荒谬的例行公事者。但无论他们的局限性如何，领导阶层都与更大环境中的某个关键节点有着实际的接触。他们能决策、发号施令、讨价还价，并且，或许有些事情根本不符合他们想象的结果，但还是发生了。

领袖的下属并没有被自己与领袖的"共同信念"所束缚。换言之，体制中较低级的成员不会根据自己对领导者智慧的判断来决定是否忠于该领导者。在这个等级制度中，每个人都依赖于上一级别，同时又处于某些下属之上。能将这种体制维系在一起的是一个特权体系。这些特权可能会根据想获得特权之人的机遇和品位而变化，从裙带关系、各种庇护制度，到排他性、英雄崇拜或一种陈旧的理念，等等。这些特权形式不一，从军队中的军衔，到封建制度中的土地所有制，再到现代民主中的就业与公众形象。这就是为什么可以通过废除特权来摧毁一个特定的体制。但我相信，在任何一个有凝聚力的群体中，这种体制都必然会出现。因为特权完全是相对的，而绝对的一致性是很难实现的。

那么，就没有必要为了去探寻一种集体智慧，去解释为什么群体的判断通常比街头路人的评论更加明确，更符合真实形势。一个人或几个人可以追求一系列思想，但当作为整个团队进行共同思考时，除了赞成或反对，他们几乎做不了别的事情。等级制度下的成员往往可以形成一种共同的传统。作为学徒，他们从师傅那里学习一门手艺，而师傅们也是从当学徒开始学起这门手艺的。在任何一个持久的社会里，统治阶层内部的变动都是十分缓慢的，而且足够慢到能将某些刻板印象和行为模式传承给后代——从父亲到儿子，从高级教士到新手，从老兵到军校学员。这些模式塑造了某种看待问题和处理问题的方式，并且被广大局外人所认可。

对体制外的人来说，正是由于他们不在体制内，并不了解实情，所以以下观点在他们看来非常有道理：只要不是被极少数管理者掌控，人类在任何复杂事务中就都能实现合作。布赖斯[1]说："任何在立法机构或行政部门中有过几年工作经验的人都会观察到，管理这个世界的人的数量其实是极其少的。"他这句话里指的当然是国家事务。可以肯定的是，如果你考虑的是整个人类社会的所有事务，那么，统治者的数量还是相当多的。但如果考虑的是某个具体的机构，无论是立法机构、政党、工会、民族主义运动、工厂还是俱乐部，按比例计算，你就会发现管理者只占总数的极小一部分。

民主革命可能会推翻旧有体制，并建立起新的体制。革命有时会彻底废除一种体制。美国的民主革命建立起了两党轮流执政的体制，在这个体制下，每隔几年，都会有一个政党因为另一个政党的错误而赢得选举。但体制本身并没有消失。"田园诗"般美好的民主理论始终未能实际落地运行。体制犹如一圈圈围绕着

---

1 *Op.cit.*, Vol. II, p.542.

核心圈子形成的同心圆，随着向外的扩展，权力逐渐减弱，同心圆也逐渐消失，最终外围只剩下对体制与权力毫不在意的平凡大众。

民主主义支持者永远不能接受上述观点所描述的生活，他们总是认为这是反常的。这源于两种民主愿景：一种以自给自足型个体为前提，另一种则预设存在着一个监管一切的"上帝"。

在这两者中，后者具有一定的优势，因为它至少能认识到，群众的决策并非由每个成员自发产生的。然而，如果我们将注意力集中在体制上，那么作为主导集体行为的天才——"上帝"，似乎就会变得神秘且多余。体制是一个相对平凡的实体，由穿着衣服、住在房子里、可以被命名和被描述的人组成，正是他们履行了通常应该由"上帝"承担的所有职责。

体制的存在并不是因为人性的异常，而是因为在任何群体中，私人观念都不能自动形成共同想法。何况还有很多方式可以限制一群人，让他们无法对力所不及的情况采取行动。他们中的一些人会以这种或那种形式迁移，他们可以罢工或抵制，他们可以鼓掌或发出嘘声。他们可以通过这些手段偶尔抵制他们不喜欢的东西，或促使那些阻碍他们实现欲望的人做出退让。但是，通过群众行动，是会扼杀构建、设计、谈判或管理的可能性的。若是离开了有组织的、能把公众团结起来的体制，公众可能就只能在价格过高时才会拒绝购买，在工资过低时才会拒绝工作了。工会可以通过大规模罢工打击敌人，以便与雇主谈判达成协议等；除非有一个组织存在，否则该权利无法实施。一个国家可能会发动战争，但是等到真的发动战争时，它必然还是要接受总参谋部的命令。

直接行动的局限实际上就是将说"是"或"否"的权力赋予了群众。[1]"只有在最简单的情况下，人们才会自发地在同一时间以同样的形式看待某个问题。"例如，除了工业罢工和抵制，还有一些非组织性的罢工和抵制行动，尽管几乎没有领导者，许多人还是会做出同样的表示不满的明确反应。但是，即使在这些基本的情况下，也有一些人比其他人更快地知道自己想要做什么，并会成为临时的领头人。如果没有他们的出现，一群人就会围着自己的"一亩三分地"漫无目的地转圈闲逛，要么就像50个人围观一个人自杀，任其走向死亡那样，站在原地一动不动。

因为我们发现，这个世界大部分都是不可见的，我们从中所领会到的大部分也是我们在幻想中演绎出来的一出哑剧。我们很少能有意识地决定视线之外的事，每个人对自己尝试后可能会取得什么成就的预测其实都很片面。实际上，我们能解决的现实问题很少，因此缺乏做决策的习惯。如果不是因为传达给我们的大多数信息同时暗示着我们应该如何看待这些消息，恐怕这一点会更加明显。我们是需要这种暗示的，如果在新闻中找不到，我们

---

1 参见James, *Some Problems of Philosophy*, p.227。"对我们遇到的大多数紧急情况来说，依靠微观层面解决方案是不可能的。我们很少能够对微观层面有所行动。"参见Lowell, *Public Opinion and Popular Government*, pp.91-92。

就会求助于社论或可信赖的权威。如果我们感觉到自己被卷入了某个事件中，除非我们知道自己站在什么立场上，否则就会感到不适。也就是说，直到事实被阐述清楚，我们才能对它们表示赞成或反对。

当许多人异口同声地说"是"时，他们可能有各种理由。因为正如我们已经提到过的，他们脑海中的图景都与其他人有着微妙的不同。然而，这种微妙的不同只是存在于他们的心中，一旦某些象征符号触及了他们内心的情感，他们就会公开表达出来，这些象征性词语就会转而承载他们个人的情感。等级制度，或者说存在竞争关系的两个等级制度，就需要将这些象征符号与一个明确的行动、"赞成"或"反对"的一票、赞成或反对的态度联系起来。所以说，不管是反对联盟的史密斯、反对第 × 条的琼斯，还是反对威尔逊先生及其所有作品的布朗，虽然每个人都有着自己的原因，但最终都或多或少地以相同的象征符号的名义，即投票给共和党以反对民主党人表现出来。这样一来，共同的意愿就被表达出来了。

人们必须做出一个具体的选择，而且这个选择必须通过符号传输利益，并与个人意见相联系。职业政治家早在民主哲学家之前就知晓了这一点。因此，他们组织了核心小组、提名大会和指导委员会，作为引导明确选择的手段。任何想要完成需要大量人员合作的事情的人都得参照他们的做法。有时这种做法相当粗暴，就像"和平会议"变成了"十人委员会"，"十人委员会"又缩减为三人或四人小组；再比如虽然最终拟定了条约，但里面隐藏着许多不合理条款，那些弱小的盟友、他们自己的选民和敌人要么选择接受，要么走人。通常这个过程需要更多的协商，但基本的事实是，只有少数人代表一大群人在做出选择。

人们想尽办法解决这种权力被少数人滥用的问题，比如，倡议、全民公投或直接初选等。但是，这些只是通过使选举复杂化或像 H.G. 威尔斯曾经说过的那样，以一种更复杂的方式，推迟或掩盖了人们对体制的需求。因为无论投票最终有多少，无论是给一项措施投票还是给一位候选人投票，哪怕选民们只有表示赞成或反对的权利，也都不能消除公民们想要参与选举的渴望。事实上，根本没有所谓的"直接立法"。那它真正的形式是什么样的呢？公民去投票站，收到一张选票，上面印有一些措施，几乎总是以缩写形式出现，而他只能对这些措施说"是"或"否"。即使他所面对的是世界上最辉煌的修正案，他对那项法案所能做的，也只是投赞成票或反对票，没有其他选择。如果将这一过程称为"立法"，那简直就是对这个词的侮辱。当然，我并不认为这个过程没有任何好处，不管你怎么称呼它。我认为对某些类型的问题，它确实有明显的好处。但是，鉴于世界具有不可避免的复杂性，想要在这样一个世界里做出决策，就有必要认识到这一事实，即任何大规模的决策过程中其实都存在某些被简化过的处理。我认为，当前人们提出的最复杂的投票形式是偏好投票制。在这个制度下，选民们不用在众多候选人中对一个候选人投赞成票或反对票，而是要按顺序排列自己选择的候选人。但即使在这种更灵活的投票方式里，群众的行动还是取决于他们所能做出选择的有效范围。[1]而那些选择其实还是由精力充沛的小团体提出的，他们四处奔走请愿，并召集代表阐述自己的观点。在少数人获得提名后，多数人再进行投票选举。

---

[1] 参见 H. J. Laski, *Foundations of Sovereignty*, p.224。"……按比例代表制度……似乎正在导向一种群体系统……这可能剥夺选民对领导者的选择权。"正如拉斯基（Laski）先生所言，群体系统无疑使执行者的选择更加间接，但毫无疑问，它有助于产生更能充分代表舆论潮流的立法机构。这究竟是好是坏不能确定。但可以说，在一个更准代表的议会中，成功合作和责任需要更高级别的政治智慧和政治习惯，而不是在一个僵化的两党议会中。这是一个更复杂的政治形式，因此可能效果不佳。

第十五章

领导者和群众

正因为象征符号具有极其重要的现实意义，所以领导者要想成功，就必须通过象征符号来组织起他们的追随者。特权在等级制度中起什么作用，象征符号对普通群众就起什么作用。象征符号能够把一盘散沙聚在一起，保持团结。从图腾柱到国旗，从木雕神像到无形的国王——上帝，从魔法咒语到亚当·斯密或边沁的某些名言，象征符号一直受到领导人的珍视，尽管其中许多领导者自己未必会相信这些，但很多象征符号却是弥合分歧差异的焦点。置身事外的观察者可能会嘲笑那些围绕星条旗形成的各种"星光闪耀"的仪式，觉得这些仪式控制了象征符号，就像法国国王亨利四世自言自语地说"为了巴黎而做弥撒还是物有所值的"一样。但领导者凭经验知道，只有当象征符号发挥作用时，他才能有机会调动群众。在象征符号中，情感被释放到一个共同的目标上，而真正的想法却被掩盖了。难怪领导者会憎恶所谓的"破坏性批评"，这种批评有时被那些自诩拥有自由精神的人称为"消除废话"。白哲特[1]说："我们的王室应该受到尊敬，如果你开始对其刨根问底，你便再也无法尊敬它了。"[2]所谓的"刨根问底"，实际上是指用清晰的定义和坦率的陈述来探究问题，服务于人类已知的所有高尚目的，除了维护共同的意愿这一轻松的目的。正如每个负责任的领导者所担心的那样，"刨根问底"往往会打破情感从个人思维转向机制化符号象征的过程。他准确地意识到，这种状况造成的第一个后果，就是个人主义和象征符号体系相互交战而造成的混乱。象征符号的解体，如"神圣俄罗斯"或"铁汉迪亚斯"[3]，总是会引发一场长期的动荡。

在一个古老而刻板的社会中，这些伟大的象征符号通过移情，将所有微小而精细的忠诚收入囊中。它们唤起每个人对风景、家具、面孔、记忆的感受，这是人们在一个静态社会中得到的最初的也是唯一的现实。这些图景和情感的核心是民族性，如果没有这些象征符号，人们就会迷失自己，无法想象自己的存在。伟大的象征符号承载着这些情感，并能够在不唤起原始图景的情况下激发这些情感。公共辩论中次要的象征符号，政治中更随意的闲聊，也总是被回溯到以上那些原始的象征符号，并尽可能与它们联系在一起。比如，市政地铁的合理票价问题被象征性地表述为"人民"与"利益集团"之间的问题，然后将"人民"插入"美国"

---

1 沃尔特·白哲特（Walter Bagehot，1826—1877），英国经济学家、政论家、文学评论家。——译者
2 *The English Constitution*, p.127. D. Appleton & Company, 1914.
3 迪亚斯（1830—1915），墨西哥历史上任期最长的总统，曾发动数次叛乱，是拉丁美洲有名的独裁者总统。——译者

这个象征符号中，以至最终在竞选的激烈辩论中，"票价涨到8美分一张"就被认为是不爱美国的表现了。人们会说，革命先辈为了阻止地铁票涨价而牺牲。林肯受苦是为了不让地铁票涨价这件事发生，那些长眠于法国的美国士兵的英灵也不会赞同涨价。

由于象征符号具有从独特的思想中汲取情感的力量，它既是团结的机制，也是剥削的机制。它使人们能够为共同的目标而努力，但正因为只有少数处于战略地位的人才能选择具体的目标，象征符号也就成了少数人剥削多数人、转移批评、诱使人们为不理解的目标而直面痛苦的工具。

如果我们选择将自己视为明智、自立和自理的个体，那么，我们会因在许多方面受制于象征符号而感到不快。但是，不能因此得出这样的结论：象征符号完全是魔鬼的工具。事实上，正相反，在科学和思想领域，象征符号毋庸置疑地会操控许多事物（诱惑人们去追求它们）。在现实世界里，它们可能是有益的，有时也是必要的。这种必要性往往是人们想象出来的，危险性也是人们制造出来的。但是，一旦遇到紧迫到需要尽快得出结果的情况，通过象征符号操纵大众可能是唯一能解决燃眉之急的快捷方式。很多情况下，行动往往比理解更重要。有时，某些行动的成功可能依赖于保密性或出其不意，如果所有人都知道了这个行动，那么行动反而可能会失败。有许多事情不能等待公民投票表决或公开征求意见，有些时候，比如在战争期间，一个国家、一支军队、甚至军事指挥官都必须将战略决策依托给极少数人；当出现两种相互冲突的意见时——哪怕其中一种意见恰巧是正确的，这种情况也比只有一种错误的意见更危险。因为单一的错误意见可能会导致不良后果，但两种互相冲突的意见可能会因破坏团结而招致灾难。[1]

因此，福煦和亨利·威尔逊爵士虽然已经预见到，由于预备队内部的分裂，高夫的军队即将遭受灭顶之灾，但他们仍然把自己的意见严格限制在小范围里，因为他们知道，即使是战场上的一场惨败，也不如在报纸上引发的一场激烈的辩论更具破坏性。在1918年3月那种紧张局势下，最重要的不是某个具体军事行动的正确性，而是人们对军事指挥命令的持续期待和信任。如果福煦选择高喊"到人民中去"的口号去争取民心，他可能会赢得辩论或民意支持。但是，在他能够赢得这种支持之前，他所指挥的军队可能就已经瓦解了。奥林匹斯山上诸神的一场争吵和不和可能会引起公众的注意和好奇，长期来看，这种冲突导致的结果会是破坏性的。

"沉默的阴谋"也是如此。莱特上校说："伪装的'艺术'并非在前线，而是在最高指挥部得到了广泛运用，并达到了最高的境界。现在，各地的军事指挥官都忙着让无数的公关人员和媒体工作者塑造和包装他们，使他们成为公众眼中的拿破仑——至少从远处看是这样……不管这些'拿破仑'多么无能，他们都不会

---

[1] 第一次世界大战期间，英国最高战争委员会助理秘书彼得·S.莱特上校的《在最高战争委员会》（*At the Supreme War Council*）一书介绍了军事指挥的保密和统一要求，值得我们仔细阅读。但在书中针对军队领导人的某些问题，他进行了言辞激烈的辩论。

被撤职，因为他们通过在公众面前塑造'光辉形象'，成功隐藏或掩饰了自己的失败，夸大或捏造了自己的成功，赢得了大量的公众支持……然而，这种组织严密的虚假宣传所带来的最险恶、最恶劣的影响其实是对将军们自身的影响：他们大多数人都谦逊而爱国，而大多数人也必须如此才能承担和从事这种崇高的军事职业，然而他们最终也受到了这些普遍错觉的影响，每天早上从报纸上读到这些虚假的报道，他们渐渐开始相信自己才是让战争赢得胜利的关键，且认为自己不可战胜，无论他们曾经失败过多少次。他们坚信自己在军事指挥方面的崇高地位，并为了维护自己的指挥权，可以不惜一切代价……以上的种种欺骗行为，尤其是公开化的虚假宣传，终于让全体参谋不再受任何控制，放飞自我。他们不再为国家而活，反而是国家为他们而活，或者更确切地说，国家为他们而死。战争的胜利或失败也不再是战争的首要利益。对这些带有独立色彩的"王国"来说，重要的是，亲爱的老威利或者可怜的老哈里是否会成为他们的头头，以及'尚蒂利党'能否战胜'荣军院大道党'。"[1]

然而，尽管莱特上校能够敏锐地洞察到这种"沉默的阴谋"的危险，并拥有将其公之于众的勇气和能力，但他不得不支持福煦的沉默，不公开发表意见，避免摧毁大众对军队的幻想。这里出现了一个复杂的悖论，我们稍后会看到更多。因为传统民主生活观并非用于紧急和危险情况的，而是为宁静与和谐所设想的。

---

[1] 同上书，pp.98, 101-105.

当芸芸众生必须在一个不确定和动荡的环境中合作时，团结和灵活性就显得尤为重要，即使有些方式并没有得到大家的一致同意。象征符号就具有这样的功能。它掩盖了个人意图，消除了歧视，混淆了个人目的。它抑制了个性，同时又极大地强化了群体的意图，并在危机中将该群体凝聚在一起，使其能够采取有目的的行动。尽管象征符号抑制了人的个性，但它使群众变得灵活而富有行动力。象征符号是一种工具，在短期内，通过这种工具，群众可以摆脱自身的惰性、优柔寡断或鲁莽行动的惯性，从而能够在复杂的情况下曲折前进。

但从长远来看，领导者和普通民众之间的互动日益频繁。最常用来描述普通民众对领导者的心态的词是士气。通常，当每个人全力以赴完成领导者分配给他的任务时，当每个人的全部能力都被上级的命令所激发时，"士气"就可以被视为一种良好的状态而存在。因此，每一位领导人在制定政策时都必须牢记这一点。他不仅必须考虑他的决策方案的"优点"，还必须考虑这些决策对其追随者的影响。如果他是计划要发动攻击的将军，他知道若伤亡率过高，那么组织有序的军队就会溃散成散兵游勇。

第一次世界大战中，先前的伤亡数据让后来的参战者受到了极其严重的冲击："每9个赴法国参战的士兵中就有5个人伤亡。"[1] 忍耐的极限超出了任何人的想象，然而总还是存在一个极限。因

---

[1] 同上书，p.37. 莱特上校从陆军部档案的战争统计摘要中获取了这些数据。这些数字显然仅指英国的损失，也可能指英国和法国的损失。

此，在这场战争中，没有一个军事领袖敢于公开其准确的战争伤亡损失情况。一部分是因为公布数据会助长敌人的气焰，但在很大程度上也是因为公布准确数据可能会对军队及其家属的士气造成负面影响。在法国，伤亡名单从未被公布过。在英国、美国和德国，公布一场大战的伤亡数据的时间跨度很大，这是为了消除人们对整体损失的印象，减少战争带来的直接心理冲击和认知负担。只有内部人士才能在很久之后知道索姆河战役或佛兰德斯战役付出了多大代价[1]；鲁登道夫[2]无疑比伦敦、巴黎或芝加哥的任何居民都更准确地掌握着这些伤亡信息。各阵营军队的领导者都竭尽全力地想要限制士兵或平民们对战争实际残酷程度的想象。然而，老兵们，例如1917年的法国陆军，对战争的理解肯定比公众要多得多，深刻得多。因此，这些老兵会依据自己所遭受的苦难来评判指挥官的水平。然后，当将领们曾经夸口承诺过的胜利演变成了一场血腥的失败时，你可能会发现，仅因为一些相对较小的错误，一场兵变就爆发了[3]，就像1917年尼韦勒的攻势一样，因为它是一个累积已久的失误。革命和兵变往往是由一系列恶行之后的一场类似的小型事故所引发的。[4]

---

1 同上书，p.34. 索姆河战役造成近50万人的伤亡；1917年的阿拉斯（Arras）和佛兰德斯（Flanders）入侵造成65万英军的伤亡。
2 鲁登道夫（Ludendorff，1865—1937），"一战"期间德国著名军事将领。
3 协约国在战争中遭受的多次失败，比同盟国在贵妇小径（Chemin des Dames）的惨败还要血腥。
4 参见比埃尔夫关于苏瓦松兵变原因的记述以及贝当处理兵变所采取的方法，Vol. I, Part III, 及后文。

政策的影响范围决定了领导者和追随者之间的关系。如果计划中所需要的人距离行动发生的地方很远，如果计划的结果被掩盖或推迟公布，如果个人的义务是间接的或尚未明确的，更重要的是，如果赞同是一种愉快的情感表现，那么领导者可能就会拥有自主决策的自由。这些政策只要不会立刻影响和侵犯追随者的个人习惯，就会迅速受到公众的欢迎，比如禁酒主义者对待禁酒令。这是政府在外交事务中拥有如此多的自由操作空间的一个重要原因。两国间的摩擦多半是由一系列含糊不清的争端引起的，偶尔发生在边界地区，但更经常发生在连学校地理课本上都没有确切提及的地区之间。捷克斯洛伐克将美国视为解放者；然而在美国的报纸杂志上、音乐喜剧以及美国人日常的谈话中，大家始终无法搞清解放的到底是捷克斯洛伐克还是南斯拉夫。

在外交事务中，政策的影响在很长一段时间内被限制在一个看不见的环境中，并且那里所发生的事件都无法完全被人们所真实地感知。在内战前，美国没有过战争，人们也不用为此付出什么代价，政府可以按照自己的意愿行事，不用考虑太多民众的意愿。相比之下，地方事务中推行某项政策所需的成本更加明显。因此，除了最杰出的领导者，所有人都更喜欢成本尽可能不被直接发觉的政策。

他们不喜欢直接征税，不喜欢随收随付，而是喜欢长期债务，并让选民相信外国人会买单。他们总是更倾向于从生产者的角度，而不是从消费者的角度来计算经济繁荣程度，因为对消费者的影响分布在许多琐碎的项目上。劳工领袖总是喜欢增加货币工资而不是看到物价降低。相比与工业体系的浪费相关的话题，人们总是对百万富翁的利润更感兴趣，这些浪费虽然巨大但难以捉摸，利润则是可见但相对不那么重要的。例如，在撰写本文时，社会上正存在房屋短缺问题，立法机构在处理房屋短缺问题时就遵循了这一规则。第一是不采取任何措施增加房屋数量，第二是打击贪婪的不动产所有者，第三是调查牟取暴利的建筑商和工人。因为一项建设性的政策总是涉及许多遥远而乏味的因素，而处置贪婪的土地所有者或牟取暴利的管道工带来的效果则是可见的，也是立竿见影的。

但是，虽然人们很容易相信在某个无法想象的未来和看不见的地方，某项政策会给他们带来好处，但政策的实际执行过程却遵循着与他们的观点完全不同的逻辑。一个国家的民众可能会被诱导而相信提高运价将使铁路行业繁荣。但是，如果费率的提高影响了农民和运输业者，导致商品价格超出了消费者的支付能力，这种信念就不会带来真的繁荣。消费者是否愿意为此付钱，并不取决于他们9个月前是否对提高利率和挽救铁路行业的提议点头，而是取决于他们现在是否想要一顶新帽子或一辆新汽车并有足够的钱来购买它们。

领导者常常假装他们只是发现了一个存在于公众头脑中的事项。当他们自己相信这一点的时候，他们通常是在自欺欺人。计划不会在公众的头脑中同时产生，这并不是因为公众的头脑必然不如领导者的头脑，而是因为思想是有机体的功能，而公众却不是一个有机体。

这个事实之所以被掩盖了，是因为公众不断受到暗示的影响。他们接触到的并非客观新闻，而是带有暗示性质的报道，旨在引导他们采取特定的行动。他们所听到的报道也不是客观事实，而是已经形成某种行为模式的刻板印象。因此，那些徒有其名的领导者往往会发现真正的领导者其实是有权势的报界大佬。然而，如果我们能够用科学方法消除所有暗示和引导对大众的影响，我认为就会发现类似以下的情况：暴露在相同刺激下的大众会产生反应，这些反应在理论上可以用一个"误差多边形"来表示。感受非常相近的某些群体可归为一类，也会存在因感受不同而分化两端的群体。随着每个类别中的个体逐渐表达出自己的观点，这些分类往往就会变得更加明确和固化。换言之，当人们将本来就含糊不清的感知通过语言表达出来后，他们就会更清楚地知道自己的感觉，并进一步增强这种感知。

高度关注民情的领导者很快就会注意到这些情绪并快速做出反应。他们十分了解某些问题，如物价太高导致民众生活成本上升、某些阶层人士不受欢迎，或者本国人对他国抱有善意或恶意。但要是排除暗示的作用（这些暗示仅仅是记者的引导作用）——那么，大众的情绪中就不存在任何能让他们决定选择某项政策的东西了。大众的情绪所要求的，无非是在政策发展和暴露的过程中，就算没有逻辑上的联系，哪怕通过类比和联想的方式，也能将政策与他们最初的情绪感觉联系起来。

因此，在推出新政策时需要进行初步努力以获得共同的情绪支持，就像马克·安东尼向布鲁图的追随者进行的演讲一样。[1] 在第一阶段，领导者表达了大众的普遍观点，并通过讲述一个好故事、展示爱国主义甚至通过煽情等方式赢得大众的高度信任，吸引如散沙一般的人群的注意力并将他们聚拢过来。然后，人们会希望他能提出一个行动计划。然而，这个计划并不能从传达公共情绪的口号中获得，甚至未必总与口号相关。如果政策的影响对民众而言还比较遥远，那么很重要的一点就是，政策在一开始就应该在口头上和情感上与大众所表达的内容保持联系。只要扮演值得信赖的人，认同公认的象征符号，他们就可以凭自己的主动性走得很远，而不必解释他们计划的内容。

但明智的领导者并不满足于此。如果他们认为公开不会过度加强反对的声音，而辩论也不会拖延行动太久，他们就会寻求一定程度的同意。他们会让全体大众，至少是下属阶层，充分信任他们，为可能发生的事情做好准备，并让那些人觉得是他们自己的自由意志决定了这个结果。但是，无论领导人多么真诚，当事实非常复杂时，在这些磋商中总会出现一定程度的错觉。因为对公众来说，不可能所有的偶然事件都像对那些更有经验和想象力的人那般生动。相当多的一部分人在没有花时间或没有能力去理解相关背景的情况下，肯定会同意领导给他们的选择。然而，没有人能要求更多，只有理论家才有能力这样做。如果我们在法庭上有了发言机会，如果我们不得不说的话竟然还有听众，如果我

1　Martin, *The Behavior of Crowds*, pp.130-132. 在该书中有精彩的分析。

们所做的事情得到了很好的结果，那么我们中的大多数人是不会停下来考虑我们的意见对手头正在处理的业务会有多大的影响的。

因此，如果当权者很敏感且消息灵通，如果他们明显在努力地迎合民意，并能切实消除一些可能引起公众不满的因素，只要人们看到他们在努力做实事，无论进展多么缓慢，当权者就没什么可害怕的。除非当权者做出惊人的、持续不断的愚蠢行为以及表现出彻头彻尾的无能，否则人们是不会发动一场自下而上的革命的。宫廷政变、部门间的利益纠葛则另当别论。煽动的行为也是如此，因为一旦大众的情绪在煽动行为中得到了释放，紧张的局势就会得到缓解。但是，政治家知道，这种缓解是暂时的。如果过于频繁地沉溺于其中，用这种方式缓解大众的情绪无异于饮鸩止渴。因此，政治家要确保他所激起的情绪不会脱离他能处理和掌控的范围，也就是说，他的计划或方案必须针对大众情绪所涉及的实际问题或事实。

但并非所有的领导者都是真正意义上的政治家，所有领导人都讨厌辞职，即使当前的情况已经非常不利，绝大多数领导者仍然难以想象或接受其他人会采取更加不利的行动，使情况进一步恶化。这些领导者不能被动地等待公众察觉到政策的影响，因为这种发现通常会对他们本身产生负面影响。所以，领导者会断断续续地修缮"篱笆"，巩固自己的地位。

亡羊补牢的措施有很多，包括偶尔找个替罪羊、打消有权势的个人或派别的轻微不满、重新安排某些工作、安抚一群想要在家乡开办军工厂的人，或者制定一项法律来阻止某些人的恶行等。

若随机找一位在选举中胜出的公职人员,深入研究他的日常活动,还可以扩充这个"亡羊补牢"清单的内容。年复一年当选的国会议员里,有些人从来不想在公共事务上浪费精力;与其去奋力推进一项前景不明的重大项目,他们更愿意解决一些能让许多人尝到甜头的小问题。但是,无论一个组织有多么强大和成功,其能够有效地服务和满足的人数总是有限的,精明的政治家们会特别关注那些有影响力的人,要么就是那些明显没有影响力的人,因为关注这些人会是一种引人注目的慷慨之举。而无法通过恩惠笼络的、数量更多的无名大众,则只能得到灌输式的宣传。

任何组织内名声显赫的领导者都有很大的天然优势。他们的信息来源往往更多,书籍和文件摆在他们的办公室里,他们参加重要的会议,见重要的人物,也会承担更重的责任。因此,他们更容易获得公众的关注,并以令人信服的口吻说话。他们对公众所能获取的事实真相也有很大的控制权。每个官员在一定程度上都是审查员。不论是刻意隐藏消息还是忘记提及,领导者心中若是对自己希望公众应该知道什么毫无概念,那么,他们就无法抑制信息的流通。官员们身居要职,常常不得不在维护机构安全和向公众坦诚这两个同样令人信服又相互冲突的行为之间做出选择,即使在最好的情况下也是如此。因此,他们会越来越清醒且有意识地决定自己应该在什么情况下,以什么形式,向公众透露哪些事实。

我认为,没有人会否认制造共识能够极大地改善局面。舆论形成的过程无疑比这些书页上所描述的更复杂,而任何了解这一过程的人都有机会操纵舆论。

制造舆论并非新技艺，它源远流长，并没有随着民主的出现而消失。实际上，它已经在技术层面上得到了极大改进。它现在是建立在分析的基础上，而不是建立在经验法则的基础上。因此，心理学研究结合现代传播手段，民主实践已转向了新方向。一场革命正在发生，它比任何经济权力的转移都更有意义。

当今正掌管事务的这一代人，见证了"说服"成为一种自觉的艺术和一种大众政府的常规功能。我们都不知道未来结果如何，但大胆预言，了解共识是如何被创造的，将会改变所有政治谋算和所有政治前提，这并不过分。在宣传的影响下——虽然这里所说的"宣传"并非我们惯常理解的具有负面意味的"宣传"，但我们思想中的经久不变的部分已经变成了变量。现在我们再也不可能相信民主主义的原始教条以及管理人类事务所需的知识是自发地从人的内心产生的。如果我们按照这种理论行事，就会陷入自我欺骗以及无法证实的各种说服形式中。事实证明，如果我们想要处理我们力所不及的世界，就不能依靠直觉、良知或偶然的意见。

第六部分

民主的图景

第十六章

以自我为中心的人

既然舆论被视为民主制度的推动力，人们自然期望能够找到大量相关文献加以论证，却未能如愿。虽然有许多关于政府和政党的优秀著作，但大多都是对舆论的形成机制进行考察的理论书籍，相对而言，关于舆论产生的来源及过程的著述仍然凤毛麟角。人们普遍理所当然地认为，舆论的力量是真实存在的。美国政治作家最感兴趣的话题，要么是探讨政府是怎样表达共同意志的，要么就是政府是如何防止人们以共同意志颠覆他们认为的政府存在之意义的。按照这些政治作家的传统观点来看，政府要么希望驯服舆论，要么希望服从舆论。因此，一位著名的教科书系列丛书的编辑写道："政府最困难、最重要的问题是如何将个人意见转化为公众行动。"[1]

但肯定还有一个更重要的问题，那就是如何验证我们个人对

---

[1] 参见艾伯特·布什内尔·哈特（Albert Bushnell Hart）为 A. 劳伦斯·洛威尔（A. Lawrence Lowell）的《舆论与大众政府》（*Public Opinion and Popular Government*）一书所写的序言。

政治情境认识的正确性？我将在后面进一步阐述，已经经过实践验证的原则是如何在发展过程中推动时局出现根本性变化的。但是，原则的发展取决于我们对这一知识的掌握程度，即学会有效地利用知识来理解意见的构成方式，以便在形成自己的意见时进行观照与反思。因为那些源自接触、传统和个人利益等因素的偶然性观点，在本质上，与基于准确记录、测量、分析和比较等方法构建起来的政治思想还是非常不同的。事实上，那些对事物的有趣性、重要性、熟悉性、个人化以及戏剧化程度起决定作用的思维品质，在最初阶段就会被现实主义的观点所挫败。因此，除非能让更广泛的社会群体抱有一种日益坚定的信念，即仅靠偏见和直觉来形成意见是不够的，否则这些耗费了大量时间、金钱、劳力、心智、耐心才形成的切合实际的意见，就不会得到足够的支持，某些舆论就会大行其道。这种自省的信念会随着自我批评的增加而增强，使我们意识到自己的虚伪和笨拙，让自己在自吹自擂时从心底对自己感到蔑视，也会让自己时刻察觉这种状况并保持警惕。如果我们在阅读、谈话和做决定时没有养成分析的习惯，那么我们中的大多数人几乎不会追求更有价值的观点，也不会对有价值的观点表现出兴趣，更无法预防自己被各种新的政治手段所操纵。

然而，如果我们去观察那些最古老、最强大的民主政体，就会发现舆论在这些政体里已经变得神秘化了，就像重重迷雾里更深的谜团。一些经验丰富的舆论组织者熟知这个谜团的秘密，并加以利用，从而在选举日赢得了多数选票。但这些组织者在政治学上却被视为卑鄙小人或"问题人物",而未被视为最了解如何创造和操控舆论的人。包括学生、演说家,还有编辑等在内的很多人,常把民主思想口号挂在嘴边,实际上却根本无力影响民主制度的运行。在其他社会中,人们往往会将事件的走向和结果归因于某种"神秘力量",舆论在如今的社会中就被视为了那种"神秘力量"。

几乎在每个政治理论中都存在难以被验证的因素,在该理论的鼎盛时期,人们几乎会不假思索地将其全盘接受。例如,"命运""守护神""君权神授""上帝对子民的授权""天堂代理人""贵族血统论"等观念。尽管天使、恶魔和国王等宗教和封建思想已经从民主思想中消失不见,但很多人仍然相信"领导者"的力量,认为自己需要被引导。对那些在18世纪设计民主模式的思想家来说,就一直都存在着这样的需求。这些思想家的宗教观念薄弱却又急公好义,他们需要为新的社会秩序找到一个可靠的起源,最终,在人民主权的学说中,他们找到了答案,虽然其中蕴含着神秘性,但只有人民公敌才会用亵渎与好奇之手触及其间。

务实的政治家并没有揭开舆论的神秘面纱,因为他们自身也正处在一场惨痛且前途未卜的斗争之中。这些政治家自己也渴望民主,这种渴望比任何政府理论都更深刻、更广泛,也重要得多。他们不顾时代的偏见,维护人的尊严。让他们着迷的不是约翰·史密斯对任何公共问题的观点是否正确,而是约翰·史密斯本人——一个一直被认定是血统低下的劣等人的后裔,现今在民主体制下不用再向任何人屈膝的事实。这种图景,使"活在黎明是如此幸福"成为事实。但几乎每一位分析家似乎都贬低此种民主赋予的尊严，这些分析家否认所有个体都总是能合乎逻辑地思考、具备良好的教育或见多识广，并指出人们经常被愚弄，普通人总是搞不清楚自身利益是什么，因此并非所有人都适合民主制度。

批评家的存在就像摇鼓吵闹的小男孩一样不受欢迎。有些批评家过于挑剔苛刻，反复嘲讽人类易犯错误的天性，令人作呕。如果民主主义者承认贵族的论点是有道理的，那么民主的政治防线就会被削弱。因此，正如亚里士多德坚称奴隶天生就是奴隶一样，民主主义者也必须坚称自由人天生就可以成为立法者和管理者，他们不能停止这种表态，转而去解释：人类的灵魂可能尚未拥有，或者实际上可能永远不会具有这种专业特质。尽管如此，他们仍然坚信，即使人类的灵魂没有这种专业特质，也不能剥夺他们拒绝充当他人工具的权利。而那些地位优越的人仍然会以势压人，他们肆意妄为，毫无忌惮，这些"上层人"根本不会约束自己，更不会坦率地表明个中缘由。

因此，早期民主主义者坚称，理性的正义会自发地从大众中涌现出来。他们都希望如此，其中许多人也相信确实如此，尽管最聪明的人，如托马斯·杰斐逊，私下也有各种保留意见。但有一点是肯定的：在那个时代，舆论的出现是自发的，否则它就不会出现。因为舆论的出现需要有一定的条件和基础。在一个基本方面，民主所基于的政治学与亚里士多德所阐述的政治学是相同的。无论是民主主义者，还是贵族派、保皇派和共和派，他们所尊崇的政治学都是相同的，因为其主要前提都是：使统治的艺术看起来是一种天赋。虽然在确认到底哪些人拥有这种统治天赋时，人们存在根本分歧，但他们还是一致认为，存在这样的人，并且最大的难题其实是找到这样的人并让其进行统治。保皇派确信国王生来就是统治者。亚历山大·汉密尔顿认为，尽管"各行各业都有意志坚定的人……但代表机构（政府代表机构）几乎完全由土地所有者、商人和学者组成，只有少数例外，而这些例外对政府的执政精神没有任何影响"[1]。杰斐逊认为，政治才能是上帝赋予农民和种植者的，有时某些人说的好像所有人都有这种才能。但这些观点的主要前提是相同的：统治的权力是某些人与生俱来的特权。它可能出现在一个人或少数被选中的人身上，也可能出现在所有男性身上，或者只出现在 21 岁以上的白人男性身上，甚至可能出现在所有男性和女性身上。其实全凭人的社会偏好而定。

在决定谁最适合统治时，对世界的认知能力理所当然地就成了一项衡量标准。贵族认为处理大事的人天生拥有这种能力，而民主主义者则断言所有人都拥有这种本能，也因此能够处理国家大事。但是这两种情况都没有考虑到政治学观点，即获取外部世界的各种知识能在多大程度上影响统治者的统治。如果真是为人民着想的话，你就不用试图让选民一直都了解实际情况。只要等到 21 岁，他自然就有了政治才能。重要的是要有一颗善良的心、

---

[1] *The Federalist*, Nos. 35, 36. 参见 Henry Jones Ford, *Rise and Growth of American Politics*, Ch. V。

一个理性的头脑和对事物做出公正判断的能力。这些都会随着年龄的增长而逐渐成熟，但没有必要思考该如何去充实他的内心和滋养其理性。因为接受事实对人们来说就像呼吸一样简单。

但是，以这种毫不费力的方式所能获得的事实其实是有限的。人们可以对他们生活和工作所在地方的风俗习惯了如指掌，并对一些明显的特色有所涉猎。但是，对外部世界，他们并无能力依靠本能去想象，也不能仅靠生活来汲取有关外部世界的知识。因此，自发政治可能存在的唯一环境就是被统治者限制在直接和确定的知识范围内的环境。无论你在什么地方，只要你认为政府是建立在人们能力的自然范围内的，都无法逃避这个结论。如亚里士多德所说[1]："如果一个国家的公民要根据功绩来判断和分配职位，那么他们必须了解彼此的性格，如果他们不具备这种知识，那么无论是选举职位还是法庭断案都会出错。"

显然，亚里士多德的这句话适用于每一个政治思想流派。但它给民主主义者带来了特殊的困难。那些相信阶级统治的人会声称，在国王的宫廷里，或在贵族的乡间住宅里，人们都是了解彼此的性格的，而只要其他人一直被动消极，不积极参与政治，人们唯一需要了解的就只有统治阶级的性格。但是，对那些试图提高全人类尊严的民主主义者而言，则会立即受到他们的统治阶级——男性选民——的庞大规模和混乱状态的影响。科学告诉这些民主主义者，政治是一种本能天赋，只能在有限的环境中发挥作

---

1 *Politics*, Bk. VII, Ch. 4.

用。民主人士所抱持的希望促使他们坚持认为，在一个非常大的环境中，所有人都能进行统治。在他们的理想和科学的致命冲突中，唯一的出路就是毫不犹豫地假设人民的声音就是上帝的声音。

这个悖论的矛盾和利害关系巨大，而民主人士的理想太过珍贵而让人不忍批判。可他们确实无法解释一个住在波士顿的市民如何能理解弗吉尼亚人的观点；弗吉尼亚人在弗吉尼亚如何能对华盛顿政府有真正的看法；华盛顿的国会议员如何能对中国或墨西哥有看法。因为在那个时代，许多人不可能将看不见的环境纳入他们的判断领域。

当然，自亚里士多德以来，确实取得了一些进步。现在有报纸、书籍，也许还会有更好的交通工具可以帮助扩大我们的认知范围。但是这些进步并不显著，18世纪的政治学假设基本上也是在延续两千年之前就已存在的那些假设。民主先驱者没有任何手段能去化解人类认知的局限性与其对人性尊严的无限信仰之间的冲突。

民主主义者的设想早在现代报纸、国际新闻机构、摄影和电影出现之前就形成了，更重要的是，民主主义理念的诞生时间还要早于测量和记录、量化和比较分析技术、证据规则以及用于校正和降低证人偏见的心理分析技术出现的时间。这并不是说我们的记录系统完美无缺，我们的分析技术公正无私，我们的统计方式合理可靠。意思是，这几项关键性的发明将看不见的世界带入了人们的判断领域。这些发明在亚里士多德时代不存在。在卢梭、孟德斯鸠或托马斯·杰斐逊时代，这些发明在政治理论中还不够重要，不足以被纳入他们的讨论中去。在后面的章节中，我们将看到，即使是在最新的人类重建理论中，即英国的行会社会主义者[1]的理论中，所有更深层次的前提也都是从更古老的政治思想体系中继承而来的。

这种体系，无论可靠与否，也不论其真实与否，必然需要做出以下假设：人们只拥有其局部经验范畴内的公共事务知识。从某种意义上，就人们只能花很少的时间来处理公共事务而言，这种假设仍然是正确的，而且产生着至关重要的影响。但古代理论不得不假设，人们不仅很少关注公共问题，而且可用的注意力还会被局限在手头的事情上。假设有朝一日遥远而复杂的事件可以被报道、分析和呈现，以便业余爱好者做出真正有价值的选择，无异于一种幻想。现在，这一天已经指日可待。持续报道一个看不见的环境是可行的，人们对这一点已经不再有任何疑问。尽管此类报道常常表现欠佳，但至少正在进行着。我们开始知道这件事进行得多么糟糕，也表明它还可以进行得更好。每一天，都有技能熟练程度不同、品质不一的人报告遥远而复杂的情况。比如，工程师和会计师会为商人报告，秘书和公务员会向官员报告，情报人员会向总参谋部报告，一些记者会向一些读者报告。这些开

---

1 英国行会社会主义者（English Guild Socialists）是19世纪中期英国社会主义运动中的一个重要派别。他们主张通过复兴中世纪的行会制度来实现社会主义的目标。行社会主义者认为，行会作为中世纪工匠和商业组织的代表，曾经在某种程度上保护了劳动者的利益。因此，他们希望通过恢复行会制度来限制资本主义的剥削，确保劳动者的权益。——译者

端虽然略显粗糙，但是"报告"这个字眼，远比反复出现的"战争""革命""退位"和"复辟"等字眼更具变革性，就像人类生活规模的变化一样不同凡响，这种变化使得劳合·乔治先生能够在伦敦吃完早餐后讨论威尔士的采煤业，也能在巴黎吃晚餐前讨论阿拉伯人的命运。

　　因为若将人类事务的任何方面都纳入判断范围可能会打破一直以来笼罩在政治思想上的神秘氛围。当然，有很多人未察觉到注意力的范围才是政治学能确立的主要前提。这些人就像是在沙子上建楼。他们已通过自身展示了对世界非常有限的认知和以自我为中心的结合所产生的效果如何。但是，对从柏拉图和亚里士多德到马基雅弗利和霍布斯，再到民主理论家这些政治思想家来说，他们的理论都围绕着以自我为中心的人，而这些人只会通过头脑中的那几种图景来看待整个世界。

第十七章

自给自足的社群

显然,上文中的那些以自我为中心的人,如果彼此之间一直产生摩擦,就会陷入生存斗争。无论如何,在《利维坦》中那段著名的话里,霍布斯说的话有一定的道理:"虽然在人类历史上没有一个彼此为敌的特殊时期,但由于各国的君主和拥有主权的人拥有独立性,他们始终处于持续的嫉妒和争斗中,就像角斗士一样,他们的武器指着对方,眼睛紧盯着对方……"[1]

为了规避这一结论,人类思想的一大流派(这个流派曾经存在过许多分支)以这样的方式展开了:这个流派设想了一种理想公正的人际关系模式,在这种模式中,每个人都有明确界定的职能和权利。如果他认真地履行这一模式分配给他的社会角色,那么他的意见是对是错都无关紧要。他尽了自己的职责,下一个人也尽了自己的职责,所有尽职尽责的人就能共同创造出一个和谐

---

[1] *Leviathan*, Ch. XIII. Of the Natural Condition of Mankind as concerning their Felicity and Misery.

的世界。各种社会制度均体现了这一原则；在柏拉图的《理想国》及亚里士多德的著作中，在封建理想中，在但丁的《神曲》天堂篇中，在自由放任主义、无政府主义以及罗伯特·兰辛先生的理想化国际法体系中，都能找到这一原则的影子。所有这些社会形态都预设了一种和谐状态，这种和谐或许是天然存在的，也或许是后天形成的，还可能是被强加的。却能使那些固执己见的人、阶级或团体与其他人协调起来，形成一种和谐局面。威权主义者会把这个模式想象成一个交响乐指挥家在指挥，而他会确保每个人都演奏好自己的声部；无政府主义者则倾向于认为若每个演奏者都可以"即兴演奏"，随机应变，则可听到更加神圣的和谐之音。

但也有一些哲学家对这些权利和义务的体系感到厌倦，认为冲突是人类社会的常态，并试图探索如何能使自己所代表的一方占领高地。这些人总是看起来更现实，即使他们的观点有时会令人不安，这是因为他们只是将无人能免俗的经验概括出来。马基雅弗利就是这一学派的经典人物，他曾受到过很多无情的诋毁，原因是他碰巧是第一个用自然主义观点、采用朴素语言来讨论政治领域问题的人，而此前这一领域一直被超自然主义者所占据。[1]

---

1 奥利弗（F. S. Oliver）在他的《亚历山大·汉密尔顿》（*Alexander Hamilton*）一书中第 174 页对马基雅弗利的论述如下："在假定存在的条件下——即人和事物的本质——是不可改变的，他以一种冷静的、毫无道德的方式，就像一个讲解青蛙生物学知识的老师，来展示一位英勇而睿智的统治者如何竭尽全力让事情向着对自己利益和统治有利的方向发展。"

马基雅弗利声名狼藉,却拥有比其他政治家更多的信徒。他精准地描述了自治国家的生存技巧,这是他有那么多信徒的原因。他之所以恶名如潮,主要是因为他与美第奇家族"眉来眼去",每天晚上穿着"高贵的宫廷礼服",梦想着自己就是《君主论》中的"君主"。人们厌恶他见风使舵、唯利是图以及对美第奇家族的无耻歌颂。

在《君主论》最臭名昭著的一章中[1],他写道:"君主应该注意,绝不要让自己的言辞中缺少上述五种品质,这样,那些听到他和看到他的人就会认为他是仁慈的、忠实的、人道的、正直的和虔诚的。没有什么比这最后一种品质更重要的了,因为人们通常更多地通过视觉而非行动来判断,因为每个人都能用眼睛来看你,但能接触到你的人却寥寥无几。每个人都能看到你表现出来的样子,但很少有人能够真正了解你的内心,而少数人也不敢反对多数人的意见,因为多数人背后还有国家的威严可以保护他们;对于人的行动,尤其是那些很少会受到挑战的君主的行动,人们常常通过其导致的结果来对其进行判断……当今时代的一位君主,他的名字不便透露,除了和平与诚信,他从不宣扬任何其他理念,而这位君主实际上极为敌视这两点。但如果他固执己见,那么他的名誉和统治地位就会受到挑战而随时可能丧失。"

马基雅弗利的这个观点确实带有一定的讽刺和愤世嫉俗的色

---

[1] *The Prince*, Ch. XVIII. "Concerning the way in which Princes should keep faith." Translation by W. K. Marriott.

彩。但这个愤世嫉俗的人其实并不知道自己真正看到了什么，也不知道为何自己能看到这些东西。在马基雅弗利思考民众与君主运作模式时，认为"人们通常更多地通过视觉而非行动来判断"，这一点便说明了其判断的主观性。马基雅弗利的观点过于"直击靶心"，他甚至都无法"假装"承认：他同时代的意大利同胞们能够稳定且全面地看待这个世界。马基雅弗利不会沉溺于幻想，也不会凭空猜测人类已经学会了如何纠正自身的观点。

马基雅弗利发现，有些人的观点很难被纠正，而这个世界就是由这些人组成的。他们会以自己固有的方式看待所有的公共关系，因此他们会陷入永久的冲突。他们只看重自己个人、阶级、政府或市政层面的事务，实际上社会事务远远超出了他们的理解。他们只会看到与自己有关的部分，并认为自己看到的就是对的。但他们也会遇到其他同样以自我为中心的人，然后，这些人自身的存在感就因此受到了威胁，或者至少是出于某个不为人知的个人原因而让他们觉得自己的存在感受到了挑战。最终的结果牢固地建立在真实且个人的经验基础上，这使得基于此所采取的手段变得合理。为了拯救所有的理想，他们会牺牲其中任何一个理想……"人们都是通过结果来判断的……"。

马基雅弗利的这些观点与民主哲学家的观点产生了鲜明的对立。无论是有意识还是无意识，他们都知道政治知识的范围和人的自制力都必然有其局限性，而自给自足的国家在相互摩擦时就会出现剑拔弩张的情境。但他们坚信，人类拥有决定自身命运的意志，也渴望寻求和平非暴力的解决争端的途径。那么，民主哲学家怎样才能调和愿望和现实之间的矛盾呢？

他们环顾四周。在希腊和意大利的城邦，发现了腐败、阴谋和战争的编年史。[1] 在自己的城市里，他们看到了派系、虚伪和狂热。这不是民主理想能够繁荣发展的地方，也不是一群具备独立能力的人能够自发地管理自己事务的地方。他们看得更远，或许在让-雅克·卢梭的引导下，他们将目光放到了遥远而原始的乡村。那里的景象足以使民主哲学家相信理想就存于其中。尤其是杰斐逊，对此深有感触，并比其他任何人都更清晰地阐述了美国民主形象。推动美国革命胜利进程的力量源自城镇，将杰斐逊政党推上权力宝座的人们也同样来自城镇。在马萨诸塞州和弗吉尼亚州的农业社区中，如果不去注意那里还存在的奴隶制度，用你的"心灵之眼"去看，就会觉得这几乎就是民主未来的形象了。

"美国革命爆发了。"[2] 德·托克维尔说，"在乡镇中培育起来的人民主权学说开始在整个国家中盛行。"这当然影响着那些制定并传播民主制度的各种刻板印象的人的思想。"爱护人民是我们的原则。"杰斐逊写道。[3] 但他所爱护的人几乎只是拥有土地的小农场主。"那些辛勤耕耘的人，如果上帝真的有选民的话，他们就是上帝的子民，正是在他们的胸怀里，承载着上帝赋予的货真价实的美德。也正是因为有了他们及其沃土，上帝才能维持神圣之火的燃烧，

---

1 "民主制度向来充满骚乱和争吵的场面……通常，它们的生命期既短暂又终结得惨烈。"Madison, *Federalist*, No. 10.
2 *Democracy in America*, Vol. I, p.51. Third Edition.
3 引自 Charles Beard, *Economic Origins of Jeffersonian Democracy*, Ch. XIV。

否则这火焰可能从地面上消失。任何时代、任何国家都没有出现过耕种者道德败坏的现象。"

尽管他的感叹中包含了回归自然的浪漫色彩，但仍极具实际意义。杰斐逊认为，与其他任何社会群体相比，一群独立的农民更接近于自发民主的要求，这是正确的。但是，如果要保持这一理想，就必须把这些理想的社群与世界上那些可憎的事物隔离开来。如果农民要管理自己的事务，他们必须把事务限制在他们习惯管理的范围内。杰斐逊的结论在逻辑上是合理的。他反对工业生产、外贸活动、海军及无形资产等形式，并从理论层面反对不以小型自治团体为核心进行治理的任何其他政府组织形式。在他那个时代，有人批评过他，其中一人评论说："即便我们能自给自足，无所奢求，即便在现实中我们有足够的力量抵御每一个入侵者，但我们可能会永远保持这种乡村的陈腐状态，永远在这种自私自利的冷漠庇护下变得麻木不仁、庸俗不堪。"[1]

杰斐逊所塑造的民主理想，包括一个理想的环境和一个特定的阶级，这与他那个时代的政治学并不冲突，但与现实相冲突。当杰斐逊或激情四射或抱着赢得竞选的目的，以某种绝对的方式表述自己的理想时，人们很快就会忘记这个理论最初是在非常特殊的条件下诞生的。于是，杰斐逊的民主思想成了很多人的政治福音，并成为美国所有党派看待政治问题时无法绕开的刻板印象。

杰斐逊的民主思想之所以被当作信条，是因为在杰斐逊时代，

---

1 同上书，p.426.

所有人都认为舆论是自发的、客观的。因此，民主总是试图以这种方式来看待世界：人们只关心那些与他们的居住地有直接因果关系的事务。民主理论从未将自己置于广阔而不可预测的环境中。摆在民主理论面前的镜子是凹面的，里面映照出的民主影像被扭曲和限制。尽管民主主义者承认他们与外部事务也有联系，但他们坚定地认为任何超越最初设想的民主形式都对其构成威胁。这种担忧是明智之举。如果要民主自发地运行，那么民主的利益必须是简单易懂、易于管理的。如果只能依赖偶然经验获得信息，那么践行民主的条件就至少得和那些孤立的农村小镇差不多，环境也必须限制在每个人的直接和确定的知识范围内。

民主主义者意识到，对舆论的分析似乎表明：在处理不可见的环境时，决策"显然是随意做出的，而这当然不应如此"[1]。因此，他们总是试图以这样或那样的方式削弱这种不可见环境的重要性。民主主义者害怕对外贸易，因为涉及对外联系；他们不信任制造业，因为制造业会促进大城市的形成，带来聚集的人群；如果发展制造业不可避免，他们至少也想保护自给自足的小农经济利益。当民主主义者在现实世界中找不到这些条件时，他们就会满怀激情地走进荒野，建立与世隔绝的乌托邦社会。但实际上，他们口中呐喊的口号已经暴露了他们的狭隘偏见。他们主张自治、自决、独立，但这些理念却并不包含小自治群体或社区概念以外的内容。民主行动仅在一定区域范围内展开。在受保护的边界内，民主的

---

[1] Aristotle, *Politics*, Bk. VII, Ch. IV.

目标是实现自给自足和避免纠缠混乱。外交政策并不受限于这种规则，但在外交活动中却也有明显的表现，因为对人民而言，国境之外的生活比国内生活更加陌生遥远。正如历史所示，民主国家在外交政策上通常不得不在"辉煌的孤立"和违反其理想的外交手段之间做出抉择。事实上，最成功的民主国家，如瑞士、丹麦、澳大利亚、新西兰和美国，直到现在也没有具备欧洲大国那样完整的外交政策，即便像门罗主义这样的规则也是基于这种愿望产生的，即在大西洋和太平洋之间建立一个全是由不奉行任何外交政策的共和体制国家组成的缓冲区。

虽然危险的局势可能是专制政体存在的一个重要条件，甚至是必不可少的条件，[1] 但人们也看到，民主制度要想正常运转，还需要安定和谐的局势作为保障。自给自足的社群存在的前提是必须尽可能不受到干扰。局势不稳，人心不定。这意味着有些人会对你的生活造成影响，而你既无法控制他们，也无法与他们协商解决问题；也意味着有大量的力量在扰乱熟悉的例行程序，并不断提出迫在眉睫的新问题，对此必须迅速反应，做出打破常规的决策。每一个民主主义者骨子里都觉得这种危机与民主是不相容的，因为他们对大众的惰性心中有数：如果到了要迅速行动、必须由极少数人来决策的时候，其余的大部分人都会盲从。这并不意

---

[1] 费舍·埃姆斯（Fisher Ames）在 1800 年的民主革命中感到恐惧，于是在 1802 年写信给鲁弗斯·金（Rufus King）说："美国就像所有国家一样，需要外部有一个强大的邻国给我们施加压力。这个国家的存在将始终激发出比煽动者鼓吹的推翻政府更强烈的恐惧。"引自 Ford, *Rise and Growth of American Politics*, p.69。

着民主主义者会变成不抵抗主义者，却会导致所有的民主战争都打着维护和平的旗号。即使这些战争实际上是征服性的战争，人们也会真诚地相信，这些战争是为了捍卫人类的文明。

民主主义者在封闭土地上施行民主制度的种种尝试并非出于懦弱、冷漠，或者像杰斐逊的一个批评者所说的那样，愿意生活在僧侣般的戒律之下。民主主义者看到了一种辉煌的关于未来的可能性：即每个人都能充分发挥自己的潜力，摆脱人为的限制，自由成长。他们对统治艺术的了解，并不比亚里士多德高明多少，他们设想出了一个由自治的个人组成的社会，但只能是一个封闭而简单的社会。因此，如果民主主义者想要得出一个结论，即所有人都能自发地管理公共事务，那么他们就别无选择。

对民主主义者来说，之所以选择所有人都能自发管理公共事务作为前提，是因为这对他们的热切期盼来说是必要的，他们还得出了其他的结论。既然选择封闭而简单的社会是建立民主制度的必要前提，那么他们也就接受了这个前提：他们理所当然地认为每个人都同样有能力管理这些简单而独立的事务。若一个人的思想源于其意志，这种逻辑就会是令人信服的。此外，就大多数实际目的而言，全能公民的理论在农村乡镇也是成立的。村里的每个人迟早都会尝试去管理村里各种各样的事情。各行各业的人轮流担任公职。在民主刻板印象被广泛传播之前，全能公民的理论并未出现严重的问题。但在这种刻板印象流行之后，人们就习惯了在面对一个复杂的文明时，简单地将其看作一个封闭的村庄。

民主制度假定公民个人不仅能够处理所有公共事务，而且始终具有公益精神和不懈的兴趣，愿意为公共利益做出贡献。他们认为公民在乡镇里足够有公益精神，在那里他认识每个人，对每个人的事情都感兴趣。他们也认为公民在乡镇工作中的全情投入很容易就能演变成对任何事物都全情投入。因为正如我们所指出的，量化思维模式并不适合刻板印象。但是，理解这个问题还可以有另一种角度。既然假定每个人都对重要事务有足够的兴趣，那么也就是说只有每个人都感兴趣的那些事务才显得重要。

这意味着人们一般是根据他们头脑中不容置疑的图景形成对外部世界的认知的。这些图景往往是父母和老师灌输给他们的，很少能受到他们自身经验的修正。只有少数人有过跨州出差的机会，出国的人就更少了。大多数选民一生都生活在一个环境里，除了一些毫无影响力的小报、小册子、政治演说、宗教教育和谣言，他们只能凭空设想诸如商业和金融、战争与和平这种更为广大的环境。与基于臆想的舆论相比，基于客观报道的舆论比例其实是很小的。

因此，出于许多不同的原因，"自给自足"只是一种尚未成形的精神理想。在乡镇的物理隔离、拓荒者的孤独、民主理论、新教传统和政治科学等因素的共同作用下，人们会相信，他们必须从自己内心的良知出发，才能汲取出政治智慧。因此，人们耗费大量精力从绝对原则中推导出法律，也并不奇怪了。美国的政治思想必然是依赖其政治"资本"来维系和发展的。在法律中，他们找到了一套经过检验的规则体系，从中可以衍生出新的规则，而无须付出从经验中获取新真理的艰辛努力。这些公式变得如此神圣，以至每个有见地的外国观察者都对美国人民充满活力的实践能力与他们公共生活的静态死板之间的对比感到惊讶。对固定原则的坚定热爱是实现自给自足的唯一已知的途径。但这意味着一个社群关于外部世界的舆论主要是由一些刻板印象组成的，这些刻板印象是根据他们的法律和道德规范推导出来的，并因在日常生活经验中引发的情感而具有了向前的生命力。

因此，民主理论虽从赋予人类终极尊严的美好图景出发，但由于缺乏反映环境的科学知识工具，还是"被迫"要依赖选民所积累的智慧和经验。正如杰斐逊所说，"正是在他们的胸怀里，上帝赋予了他们真正的美德"。这些所谓的"被上帝选中"的人似乎了解他们面前的所有事实。这些人对周围的环境如此熟悉，想当然地认为，人们在谈论的基本上是同一件事。因此，真正的分歧只存在于对同一事实的判断里。无须担忧信息的来源问题，因为这些信息是显而易见且所有人都能平等获得的。也不必纠结最终标准问题，因为在一个自给自足的社会里，人们可以假定存在一种统一的道德规范。观念分歧的产生只限于一种情况下出现，即将公认的标准应用到人们普遍接受的事实。而且，由于推理能力也已经被标准化了，推理中的错误很快就会在自由讨论中暴露出来。因为人们相信，在这些"标准"下，自己可以通过言论自由而获取真理。社群可以把提供信息作为很自然的事。社群通过学校、教堂和家庭传递准则，并将从前提中得出结论而非找到前提的能力视作知识教育的主要目的。

第十八章

强力、委任和特权

"事情正如我们所预见的那样发生了。"汉密尔顿写道,"联邦的措施没有得到执行;各州的违法行为,一步一步升级到了极端的境况之中,最终使得国家政府运转停滞,陷入可怕的僵局。"[1]……这是因为"根据联邦条例,联邦的每一项重要措施,只有在获得13个不同主权州的同意后,才能得到有效实施"。如果不这样做,又能怎样呢?汉密尔顿还讲道:"若不那么做,那么代表不同利益的决策成员……就会从自身的立场去判断那些措施是否合适。他们就会考虑所提议或要求的事物是否符合他们的直接利益或目标;考虑一项政策的通过是否会带来短暂便利或不便。所有这些都是出于维护利益的目的,且带着一种审查的态度进行的,可在做那些决策的时候,决策成员对国家情况和各州情况却知之甚少,而这些对做出正确的判断至关重要。同时,从各自立场出发,几乎肯定会误导决策。同样的过程会在要做决策的每个

---

[1] *Federalist*, No. 15.

成员身上重复。而由全体议会定下的计划，在执行时，总是会因那些信息闭塞和充满偏见的成员的自由裁量权而产生波动。那些熟悉民主议会程序的人，非常了解在没有外部环境压力的情况下，就重要问题达成和谐决议是多么困难。他们也会很容易想象到，要说服许多这样的议会，让议会仔细考虑在不同的时间、不同的地点、不同的印象下，长久地为同样的观点和追求进行合作，是相当不可能的。"

正如约翰·亚当斯所指出的，国会被形容为"一个外交大会"，在革命领袖们与国会共历了10多年的风雨后，[1]他们获得了"有益但痛苦的一课"[2]，他们知道了当多个以自我为中心的社群纠缠在同一环境中时可能会出现哪些情况。因此，当他们在1787年5月去费城时，表面上是为了修改《十三州联邦宪法》，但实际上他们十分反对18世纪民主的基本前提。领导者们不仅有意识地反对当时的民主精神，如麦迪逊所说，他们感到"民主历来都是骚乱和争执的根源"，而且在美国国内，他们也决心尽可能地抑制自给自足环境中的自治社群理念的发展。他们亲眼看见过人们在可以自主管理事务的、凹面镜式的民主中的冲突和失败。在他们看来，要尽快恢复政府权力以对抗民主，只有政府才拥有做出国家决策并在全国范围内执行这些决策的权力。民主只是地方政府和某些阶级为了实现他们眼下的利益和目标而采取的自治方式。

1　Ford, *Rise and Growth of American Politics*, p.36.
2　*Federalist*, No.15.

他们在计算中无法考虑到这样一种可能性，即不同的群体在同一时间内会根据同一类事实采取行动。我们也只是才开始设想这种可能性，因为我们发现在世界的某些地方，新闻能自由流通，人们也能互通语言，但我们的设想也仅限于某些生活方面而已。在工业和世界政治领域中，自由意志联邦主义的概念还只是初具雏形，正如我们自己的经验所表明的那样，它对实际政治领域的影响还很少，影响程度也很小。一个多世纪之后的今天，连我们都还只能将其视为激励一代又一代人努力的精神动力，宪法的制定者就更没有理由接受了。汉密尔顿和他的同事们必须制订计划来建立国家政府，并非基于人们会因共同利益而合作的理论，而是基于以权力的平衡来保持各方利益的均衡，进而治理人民的理论。麦迪逊说[1]："必须用'野心'来对抗'野心'。"

与某些政治作家的设想正相反，革命领袖们并不打算平衡所有利益，那样会使政府陷入永久的僵局。实际上，他们打算让地方和阶级利益陷入僵局，以免其妨碍政府运行。麦迪逊写道[2]："在组建一个由人治理人的政府时，最大的困难就在于：首先要使政府能够控制被统治者，其次才是让政府能够控制自身。"因此，在非常重要的意义上，"制衡原则"是联邦主义领袖们针对舆论问题所采取的重要补救措施。他们认为，要想用"温和的行政方式"来代替"血腥的战争方式"，除了用一种设计精巧的机制来压制

---

1 *Federalist*, No.51, 引自 Ford, *Rise and Growth of American Politics*, p.60。
2 同上。

地方舆论，别无他法。[1]他们不知道如何操纵庞大的选民群体，也看不到在共同信息的基础上达成共识的可能性有多大。确实，当亚伦·伯尔在1800年借助坦慕尼协会的帮助控制了纽约市时，他给汉密尔顿上了令其印象深刻的一课。但是，汉密尔顿还没能吸取这一经验，就在与亚伦·伯尔的决斗中去世了，正如福特先生所说[2]，伯尔的手枪击碎的是联邦党的精神。

在起草美国联邦宪法时，"政治仍可以通过绅士之间的会议和协议来管理"[3]。汉密尔顿希望建立一个由绅士阶层管理的政府。当时他的意图是，只有当地方利益通过宪法的制衡机制达到平衡时，绅士阶层才能更好地管理国家事务。毫无疑问，作为绅士阶层的一员，汉密尔顿对自身阶层观念确实有所偏袒。但仅凭这一点并不能充分解释他的治国之道。当然，他对联邦的强烈热情是毋庸置疑的，而且，我认为，若说他建立联邦只是为了保护阶级特权，那就颠倒了事实真相，更确切地看，他其实一直在利用阶级特权来建立联邦。"我们必须接受人性，"汉密尔顿说，"如果我们期望某人为公众服务，我们就必须激发他愿意这样做的激情。"[4]他需要人来治理国家，这些人应该能够最迅速地把自己的激情与国家利益联系在一起，而绅士、公共债权人、制造商、船主和商人就正符合这一需要。[5]汉密尔顿通过一系列精明的财政措施让地方显贵

1　Federalist, No.15.
2　Ford, Rise and Growth of American Politics, p.119.
3　同上书，p.144.
4　同上书，p.47.
5　Beard, Economic Interpretation of the Constitution, 多处提到。

归附于新联邦政府,这可能是历史上采用精明手段来实现明确目标的最成功的案例了。

尽管制宪会议是闭门进行的,并且"可能只有不超过 1/6 的成年男性投票"支持通过宪法[1],但这个过程非常公开化,几乎没有任何掩饰。联邦主义者支持联邦制,而不是民主制,甚至"共和"这个词,在已担任 2 年多"共和国总统"的乔治·华盛顿听来也有些刺耳。这部宪法毫不掩饰地试图限制大众的权力。宪法规定,众议院是政府应该拥有的唯一民主机构,并严格限制了能参与众议院普选的选民的财产资格。即使如此,众议院依旧被联邦党人视作政府中最容易滥用权力的组成部分,也因此受到了参议院、选举团、总统否决权和司法解释的约束和制衡。

于是,就在法国大革命点燃全世界民众激情的时刻,1776年,美国革命家却推出了一部宪法,而这部宪法居然开起了历史倒车,尽可能地以英国君主制为榜样。但这种保守的做法无法持久。制定宪法的是少数人,他们的动机很难不受到怀疑。所以当华盛顿退休时,继任政权的人地位还不够稳固,无法在不可避免的继承权斗争中幸存下来。开国元勋们最初的计划与当时的道德观念之间差异太大,凡是精明的政治家都不可能不注意到这一点。

杰斐逊把他当选美国总统这件事称为"1800 年的伟大革命",但这场革命只是一场思想革命,并没有改变重大的政策,只是建

---

[1] Beard, *Economic Interpretation of the Constitution*, p.325.

立了新的传统。因为正是杰斐逊首先教导美国人民将宪法视为民主的工具，也是他塑造了美国人用以描述政治的许多语言、思想和措辞，并在民众脑海里形成了刻板印象。民主思想的胜利如此彻底，以至25年后，在联邦主义者的家中受到款待的托克维尔注意到，即使那些"因共和制而受了苦"的人，在公共场合也常常会"赞美共和政府和民主制度的优势"。[1]

尽管美国宪法的制定者们在设计和制定宪法时表现出了极大的智慧和深思熟虑，但他们未能预见到一个明显不民主的宪法终会引发民众的反对和不满。这种对民众统治权力的公然否定，为那些反对这种宪法的人，如杰斐逊，提供了攻击的目标。杰斐逊公然反对把政府的权力赋予那些"未开化"的民众，这与汉密尔顿等人的宪政观点本质上是一致的。[2] 联邦主义的领袖们是信念坚定的人，他们会直言不讳地阐述自己的观点。他们公开的和私下的观点几乎没有什么实质性的差异。但杰斐逊的思想充满了矛盾，这不仅仅是因为他的观点本身有缺陷——正如汉密尔顿及其传记作者所认为的那样，更是因为他既信仰联邦，也信仰自发的民主制度，而在他所处的时代，政治学还没有出现令人满意的理论来调和这两者之间的矛盾。杰斐逊在思想和行动上都陷入了困境，因为他构思出了一个全新而庞大的理念，但尚未有人能完全理解

---

[1] *Democracy in America*, Vol. I, Ch. X (Third Edition, 1838), p.216.
[2] 参见汉密尔顿对弗吉尼亚州宪法的规划，他对财产所有者组成的参议院的设想以及他对司法否决权的看法。Beard, *Economic Origins of Jeffersonian Democracy*, pp.450及后页。

其含义。这个理念就是人民主权，尽管在当时并未被清晰地理解，但它似乎意味着人类的生活层次将会得到极大的提升，因此任何公然否认人民主权的宪法都无法立足。可这些公然的否认也从人们的意识中被抹去了。尽管宪法表面上对民主制度做出了一些限制，但人们谈论和思考它时，却已然将其视为了直接统治的工具。实际上，杰斐逊认为，联邦党人篡改了宪法的原意，导致宪法不再符合其初衷和原则，联邦党人也不应再被看作宪法的撰写者了。所以，宪法在精神层面被重写了。这种重写，一部分是通过修正案，一部分是通过具体实践，就像修订总统选举团[1]的情况一样，但主要是通过另一套刻板印象来看待宪法的，而在这种刻板印象中，宪法已被认为不再具有维护寡头政治的作用。

美国人民开始将他们的宪法视为民主的象征和工具，并据此印象来对待宪法。这种观念具有鲜明的保守派特色，其形成在很大程度上归功于托马斯·杰斐逊的当选。可以合理地猜测，如果每个人都像宪法的起草者一样看待宪法，宪法就很可能会被暴力推翻，因为对宪法和对民主的忠诚似乎是不可兼容的。杰斐逊通过教导美国人民将宪法解读为民主的表达，解决了这一悖论。他做到这个地步便止步了。但是在大约25年后，美国的社会环境发生了巨大的变化，安德鲁·杰克逊继承了杰斐逊的政治理念和传

---

[1] 选举团（Electoral College）是美国总统选举中的一个独特机制。根据美国宪法第一修正案，总统和副总统由选举团投票产生，而不是由全民直接选举。——译者

统,并付诸实践,掀起了一场政治革命。[1]

这场革命运动的核心政治问题在于委任权。在创立政府的那些人看来,公职被视为一种财产,不能轻易受到干扰,而且毫无疑问,他们也希望这些职位能一直留在他们所处的社会阶层的手中。但是,民主理论的一个主要原则是全能公民主义。因此,当人们开始将宪法视为民主工具时,公职的永久性就显得不民主了。人们天生的野心与他们这个时代伟大的道德风貌和行为准则不谋而合。杰斐逊普及了民主观念,但并没有将其强有力地付诸实践。在每个来自弗吉尼亚州的总统的管理下,出于党派原因而被撤职的情况相对较少。直到杰克逊时代,美国才创立了政府公职委任制。

这对如今的我们而言虽然很奇怪,但短期轮换的原则确实曾被认为是一项伟大的改革。这不仅因为普通人可以借此担任一些职务进而获得新的尊严,也不仅因为少数社会阶层的垄断就此被摧毁,有才能的人得以走上职业道路,还因为"几个世纪以来,它一直被视为治理政治腐败的灵丹妙药",是防止官僚主义产生的唯一途径。[2] 快速更替公职人员的做法,其实是将从"自给自足的村庄"中得出的民主图景用于更广大地区的实践。

当然,委任制在整个国家范围中所产生的结果与它在民主理

---

[1] 对于汉密尔顿的观点与杰克逊的实践之间革命性变革的程度有所怀疑的读者,可以参考亨利·琼斯·福特(Henry Jones Ford)的《美国政治的崛起与成长》(*Rise and Growth of American Politics*)。

[2] Ford, *Rise and Growth of American Politics*, p.169.

论赖以为基础的理想社会中所产生的结果不同。它产生了一个意想不到的结果，因为委任制建立了一个新的统治阶层来取代联邦主义者。无意间，委任制为大批选民带来的影响与汉密尔顿的财政措施为上层阶级带来的影响是类似的。我们常常无法意识到，政府的稳定在很大程度上要归功于委任制。因为正是委任制使政治领袖不再过分依附于自给自足的社群，削弱了地方势力，将人们以某种和平的方式团结在一起。而正是这些参与国家大事的地方名流，如果没有共同利益将他们捆绑在一起，最终就会导致联邦分崩离析。

当然，民主理论本不是要创造一个新的统治阶层，它也从未接受过这样的现实。当民主主义者希望废除官职垄断，实行轮岗和短期任职时，他们想到的还是各行其是的乡镇，在那里每个人都可以从事公共服务，并且在任期结束后谦逊地返回自己的乡镇。民主主义者并不喜欢"特殊阶层"。他们的理想往往难以真正实现，因为他们的理论来源于理想环境，但面对的现实世界却很残酷。民主主义者越是深切地感受到民主的道德准则，就越沮丧地意识到汉密尔顿所说的是深刻的真理，即认知不同，相隔距离也不同的社群不可能在相同的观点和追求中进行长期合作。这一事实推迟了人们在公共事务中充分认清民主的进程，直到能让人们达成普遍一致的"艺术技巧"获得长足的进步。因此，在杰斐逊和杰克逊领导的革命期间，产生的委任制催生了两党制，取代了贵族统治，并使权力制衡成了一种纪律。这一切都是在不知不觉中发生的。

因此，轮换任职可能是表面上的理论，但在实践中，官职还是总在亲信之间轮换。官员的任期可能不会是永久的，但在任的却永远会是职业政治家。政府本身，如哈定总统曾经说过的那样，可能是简单的，但赢得选举却是复杂的，需要"表演"。公职人员的薪水可能像杰斐逊的一顿家常饭那般朴素，但政党组织的收支和当选后的回馈却十分可观。民主的刻板印象控制着看得见的政府，但是民主规训、纠正美国人民并让他们适应现实环境的过程，却是不会被看见的，即使每个人都知道存在这一事实。只有法律的文字、政治家的演讲、政纲宣言和正式的行政机构才真正符合民主的原始形象。

如果问一个有哲学头脑的民主主义者，在以自我为中心的舆论高度发展的情况下，这些自给自足的社群是如何合作的，他就会指向国会所采用的代议制。不过，没有什么会比发现代议制政府的声望在稳步下降，而总统的权力却在增长更让他感到吃惊的了。

一些批评家把这种变化归因于美国历来"只派地方名流到华盛顿参政"的习俗。他们认为，如果国会能由全国的知名人士组成，首都的生活将会更加辉煌。当然，如果退休的总统和内阁官员都能效仿约翰·昆西·亚当斯，那也会是一件非常好的事情。但少几个这样的人并不能代表国会就会陷入困境，因为国会的衰落始于它相对还是政府中最显赫的部门之时。事实上，情况可能恰恰相反，国会之所以不再吸引杰出人士，是因为它失去了对国家政策制定的直接影响。

我认为，国会这种世界性的公信力扫地的主要原因在于，众议院里的议员们实质上就像是一群生活在广阔无垠、未知世界中的盲人。除了一些例外情况，宪法或代议制政府在理论上承认的唯一能使国会了解情况的方法，就是与各选区交换意见。国会没有系统化的、合适的和权威的方式可以用来了解世界上正在发生的事情。其理论是，每个地区最优秀的人都会把选民最睿智的想法带到国会的核心位置，所有这些人的智慧结合起来就是国会所需要的全部智慧。因此也就没有必要质疑表达地方意见及交换这些地方意见的价值了。在大陆国家，国会作为一个意见交流的自由场所，具有极大价值。在国会大厦的衣帽间、酒店大堂、公寓里，在国会太太们的茶话会上以及在华盛顿大都会区的各种会客室中的巧遇，新的愿景和更广阔的视野都会展现在人们眼前。但是，即使这一理论真的得到了应用，而且就算各地区总是能派出最明智的人，把地方精英汇聚到一起也并不足以构成用来制定国家政策的广泛基础，更不足以用来控制外交政策。由于大多数法律的实际效果是只可意会不可言传的，所以不能通过地方人的心态和当地经验来理解它们。只能通过十分小心地完成的报告和客观的分析才能了解法律。就像一家大型工厂的厂长不能通过与领班交谈来了解工厂的效率，而必须检查成本表和数据，只有会计师才能为他挖掘出这些数据，同样，仅仅将地方图景拼凑在一起，立法者也是不能真实地了解国家状况的。他需要了解当地的情况，但除非他拥有标准化处理这些图景的能力，否则这些图景看起来就都一样，而且很可能每个看起来都比上一个更好。

总统确实会通过发表国情咨文来协助国会了解国家情况。他之所以能够做到这一点，是因为他管理着大量的政府机构和代理人，这些机构和代理人既负责报告工作，也会做出相应的行动。但总统告诉国会的内容也是经他选择过的，因为他不能让自己处于可能会被质问的处境中，符合公众利益的审查权须得掌握在他手中。这是一种完全片面而棘手的关系，有时甚至会达到荒谬的地步，比如国会为了获得一份重要文件而去求助芝加哥一家报纸的媒体人，或是盼着获得某位下级官员佯装大意而放出的口风。立法者与他们要了解的必要事实之间的联系是如此糟糕，他们不得不依赖私人小道消息，或是依赖那种合法化的暴力武器——国会调查。在这种调查中，饥饿的国会议员"饥肠辘辘"，急于寻求"食物"，会进行疯狂的"猎捕"，寻找罪魁祸首，甚至到了"吃人"的地步也不会停下来。

除了通过国会调查产生的少量结果，行政部门偶尔的沟通，私人收集的有利害关系或无利害关系的数据，国会议员阅读的报纸、期刊和书籍以及一种向州际商务委员会、联邦贸易委员会和关税委员会这样的专家机构寻求帮助的新颖而优秀的做法，国会意见通常都具有排外性。由此可以得出结论，要么具有全国性质的法律是由少数消息灵通的内部人士制定的，并通过党派力量将其付诸实施；要么法律就会被分解成一系列地方性条款，其中每一项都是根据各地区的情况而制定的。关税税则、海军船坞、陆军哨所、河流港口、邮政系统、联邦建筑、养老金和官员委任……这些都被提供给国会的"凹形社群"，并被作为有益于国家生活利益的琐碎证据。作为"凹形社群"的一分子，某些政治家或政府官员无法看清实际情况，他们更容易看到那些用联邦资金建立起来以提高当地房地产价值、创造更多就业机会的白色大理石建筑，而不是评估"猪肉桶"（联邦资金用于地方项目的政治手段）的累积成本。因此，可以公平地说，在一大群来自全国各地的国会议员中，每个人只对自己所在的选区有实际的了解，而在处理跨地区事务时，大多数国会议员或许想都不想就直接拒绝或接受了，不会提供任何创造性的意见。只有在制定一系列与本地问题有关的法律时，他们才会仔细地参与其中。因为一个没有有效信息和分析手段的立法机构必然会在盲目的规律性（偶尔的叛乱会减弱这种规律性）和互投赞成票之间摇摆不定。这种摇摆不定的行为使这种规律性变得可接受，因为正是通过这种摇摆不定的行为，国会议员才能向他所在地区的选民证明，他正在按照选民的想法关照着他们的利益。

这不是个别国会议员的错，除非他对此沾沾自喜。就算是最聪明、最勤奋的议员代表也不可能理解他投票支持的法案的每一处细节。他能做的至多就是专攻少数法案，然后在其余法案上听取别人的观点。我曾认识一些国会议员，在钻研某个主题时，他们会像参加期末考试一样通宵达旦努力学习，喝很多黑咖啡提神，用湿毛巾擦汗等。他们要挖掘信息，费劲地整理和核对事实，而在任何有组织性地构建起来的政府中，这些信息本应以适合决策的形式轻松获得。等他们真正了解了一个主题，焦虑也随之而来。因为在他们的家乡，编辑部、商会、中央联邦工会和妇女俱乐部等组织或群体并不会花费精力去深入了解国会议员的工作，而是选择通过时刻盯着他们的一举一动来评判国会议员的表现。

正如委任制使政治领袖依附于国家政府，多样化的地方补贴和特权服务对以自我为中心的社群也起到了同样的作用。委任制和以权谋私的做法结合在一起，让成千上万种特别的观点、地方的不满情绪和私人野心汇聚到一起且稳定共存。除此之外，只有两种选择。一种是基于恐怖和服从的政府，另一种则是具备高度发达的获取信息、分析信息的机制的政府，这种政府还拥有一种自觉意识，就是使所有人都能清晰地掌握"有关国家形势和国家利益的知识"。独裁制度正在衰落，自由主义还处于发展的初期，因此，在评估大规模结盟群体的发展前景，如国际联盟、工业政府或联邦国家联盟等时，确实存在一个能用以衡量人们所具备的民主程度的标准。这个标准决定了合作在多大程度上取决于武力，或另一种更温和的武力替代品——委任制和特权。像亚历山大·汉密尔顿这样伟大的国家建设者的秘诀正是他知道如何运用这些原则。

第十九章

换汤不换药：行会社会主义

每当以自我为中心的群体之间的争吵变得令人难以忍受时，过去的改革者就会发现自己不得不在两条道路之间做出抉择。他们可以选择走罗马的老路，把罗马式的和平强加给交战的部落；他们也可以选择走孤立、自治和自给自足的道路。几乎在所有的情况下，他们都会选择自己从没有走过且相对陌生的那条路。如果他们尝试过帝国的沉闷单调，他们就会珍视自己社群里那简单的自由，并认为自由胜过其他一切。但是，如果他们发现这种简单的自由可能会因为内部的嫉妒和争斗而无法充分利用其资源或实现其潜力，从而"在狭隘的嫉妒中被浪费掉"，那么他们就会渴望一个强权的国家所拥有的那种对广阔领土的控制权。

无论选择哪条道路，在本质上改革者所面临的困难都是一样的。如果把决策权下放，那他们很快就会陷入因地方意见不一而导致的混乱之中。如果决策权集中，国家的政策就会建立在首都一小群社会精英的意见之上。在任何情况下，武力都是必要的，以此才能捍卫一个地方的权利，保护其免受另一个地方的侵犯，将法律和秩序强加于地方，抵制中央的阶级统治，确保整个社会（无论是集中制还是分权制）能够抵御外来野蛮人的侵犯。

现代民主和工业制度都诞生于一个反对国王、王权政府和经济管制体制的时代。在工业领域，这种反抗采取了极端权力下放的形式，即自由放任个人主义。每个经济决策都是由涉及财产所有权的人做出的。几乎所有的东西都有其所有者，因此就总会有人进行管理。这是极端的大众主权。

新政府的经济治理方式符合所有人的经济哲学，尽管这种经济治理方式也受到恒定不变的政治经济学法则的制约，但是这些法则最终也将产生和谐的局面。它带来了很多美好辉煌的成就，但也制造了大量的龌龊污秽之物，从而引发了历史的倒退。托拉斯就是龌龊之物的一种代表，托拉斯在工业领域内建立了一种罗马式的和平，这种和平是通过镇压地方不同势力而实现的，而在工业领域外则建立了一种罗马式的掠夺性帝国主义。人们对此感到不满，因此向立法机构寻求帮助，呼吁建立以乡镇农民为基础的代议制政府，借以规范和监管那些权力极大的公司。工人阶级转向劳工组织。随后出现了中央集权不断加强、军备竞赛愈演愈烈的情况。各大托拉斯互相勾结，行业工会互相联合掀起了工人运动。华盛顿的政治体制在改革者的努力下，在与大企业的抗衡中逐渐壮大，而各州的政治体制却日渐式微。

在这一时期，从马克思主义左派到以西奥多·罗斯福为代表的新民族主义者，几乎所有的社会主义思想流派都把中央集权视为演变的第一阶段，这种演化最终将使商业领域里那些具有极大权力的企业被政治国家所控制。虽然这种演化除了在战争期间曾持续过数月，从未真正发生过。不过，这已经足够了。紧接着，风向一转，出现了反对全能国家，转而支持新的多元主义形式的浪潮。但这一次，社会不再回到亚当·斯密的"经济人"理论和托马斯·杰斐逊的以农场主利益为本的理论所推崇的原子个人主义[1]，而是回到了自愿组织的分子个人主义[2]。

有趣的是，所有这些风起潮涌的理论都承诺会创建一个世界，在那个世界中，没有人会为了生存而跟随马基雅弗利。它们都是以某种形式的强制手段建立起来的，都是为了维持自己的地位而实施的强制手段，而最终也会由于那些强制手段而被人们所抛弃。然而，这些理论实际上都是排斥强制高压统治的，不会把强制高压统治当作理想状态，不论是某种形式的武力，还是特权、委任权等。个人主义者说，自身关于个人利益的觉醒会带来内部和外部的和平。社会主义者确信侵略的动机会消失，新的多元主义者也有同样的愿望。[3] 除了马基雅弗利的理论，几乎所有的社会理论都反对强制高压统治。任何试图使人类生活理性化的人都会自然而然地排斥强制高压统治，因为它是荒谬的、难以言表的、无法控制的。

为了避免与强力之间的激烈冲突，一个聪明人有时会不择手

---

[1] 指个体被视为独立的、原子式的存在，强调个体的自主性和独立性。杰斐逊强调农民的独立性和自给自足。——译者

[2] 用来描述个体不再是孤立的，而是作为更大社会结构（如自愿组织、社区等）的一部分存在。——译者

[3] 参见 G. D. H. Cole, *Social Theory*, p.142。

段,这一点从 G.D.H. 柯尔先生关于行会社会主义(基尔特社会主义)的著作中就可以看出。他说:"国家主要是强制的工具。"[1] 在行会社会主义社会中,虽然不会有主权权力,但会有一个协调机构。他把这个协调机构称为公社。

然后,他开始详细列举公社具有的权力。最主要的一点就是,公社不是一个用于强制和控制的工具[2]。公社能解决价格争端,有时它会定价,分配盈余或分配损失;它会分配自然资源,并控制信贷的发放;它还会分配公共劳动力,批准行会和公务员的预算;它会征税;所有收入问题也均属于其管辖范围;它会将收入分配给社群的非生产性成员;它是行会之间所有政策和管辖权问题的最终仲裁者;它颁布宪法法律,规定职能机构的职能;它任命法官;它赋予行会强制权力,并在行会章程涉及强制时予以审批;它宣战并缔结和平;它控制国家武装力量;它是该国在海外的最高代表;它解决民族国家内部的边界问题;它建立新的职能机构,或将新的职能分配给旧的机构;它管理警司部门;它会制定必要的法律来规范个人行为和个人财产。

这些权力不是由一个公社行使的,而是由地方和省级公社组成的联邦结构行使的,位于顶端的是国家公社。当然,柯尔先生坚持认为公社不是一个主权国家,他的观点也得到了很多人的推崇。但是,如果对于现在很多政府仍然享有强制力这一现状,柯

---

[1] Cole, *Guild Socialism*, p.107.
[2] 同上书, Ch. VIII.

尔先生选择有意无意地忽视，那么他的观点对我来说就还是难以想象的。

然而，他告诉我们，行会社会主义社会将是非强制性的："我们希望建立一个根据自由服务精神而非强制精神进行构想的新社会。"[1] 因此，所有抱有这一希望的人，都密切关注行会社会主义计划中所承诺的将强制性降至最低限度的内容，尽管当今的行会成员仍为其公社保留了广泛且具有强制力的权力。人们立即认识到新社会无法获得人们的一致认同而难以实现。柯尔先生过于坦率，所以他并没有回避在社会过渡期间仍需要强制因素的观点。[2] 虽然他难以预测内战可能会爆发多少次，但他明确表示必然有一个时期，工会会直接采取行动。

但抛开过渡问题以及过渡期对未来行动的影响，如果人们已经开辟了一条道路，通往光明之地——假设就是行会社会主义社会，那么让我们来思考一下什么才能使这种非高压强力统治的社会运作良好。

柯尔先生对此提供了两个答案。首先是正统马克思主义者所持的观点：废除资本主义财产将会消除侵略的动机。然而，他并不完全相信这一点。因为如果他相信的话，他就会像大多数马克思主义者一样，一旦工人阶级掌权，就不会太关心工人阶级是如何管理政府的。但柯尔先生极为关心革命后的社会是该由国家集

1　Cole, *Guild Socialism*, p.141.
2　参见 Cole, *Guild Socialism*, Ch. X。

体主义、行业公会、合作社团、民主议会来治理,还是由职能型的代议制政府来治理。事实上,作为一种新的代议制政府理论,行会社会主义正在引起人们的关注。

行会社会主义者并不指望资本主义财产权的消失会带来奇迹。他们所期望的是,一旦收入平等成为规则,社会关系将发生深刻变化,这当然非常正确。但是,在我看来,行会社会主义者在这方面不同于正统的俄罗斯共产主义者:他们提议通过无产阶级专政的方式建立平等,认为人们一旦在收入和服务上都能平等,他们就会失去侵略的动机。行会社会主义者也提议用武力建立平等,但他们足够精明,知道如果要维持一种平衡,他们必须建立一种能维持这种平衡的制度。因此,行会社会主义者对他们所相信的这种新的民主理论充满了信心。

柯尔先生表示,他们的目标是"建立一套正确的机制,并将其尽可能调整得适应人们社会意愿的表达"[1]。这些意志需要能在"各种形式的社会行动"中得到自我表达的机会。这些话背后的真正动力是行会社会主义者的民主激情,是提升人类尊严的愿望以及这样一个传统假设:只有每个人的意志都能在影响其的各项管理政策中体现出来,人类的尊严才能得到维护。因此,与早期的民主主义者一样,行会社会主义者也在寻找一个可以实现其自治理想的环境。从卢梭和杰斐逊时代到现在,已经过去了100多年,人们的兴趣中心也从乡村转移到了城市。新的民主主义者再也无

---

[1] Cole, *Guild Socialism*, p.16.

法将理想化的乡村城镇当作民主的形象。他们现在转向了车间工厂。"合作精神必须在最能发挥作用的领域得到自由发挥。显然工厂就是这样的领域，人们有在工厂共同工作的习惯和传统。工厂是工业民主最天然和最基本的单元。这不仅意味着工厂必须尽可能自由地管理自己的事务，而且意味着工厂的民主单元必须成为行会更大民主的基础，而行会的各大治理机构也要尽可能以工厂代议制为基本原则。"[1]

当然，工厂是一个非常松散的词，柯尔先生口中的工厂其实是矿山、造船厂、码头、车站和每一个能被看作"普通生产中心"的地方。[2]但从这个意义上讲，工厂与工业是完全不同的。按照柯尔先生的设想，工厂应该是一个人们能真正亲身接触的工作场所，一个小到所有工人都能直接了解的环境。"如果要实现这一民主，它必须深入行会的每一个成员心中，并能由他们直接行使民主权。"[3]这一点很重要，因为柯尔先生和杰斐逊一样，正在寻求一个自然的政府单位。唯一的自然单位就是那种每个人都非常熟悉的环境。现在，一个大工厂、铁路系统、大煤田，在这个意义上都不能算是一个自然单元。除非它确实是一个非常小的工厂，柯尔先生真正考虑的其实是车间工厂。因为人们可以假定，只有在那里人们才有"共同工作的习惯和传统"。其他的工厂或是工业，都只是一个需要推断的、无法让工人们直接了解的环境。

1　Cole, *Guild Socialism*, p.40.
2　同上书，p.41.
3　同上书，p.40.

众所周知，在车间工厂内部所谓的自治，纯粹就是对那些"一目了然"的内部事务进行管理而已。[1]但对于什么能被看作所谓的"内部事务"，人们还是会产生争议。显然，像工资、生产标准、采购、产品销售、更大的工作规划这样涉及大量利益的事务，绝不能算是纯粹的内部事务。车间民主拥有自由，但是受到来自外部的巨大限制条件的约束。它可以在一定程度上处理车间布置的工作安排，处理个人的脾气和秉性，调节一些小纠纷，并在稍大一点的个人纠纷中作为初审法院行事。最重要的是，它可以作为一个单位与其他车间工厂甚至整个工厂进行交涉。但孤立是不可能的。工业民主单位在处理外交事务时，往往会混乱不堪。管理这些对外关系正是对行会社会主义理论的严峻考验。

如果要处理好外交事务，就需要一个代议制政府，这个政府必须按照联邦秩序组建，要涵盖车间、工厂、工业、国家，同时还需要有地区代表团体介入。但整个体系都源于车间，所有的优越性都归功于这个源头。柯尔先生称，那些经历了一轮又一轮选举而最终获选的代表，能够"协调"和"管理"车间，他们都是由真正的民主选举产生的。因为他们最初来自一个自治的单位，所以整个联邦机构都将受到自治精神和现实的鼓舞。代表们将致力于让工人们按照"他们自己理解的实际意愿"行事[2]，其实也就是在车间的环境下个人所理解的意愿。

1　Aristotle, *Politics*, Bk. VII, Ch. IV.
2　同上书，p.42.

参考历史，如果一个政府真的基于上述原则运作，要么会陷入无尽的拉拢吹捧之中，要么就会因车间相互争斗而陷入混乱。虽然车间里的工人可以对车间内的事务发表真实的意见，但他们对于车间与工厂、行业和国家之间关系的"意愿"却受到各种限制，包括认知范围的限制、刻板印象的限制以及围绕着自我中心主义而形成的个人利益的限制。在车间的经历充其量只能使工人注意到整体中的某个方面。他对车间内事务的判断可以通过直接了解基本事实而做出。他若以个人在车间内获得的有限经验出发，对外部复杂的大环境进行判断，那么他的观点就有很大可能会是错误的。根据经验，行会社会主义者会发现，他们也会面临像今天的工会高级领袖一样的困境，在很多需要他们做出决策的问题上，根本就没有能被车间工人"所理解的真实意愿"。

然而，行会社会主义者坚持认为，这种批评是盲目的，因为它忽视了一项重大的政治发现。他们会说，认为各车间代表会在许多车间自身没有意见的问题上按照自己的观点做出决定，或许确实如此。但这也陷入了一个古老的谬误：你在寻找一个能代表一群人的人，而这样的人是不存在的。唯一可能的代表是"为某些特定功能"[1]行事的代表，因此每个人就必须尽力选择尽可能多的代表，这样才能让"各种不同的基本职能都得以履行"。

让我们假设一下，假如代表们不是为车间里的工人说话，而是为人们感兴趣的某些"职能"说话会怎样。请注意，如果他们

1　Aristotle, *Politics*, pp.23-24.

没有忠实地践行工人群体有关"职能"的真实意愿,他们就是不忠于民主。[1]这些肩负不同"职能"的代表在一起开会,他们的任务是互相协调和监管,确保社会上的一切都能正常运转。但若我们假设车间之间存在观点冲突(如果没有冲突,就不需要协调和监管了),那么每个评判者是如何评判对方的提案的呢?评判的标准又是什么呢?

民主机制的独特优点就在于,人们可以根据自身利益进行坦率的投票。所谓"自身利益"源自每个人的日常经验。在自给自足的群体内部,他们可以据此行事。但在对外关系上,作为一个整体或其代表需要处理的问题是超越直接经验的。小小的车间并不会自发地形成对整个局面的一致看法。因此,车间对其在行业和社会中的权利和义务的看法,其实是受到教育或宣传的影响而形成的,并不是这个群体自发产生的。无论行会成员选举出了代表还是发言人,他们都无法脱离正统民主的框架。不论是整个群体,还是当选的发言人,都必须超越直接经验的限制来拓展自己的思路。他们既要对其他车间提出的问题进行表决,也要对整个行业范围以外的问题进行表决。车间的主要利益并不能概括整个工业职业的职能。职业、大行业、地区、国家的职能只是概念,而不是一种直接经验,是被想象、发明出来的,也是需要教导并让人们相信的。即使你已经尽可能小心翼翼地定义职能了,若你承认每个车间对这种职能的看法不一定与其他车间的看法一致,

---

[1] 参见本书第五部分,"共同意志的形成"。

你也会说，持不同利益的一方代表应该关心其他利益方的代表提出的建议，也就是关心大家的共同利益。在投票时，你选择的这个人不仅能代表你本人的"职能观"（这是你所知道的第一手资料），还体现着你对他人的"职能观"所持的观点。这样一来，这种投票就和正统民主的观念一样含混不清了。

在行业社会主义者的脑海中，他们已经通过充分发挥"职能"这个词的作用，解决了如何让大家考虑共同利益的问题。他们构想了一个社会，其中，世界上所有的主要工作都被分解成了不同的"职能"，而这些"职能"又能和谐共存。[1] 他们假定，整个社会的目的基本上是一致的；每个有组织的团体在实现这些目的上所采用的方式，基本上也是一致的。因此，他们借用了在天主教封建社会中产生的一种社会机构来命名他们的理论。但行业社会主义者应该记住，封建社会的智者所假定的"职能机制"并不是如今的庸俗之辈可以实现的。目前尚不清楚行会社会主义者会以何种方式让这个方案在现代世界中得以实施并被接纳。有时，他们似乎认为这一机制将由工会组织发展而来，有时则认为公社会定义群体的宪法职能。对于群体能否明确定义自己的职能这一问题，他们选择相信或是不相信，都会产生相当大的实际影响。

无论哪种情况，柯尔先生都认为社会可以通过一种社会契约来维持，这种社会契约所基于的是"不同基本职能群体"的共同理念。那么，人们如何识别这些不同的基本职能群体呢？据我所

---

[1] 参见 *op.cit.*, Ch. XIX。

知，柯尔先生认为职能就是一群人都感兴趣的东西。"民主机制的本质在于，一个人应该根据他的兴趣来多次谋算其职能。"[1] 现在，"兴趣"这个词至少有两种含义。你可以用它来表示一个人被卷入了某件事中，也可以用它来表示一个人的思维被某件事所占据。例如，约翰·史密斯可能对斯蒂尔曼离婚案非常感兴趣，他可能读过每期新闻的每一个字。反观年轻的盖伊·斯蒂尔曼，尽管其合法性受到威胁，他却可能根本没有费心去关注这件事。约翰·史密斯对一件不影响他"利益"的诉讼感兴趣，而盖伊对一件将决定他整个人生道路的诉讼却一点也不感兴趣。柯尔先生所说的"兴趣"恐怕更贴近于约翰·史密斯的情况。柯尔先生在回答那些针对他的行为社会主义理念的"非常愚蠢的反对意见"时指出，按职能投票其实就是高频率的投票选举："如果一个人对投票不感兴趣，而且无论如何都无法激起他投票的兴趣，那么弃权比盲目和无兴趣地乱投票更符合民主。"

柯尔先生认为，无知的选民"放弃了投票的权利"，由此可推论，有认知的选民是因为有兴趣才投票的，而正是他们的兴趣界定了职能。[2] "因此，布朗、琼斯和罗宾逊每个人不应该仅有一票，而是看他们对多少需要集体行动的不同议题感兴趣，就给他们多少选票。"[3] 我相当怀疑，柯尔先生是否认为布朗、琼斯和罗宾逊等

---

[1] *Social Theory*, p.102 及后页。

[2] 参见本书第十八章。"既然假定每个人都对重要事务有足够的兴趣，那么也就是说只有每个人都感兴趣的那些事务才显得重要。"

[3] *Guild Socialism*, p.24.

人有资格参加任何他们声称感兴趣的选举,也怀疑到底是哪些人可以"挑选"出人们有权感兴趣的职能。

如果有人问我,我相信柯尔先生理论中的什么内容,我会说,我相信的是:柯尔先生通过一个极其奇怪的假设巧妙地解决了一个问题,即他假设那些没有受过教育的"无知"选民自动放弃了自己的投票权;并且他相信自己得出的结论,不管"职能选举"是由上级安排的,还是一个人在对投票感兴趣时才根据投票的原则"从下而上"自发形成的,最后只有受过教育、"有认知"的人才会投票,这个制度就是如此发挥作用的。

但是"无知"选民也可分为两种。一种是"无知"且心里清楚自己"无知"的人。这种人通常较为开明,所以主动放弃了自己的投票权。但是也有那种"无知"却并不认为自己"无知",或者对此毫不在乎的人。如果政党机制运转正常,这种人就总是可以去投票,而他们的投票也正是整个机制正常运作的基础。既然行会社会主义制度的公社在税收、工资、价格、信贷和自然资源方面拥有巨大的权力,那么此时再去假设这种选举不会像资本主义制度下的选举那样激烈,是十分荒谬的。

人们表达兴趣的方式并不会限定职能性社会的职能。还有两种方式可以定义"职能"一词。一种是由工会来定义,工会曾为使行会社会主义成为现实而斗争。这种斗争会使一些人以某种功能上的联系紧密团结在一起,而这些人随后会成为行会社会主义社会的既得利益者。

其中一些人,如矿工和铁路工人,意志坚定,并且可能坚信他们从与资本主义的斗争中学到的"职能观"。在社会主义国家，某些地位重要的工会成为政府凝聚力的中心，这完全是可能的。但是，行会社会主义将不可避免地发现他们还要解决一个棘手的问题：直接的武装行动虽然可能会暴露他们的战略力量，但至少他们的一些领导人不会在自由的祭坛上轻易地把这种力量献上。为了"协调"他们，行会社会主义就不得不将各工会的力量集中起来。而且我认为，人们很快就会发现，行会社会主义的激进分子会要求建立更强势的公社，这些公社足以定义行会的职能。

但是，如果你要让政府（公社）来定义职能，那么行会社会主义理论的前提就消失了。须得保证职能方案是井然有序、运转良好的，才能让那些封闭、视野狭窄的车间自愿地把自己与社会联系起来。

如果在每个选民的脑海里都没有一个确定的职能方案，那么在行会社会主义制度下，他们将个人观点转变为社会判断的办法，就与在正统民主制度下的模式一样，没什么区别。当然，也不可能有这样一个明确的方案，因为，即使柯尔先生和他的朋友们设计了一个好方案，作为所有权力来源之基础的"车间民主"，也会根据自己所了解的和所能想象的内容来判断这个方案在运行中的情况。

行会社会主义者会以不同的方式看待这个方案。因此，在行会社会主义制度下，就像在其他社会制度中一样，尝试去定义这个方案应该是什么，而不是将这个方案视为行会社会主义的骨架，才是政治的主要事务。如果我们赞同柯尔先生的职能方案,那就相当于我们全盘接受他所说的一切。不幸的是,他将一个行会社会主义本应推导出的东西,本末倒置地塞入了这一理论的前提中。[1]

---

[1] 还有一个问题是我为什么选择柯尔先生的书,而不是西德尼·韦伯(Sidney Webb)和比阿特丽斯·韦伯(Beatrice Webb)更严谨的《社会主义英联邦宪法》(*Constitution for the Socialist Commonwealth of Great Britain*)。我非常钦佩那本书,但我无法说服自己。在我看来,柯尔先生的书更真实地体现了社会主义运动的精神,因此是一个更好的论据。

第二十章

新的图景

我认为，这个教训相当明确。在缺乏有效的环境反馈制度和教育理念的情况下，公共生活的现实与以自我为中心的观点截然相反，舆论很难真正说清楚公众的真实需求和利益。在这种情况下，往往只有特权阶层才能处理这些公共利益，而这群人的个人利益总是超越其所在地方的势力。这个阶层本质上也是不负责任的，因为他们在处理问题时，并不依据公众的共同财产做决断。他们的地位之高更是公众难以想象的，公众通常也只能根据既成事实对其进行追责。

民主理论认为个人的自我表达（或以自我为中心的观点）足以实现良好的治理，这便导致他们陷入了理论与实践之间的永恒冲突之中。根据该理论，人要想获得全面的尊严，那么其意愿就应该如柯尔先生所说，需要能"在每一种社会行动中"表达出来。表达自己的意愿是出于人的一种强烈欲望，因为民主理论认为这是人本能就拥有的统治技能。实际上，个人的自我决定只是人性的众多需求之一。人们除了希望掌控自己的命运，还追求许多其他的目标，如对优质的生活、和平、摆脱负担等的渴望。在民主制度的最初假设中，人们认为，每个人的意愿的表达不仅会自发地满足他们的自我表达欲，还会满足他们对美好生活的渴望，因为在美好生活中表达自我是人的天性。

因此，重点一直放在表达意愿的机制上。"民主的黄金国"是一个完美的环境，在那里有完美的投票和代表制度，每个人天生的善良意愿和本能的政治智慧都可以转化为实际行动。在闭塞的地区和短暂的时间内，环境与世隔绝，并且充满机遇，这些条件有利于民主理论的良好运作。这也让人们确信，民主理论在任何时候和任何地方都是可靠的、健全的。然后，当与世隔绝的状态结束，社会变得复杂，人们必须紧密地相互适应时，民主主义者便开始花费时间试图设计更完美的投票机制，希望像柯尔先生所说的那样，把机制调整好，并尽可能地令其符合人们的社会意愿。尽管民主主义理论家忙于此，却忽视了人性的实际意愿。他们全神贯注于一种兴趣：自治。人类会对各种事物感兴趣，比如秩序、权利、社会发展、视听享受以及娱乐。如果自发的民主不能满足这些需求，那么对大多数人来说，它就显得空洞无物。因为成功的自治并不是一种本能的技艺，人们并不会长久地渴望自治本身。其实，他们渴望的是自治带来的结果。这就是为什么自治的冲动总是在抗议恶劣条件时最为强烈。

民主的谬误在于过于关注政府的起源，而忽视了治理的过程和结果。民主主义者一直以来都认为，如果政治权力能够以正确的方式获得，那么它对人们而言就是有益的。他们的全部注意力都集中在权力的来源上，因为他们相信，最重要的是表达人民的意愿，首先是因为表达是人类最高的利益，其次是因为他们认为意志天然具有"向善"的特质。但是，正如无论对河流的源头进行多少监管，都无法完全控制河流的流向一样，当民主主义者专注于寻找一个好的社会权力起源机制，即好的投票和代表机制时，他们几乎忽视了人类的其他所有利益。无论权力如何产生，最关键的是如何行使权力，决定文明质量的正是权力的使用方式，而这种使用方式是无法在源头上得到控制的。

如果你试图从源头上完全控制政府，那就会不可避免地使所有重要的决定都无法被看见。因为，没有一种本能可以促使人们自动地做出政治决定进而创造出一种美好的生活，同时，那些实际上行使权力的人不仅不能表达人民的意愿——在大多数问题上也不存在什么意愿，他们行使权力时所依据的观点反而是对选民们有所隐瞒的。

如果摒弃民主哲学中关于政府本能性及以自我为中心的观点的假设，即那种认为统治的技能是人所具有的一种本能，因而觉得政府可以通过以自我为中心的观点得到有效管理，那么民主对维护人的尊严的信念又会变成什么样呢？只有求诸完整人格而非残缺人格，生活才能焕然一新。因为传统的民主主义者总是将人的尊严置于一个非常不可靠的假设上，即人会本能地通过明智的法律和良好的政府来展现自身的尊严。

然而选民们并没有这样做，那些意志坚强的选民总是让民主主义者看起来有点傻。但是，如果我们不期待以自治这种假设来实现人的尊严，而是坚持认为维护人的尊严需要一种足以发挥其能力的生活标准，那么整个问题就不一样了。

由此，对政府的考察标准就会变成：它能否提供一定程度上的医疗保障、体面的住房、物质必需品、教育、自由、娱乐和优美的环境，而不仅仅看它是否以牺牲所有这些东西为代价，来迎合人们心中浮现的、以自我为中心的观点。只要这些标准足够精确和客观，即便政治决策可能还是会不可避免地只是少数人的事，实际上也已经与人们的利益联系在一起了。

在我们所能想象到的任何时候，都没有这样的图景，即所有人都能清晰地了解整个不可见的环境，还能在政府的整个事务中自发地形成健全的舆论。即便这样的图景能够存在，也很难说人们是不是就愿意被打扰，或者花时间就影响我们的"每一种社会行为"发表意见。不过唯一可以确定的是，在自己的领域里，每个人都将会越来越多地根据不可见世界的现实图景来行动。而且随着社会的发展，擅长将脑海中的图景与现实相联系的人也会越来越多。

在我们关注的可能相当狭窄的范围之外，社会控制还需要靠拟定生活标准和审计方法，来衡量公职人员和工业主管的行为。我们自身并不能像神秘的民主主义者一直想象的那样，自己去激励或引导所有这些行为。但是，我们可以通过坚持要求清晰地记录这些行为，并且客观地衡量这些行为的结果，稳步增加对这些行为的实际控制力。也许我应该说，我们应该循序渐进，逐步改进。因为这些记录标准和审计程序的制定工作也才刚刚开始。

第七部分

报　纸

第二十一章

作为消费者的公众

认为人们必须探索外部世界以更好地治理世界的观点,在政治思想中所起到的作用非常微小,几乎没什么影响。因为从亚里士多德时代到民主制度确立的时代,能为政府提供有用信息的报告机制并没有太大的发展。

因此,如果你问一个民主主义先驱者,这些人民意志的基础信息从何而来,他会对这个问题感到困惑。这似乎与问他的生活和灵魂从何而来是一样的。民主主义者几乎总是假定,人民的意志在任何时候都客观存在,政治学的职责只是要研究制定出选举机制,设计好让代议制政府运行的方案。如果这些机制与方案能在适当的条件下得到妥善的制定和应用,比如用在自给自足的村庄或车间中,那么这种机制就能以某种方式克服亚里士多德所观察到的注意力短暂和眼界狭隘的问题,并且这两个问题也是"自给自足的社群理论"所承认过的。我们已经看到,即使到了今天,行会社会主义者仍然坚信,只要建立起正确的投票机制和代议制,人类组成的层次丰富的合作共同体就有可能实现。

民主主义者深信，智慧是客观存在的，只要想找就会发现它。他们把制造舆论视为公民自由的问题。[1]"在自由与公开的交锋中，真理如何还会变得更糟呢？"[2]假设从没有人见过真理因此变得更糟，那么我们是否应该相信真理是由交锋产生的，就像摩擦两根木棍会生火一样？事实上，美国民主主义者在《权利法案》中体现的就是这一经典自由主义学说。在这一理念的背后，实际上有几种不同的真理起源理论。其中之一是，在意见的竞争中，最真实的意见会获胜，因为真理具有一种特殊的力量。如果你能让这些意见相互的竞争持续足够长的时间，那么真理就能够在长时间的竞争中逐渐显现出来。这种理论在某些情况下可能是正确的。当人们以这种方式争论什么是真理时，他们想到的是历史的裁决，特别是会想到那些活着时受到迫害、死后被封为圣徒的异端分子。弥尔顿的问题也建立在一种信仰之上，即相信识别真理的能力是所有人与生俱来的，而自由传播的真理最终将获得人们的认可。这一点同样来自经验，如果人们不能自由讨论什么是真理，那么，他们就不可能发现真相，除非监视大家讨论的是一个呆头呆脑的警察。

这些公民自由的实际价值和维护它们的重要性必须得到大家

---

[1] 有关这一议题，撒迦利亚·查菲（Zechariah Chafee）教授的《言论自由》（*Freedom of Speech*）一书是最好的研究著作。
[2] Milton, *Areopagitica*, 被查菲教授在其著作开篇所引用。关于弥尔顿、约翰·斯图亚特·密尔（John Stuart Mill）和伯特兰·罗素（Bertrand Russell）对自由这一经典学说的论述，请参阅我的《自由与新闻》（*Liberty and the News*）一书的第二章。

的高度重视。若是这些自由受到威胁，人文精神也会受到威胁。如果有一天它们不得不受到限制，比如在战争期间，对思想的镇压将威胁人类文明，使其陷入危机。如果肆意剥夺和压制公民自由的歇斯底里的疯子足够多，和平局面就将被打破，人类文明就可能无法从战争的影响中恢复过来。幸运的是，尽管大多数人对于监管思想的"警察"（或专业人士）的过度挑剔或批评持有宽容的态度，但长此以往，这些不愿意被恐吓的人就会逐渐揭示出那些心胸狭窄、经常不知所云的"警察"的真实面目。[1]

然而，尽管公民自由具有无可置疑的重要性，但在现代社会中，公民自由并不能保证舆论的产生。因为它总是假定真理是自发的，或者认为在没有外部干扰的情况下，存在着确保真理的手段。但是当你面对一个看不见摸不到的环境时，这个假设就不成立了。关于那些遥远又复杂的事物的真相并非不言自明的，而且要想建立起一个能收集远处信息的机制，又需要较高的技术性，且成本高昂。然而，政治学，尤其是民主主义政治学，从未完全摆脱亚里士多德政治学最初的假设，也无法重新阐述自身理论的前提，所以也无法以如今的政治思想去解决如何让"现代国家公民看到无形世界"的问题。

这种传统根深蒂固，比如，直到最近，在我们的大学里，政治学课程仍然未将报纸视为授课内容的一部分。我指的不是新闻

---

[1] 例如，可以参见纽约拉斯克委员会的出版物以及在威尔逊总统病重期间担任美国司法部部长的米切尔·帕尔默（Mitchell Palmer）的公开声明和预测。

学院，因为新闻学院是职业学院，主要目的是让学生具备从事新闻行业相关职业的能力并帮他们做好就业准备。我指的是政治学课程，面向的是未来的商人、律师、政府官员和普通公民。在这门学科中，对新闻和大众信息来源的研究几乎没有，换句话说，政治学研究中缺乏对新闻媒体和大众信息来源的深入探讨。这是一个奇怪的事实。对那些没有沉浸在政治学日常事务中的人来说，有一个现象几乎无法解释：美国没有政治学者或社会学家撰写过关于新闻采集的书。这意味着在政治学和社会学的研究中，新闻采集这一领域似乎被忽视了。他们只是偶尔会提到新闻媒体，争论着新闻到底是不是"自由的、真实的"，或者应不应该"自由、真实"。除此之外，几乎找不到其他内容。这种对专业人士的蔑视在舆论中也有体现。人们普遍承认，新闻媒体是人们接触无形环境的主要方式。而且几乎在所有地方，人们都认为，按照原始民主的设想，原本应该由我们每个人自发地为自己所做的事，现在应该由新闻媒体自发地为我们完成。什么事呢？即每隔一两天，新闻媒体就应该向我们展示我们所感兴趣的所有关于外部世界的真实图景。

人们普遍秉承着一种坚定的和古老的信念，即真理不是靠努力获得的，而是靠灵感、启示免费获得的。作为报纸的读者，我们在充满功利性的偏见中将这种信念表现得淋漓尽致。我们期望报纸为我们提供真相，却罔顾报业能否生存的问题。对于"提供真相"这一困难又危险的服务，我们甚至认为这是报纸应该提供的最基本的服务，我们还想着用铸币厂铸造的最小面值的硬币来支付报纸的费用。我们现在已经习惯了在工作日支付两三美分去购买报纸，而在星期天，尽管只需花费五到十美分就能购买一份附带滑稽娱乐版面和插图的内容丰富的报纸，还是会觉得自己花了冤枉钱。没有人会想一想自己为什么应该为报纸付费。人们期待从报纸中获得源源不断的真理，却从不承担任何风险、费用或麻烦，无论是法律上的还是道德上的。人们会在自己认为合适的时候支付一笔微不足道的费用，也会在自己认为合适的时候停止支付，还会在自己认为合适的时候购买另一家的报纸。有人非常贴切地说过：每天都得重新选报纸编辑。

读者与新闻媒体之间这种随意而不平衡的关系是人类文明中的一种反常现象。我们很难找到其他具有这种特性的领域，因此也很难将新闻业与其他任何行业或机构进行比较。新闻业并不是纯粹而简单的生意，部分原因是其产品通常低于成本价出售，但主要原因是社会对新闻界和其他行业或机构有着不同的道德标准。从伦理上讲，人们会希望报纸与教堂或学校有着同样的作用。但是如果真要去拿报纸与之比较，就会感到失望。公立学校由纳税人支付学费，私立学校靠捐助或学费资助，教会有补贴和募捐。你不能将新闻业与法律、医学或工程等行业相比较，因为这些行业都是靠消费者为其服务付费的，而报纸只能靠自身。如果从读者的态度来判断，新闻自由就意味着报纸基本上应该是"免费"的。

然而，媒体的批评者只是在表达社会的道德标准，他们期望报纸这样的机构能像学校、教会和无利害关系的非营利组织那样运行。这再次说明了民主的"凹面"特征。人们并不觉得信息是需要去获取的，他们认为，信息是自然而然地出现在他们眼前的，也就是说，免费的，信息要么从公民自己的脑海中"油然而生"，要么就应该由报纸免费提供。公民会为自己的电话、火车旅行、汽车和娱乐付费，却不愿意公开为他们获悉的新闻买单。

然而，如果有人想让自己的相关新闻登上报纸被别人读到，他就会很乐意为此支付大笔费用。他会直接支付广告费，也会找广告商，间接地付费做广告。当读者在报纸上读到这则广告时，其实就相当于间接地为广告付费了。因为这笔广告费用隐藏在商品价格中，也成了消费者无法获知的不可见环境的一部分。如果要公开支付能购买一瓶高档冰激凌汽水的费用来换取世界上所有的新闻，那会相当骇人听闻。但公众在购买广告商品时会支付这笔费用，甚至更多。公众只有在付费过程不被公开的情况下才会为新闻媒体买单。

因此，发行就成了一种达到目的的手段。只有将报纸出售给广告客户，并且广告商能赚到向读者间接收费而获得的收入，报纸才得以生存。[1]广告商所采用的发行类型取决于其要销售的产品。发行类型要么以"质量"为主，要么以"数量"为主。总的来说，这两者之间没有明显的界限，就大多数通过广告销售的商品而言，其客户既不是非常富有的小众群体，也不是非常贫穷的群体，而是那些除去生活基本开支还有足够盈余的人，他们会有一定的自由购

---

[1] "一家已经成立的报纸有权确定其广告费率，以确保其不会因为发行净收入过低而破产。为了得到净收入，我会从总收入中扣除推广、发行和其他与发行相关的费用。"摘自阿道夫·奥克斯（Adolph S. Ochs）1916年6月26日在费城世界广告俱乐部联合大会上的发言，参见Elmer Davis, *History of The New York Times*, 1851-1921, pp.397-398。

买权。因此，那些相当富裕的家庭订阅的报纸，往往也是广告商最青睐的报纸。报纸也可能进入穷人的家中，但除了某些专门面向穷人的促销商品，广告代理商不会太重视这类报纸的发行量，除非是像赫斯特先生发行的某些销量非常高的报纸。

对广告商来说，如果一份报纸惹怒了其潜在的目标顾客，那么它就是一个糟糕的广告媒介。广告不是慈善事业，钱要花在刀刃上，所以广告商会选择在那些一定能接触到他们未来顾客的出版物上购买版面。人们不需要花太多时间担心尼龙零售商的丑闻未被报道，因为那实际上意义不大，而且这种事件比许多新闻界的批评者以为的要少。真正的问题在于，报纸的读者不习惯支付新闻采集的费用，只有让制造商和广告商认为这些读者能成为其目标客户，报纸才能赚到钱。而最容易为广告付费的人，正是那些最有钱的人。这样的新闻媒体就必然会更尊重这些有消费能力的人的想法。所以报纸也是为这部分公众编辑和出版的，因为如果没有了他们的支持，报纸就无法生存。报纸可以蔑视广告主，也可以攻击有势力的金融业或铁路交通业，但如果疏远了有能力买报的公众，就会失去令其存活下去的有力支撑，从而难以为继。

曾在《纽约太阳晚报》工作的约翰·L.吉文先生[1]在1914年

---

1 *Making a Newspaper*, p.13. 这是我知道的最实用的书，任何从事新闻业的人都应该阅读。迪布里（G. B. Diblee）先生在"家庭大学丛书"（Home University Library）的"报纸卷"（*The Newspaper*）中（第253页）写道："对媒体人来说，我只知道一本好书，那就是吉文先生的。"

指出，在美国出版的 2300 多份日报中，约有 175 份是在人口超过 10 万的城市中印刷的。这些报纸构成了"综合新闻"的媒体，是收集重大事件新闻的重要报纸，甚至那些不阅读这 175 份大报的人最终也会依赖它们来了解外部世界。它们组成了大型新闻协会，会在新闻交流中进行合作。因此，每一家报纸不仅会为自己的读者提供信息，还会为其他城市的报纸提供自己的地方报道。乡村报纸和某些特殊报纸通常也会从这 175 份重要报纸中获取综合新闻。在这 175 份报纸中，有些报纸的经济实力比其他报纸更强，因此，就国际新闻而言，基本上全国的新闻界可能都要依靠大型新闻协会的报道和少数大都市日报的特别服务。

大致说来，那些拥有十几万人口的大城市的较富裕地区的消费者，会购买广告上的商品，正是他们从经济上支撑起了报纸的综合新闻采访工作。这些消费者大多来自从事贸易、商品销售、制造业和金融业等领域的家庭。他们也是报纸广告投放回报率最高的客户群。虽然总量可能小于农民和工人的总和，但在日报这种报纸类型所能覆盖的范围内，这些群体更加集中且购买力更强，因此在某些情况下（如广告商或新闻机构寻求快速响应和影响力时），他们是最有价值的群体。

此外，这些具有强大购买力的群体还有一点需要关注。他们不仅是广告商的最佳客户，还包括广告主本身。因此，报纸给公众留下的印象非常重要。幸运的是，公众并非总持一致的观点。他们或许都支持资本主义，但他们对资本主义是什么以及如何运行都持有不同的观点。除了在危险时期，群体内部观念的分歧之大足以导致形成完全不同的国家政策。而且，要不是因为出版商自身通常也是这个城市里的公众，能够通过自己的观察和来自朋友的信息相对真实地看待这个世界，那么那样的分歧可能还会更大。

所以报纸就是一项投机性业务[1]，不仅有着一般贸易的基本模式，还尤其要依赖并非建立在与读者的契约基础之上的自由传播，好比不结婚，而是自由恋爱。因此，每个出版商的目标都是将那些在报摊上随意挑选报纸的消费者转变为一群忠实的常客。真正能够依靠读者忠诚度存活下去的报纸，在现代新闻业的经济条件下，可能也是最独立的。拥有一个无论在任何情况下都能坚定支持自己的读者群体，其力量比任何个别的广告商所能发挥的力量都要大，这种力量甚至足以打破广告商们的联合。[2] 因此，要是你发现一份报纸为了广告商的利益而背叛了读者，那可以相当肯定地认为，要么是出版商真诚地赞同广告商的观点，要么就是出版商认为（也许是错误的），如果他公开抵制广告商的观点，他就不能指望还能得到读者的支持了。所以实际上问题在于，那些不会花钱购买新闻的读者是否会用忠诚来表示对报刊的支持呢？

---

[1] 有时投机到了为了获得信贷，出版商不得不向债权人屈服。关于这一点的信息很难获得，因此其重要性经常被过分夸大。

[2] "在报业中有一条公理——'读者越多，对广告商的影响越独立；读者越少，对广告商的依赖越大'。可能看似矛盾（实际上是事实）的是：广告商越多，他们单独对出版商的影响力就越小。"Adolph S. Ochs，参见前文。

第二十二章

忠实的读者

报纸读者的忠诚度并不被任何契约所规定。在几乎所有其他企业中，每个期望得到服务的人都会签订协议来控制自己可能会出现的一时冲动。至少，他要为他所得到的服务付费。在期刊出版业中，最接近这种协议的是付费订阅，读者提前付费购买在规定时间内出版的所有期刊。而我相信，这对大都市日报的经济并没有多大影响。只有读者自己能决定是否要对一家报纸忠诚，报纸也不可能因为读者违背诺言或不再支持自己而起诉读者。

尽管读者的忠诚度是报纸生存的关键，但在读者看来，并不存在一个"要对某报纸忠诚"的传统。读者的忠诚度取决于其碰巧闪现的感觉，或者他的习惯。而这些不仅仅取决于新闻的质量，还取决于我们在与新闻业那随意的关系中，几乎不会费心去弄明白的某些模糊不清的元素。其中最重要的一点是，如果我们评价一份报纸，会更倾向于根据它如何处理与我们自己有关的那部分新闻来评判。报纸报道了许多超出我们经验范围的事件，也会报道一些在我们经验范围内的事件。而我们总是会根据报纸对这些在我们认知范围内的事件的报道的倾向来决定我们是喜欢这家报纸还是讨厌它以及是否要继续订阅它。如果报纸对我们认为自己知道的事情给出了我们认为满意的描述,比如我们的工作、教会、政党,那么,基本上可以肯定,我们不会猛烈地批评它。对坐在早餐桌旁看报的人而言,还有什么比在一张报纸上看到契合自己观点的报道更美妙的呢?因此,大多数人更倾向于选择在自己理解范围内的报纸,他们并非关注一般读者所关注的那些事务,而是关注与自身经验相关的事情。

除了新闻的当事人,很少有人能够检验报道的准确性。如果新闻是地方性的,并且存在其他有竞争关系的报纸媒体,编辑知道自己很可能会听到别人评价他的报道不公平、不准确。但是,如果新闻不是本地的,那么随着话题涉及的地域的距离越来越远,纠正的力度会越来越小。只有组织完备且有钱雇公共关系专员的人才能够纠正其认为登在外地报纸上的错误报道。

现在有趣的是,如果一份报纸的普通读者认为自己被新闻误导了,在法律上也没有理由对报纸进行追责。只有受害方才有权起诉报纸诽谤,同时必须证明自己受到了实质性伤害。这项法律体现了一种传统,综合新闻通常不会引发太多担忧,除非新闻内容不怎么道德或者具有煽动性。[1]

但是,尽管与新闻无利害关系的读者不会对新闻内容进行评

---

[1] 读者不要误解这是在为审查制度辩护。如果有一个有能力审理案件的法庭,最好是非官方的,可以对一般新闻中的不真实和不公正行为加以审查,可能是件好事。参见 *Liberty and the News*, pp.73-76。

判，但在那些新闻里却包含着一些读者非常明显的先入之见。这些先入之见是读者判断的依据。在无法用个人标准来评判新闻时，读者就会用准确性以外的其他标准来进行判断。对这些读者来说，有些新闻内容可能与小说无异，真实性标准无法起作用。如果新闻符合他们脑海中的刻板印象，他们就不会争辩；如果新闻能引起他们的兴趣，他们就会继续阅读。[1]

甚至在大城市，也有一些报纸是遵循如下原则来编辑的：让读者能读到自己希望看到的、与自身相关的内容。其理论是，如果有足够多的人能经常在报纸上看到他们自己的名字，读到有关他们的婚礼、葬礼、社交活动、出国旅行、集会活动、学校获奖、50岁生日、60岁生日、银婚纪念日、郊游和野炊宴会等事务的报道，那么报纸的发行量就会有所保障。

这种报纸的经典模式在1860年4月3日霍勒斯·格里利写给正准备创办一份乡村报纸的弗莱彻先生的一封信中充分展示了出来：[2]

> 一、首先，要清楚地认识到，一个普通人最感兴趣的话题永远是他自己；其次，他最关心的是他的邻居。与这些相比，亚洲和汤加群岛等地方发生的事在他眼中就显得不那么重要了……当发生了诸如新的教堂落成了，现有教堂增加了

---

1 请注意，例如，厄普顿·辛克莱先生对社会主义报纸的愤怒表现得多么心不在焉，即使那些报纸对雇主的不公平程度与他所引用的某些报纸对激进分子的不公平程度一样恶劣。

2 引自 James Melvin Lee, *The History of American Journalism*, p.405。

新成员，一个农场被出售了，一座新房子建好了，一个磨坊开始运转了，一家商店开业了，或者任何对十几户人家来说都很有趣的事情时，不要忘记把这些事实简短而恰当地记载在你们的专栏里。如果一个农民砍倒了一棵大树，种出了一个巨大的甜菜，或者收获了大量的小麦和玉米，要尽可能简洁而无可指摘地陈述这个事实。

正如李先生所说，让报纸能够作为"家乡的印刷日记"，这是每份报纸无论在哪里出版都或多或少需要担起的职责。而在像纽约这样的大城市，发行的综合报纸无法承担这一功能，于是就有了按格里利模式运作的地方性小报。在曼哈顿和布朗克斯区，地方性小报的数量可能是综合报纸的两倍。[1] 此外，还有各种各样的针对行业、宗教和民族的专门出版物作为补充。

这些日报是为那些对自己的生活拥有热情、认为生活很有趣的人出版的。但也有很多人发现自己的生活很枯燥，并幻想能像海达·加布勒一样过一种更刺激的生活。为了满足他们的需求，报纸会在几份整版或部分版面上专门报道一系列想象中的大人物们的私生活，让这些读者能安全地幻想自己也过上了与这些人物一样的奢华又罪恶的生活。赫斯特先生的报纸就专注于报道上流社会的生活，吸引那些从未希望进入上流社会但又渴望体验那种生活方式的读者。因此，在大城市里，"家乡的印刷日记"往往就成了一小部分聪明人的印刷日记。

1　引自 John L. Given, *Making a Newspaper*, p.13。

正如我们已经指出的，是城市的大型日报承担着将远方的新闻传递给普通市民的重任。但是，维持其发行量的并不是他们的政治和社会新闻。人们对这些新闻的兴趣是间歇性的，很少有出版商能单独依赖一种新闻来盈利。因此，报纸会增加许多其他内容，这些内容主要是为了维护一批无法对重大新闻进行批判的读者。此外，在任何一个社群中，人们对重大新闻的争论实际上并不会非常激烈。新闻机构对重大事件的报道已经有了标准化的模式，只有偶尔才会有重大的独家新闻。尽管近年来，《纽约时报》因为大量的各类报道，已经成为各色人等都不可或缺的媒体，但是显然，对这种大规模的重大新闻的报道，其读者群仍然不多。为了区别于其他报纸并吸引稳定的读者群，大多数报纸都必须跳出一般性新闻的范畴。他们开始涉足社会中纷繁复杂、令人眼花缭乱的话题，如丑闻和犯罪、体育、图片、女演员、失恋忠告、中学笔记、女性专栏、购物专栏、烹饪小贴士、国际象棋、惠斯特扑克牌、园艺、连环画、激烈的党派之争等。这并不是因为出版商和编辑对新闻以外的一切都感兴趣，而是因为他们必须想办法留住那些对新闻充满热情的读者，尽管那些新闻界评论家认为读者想要的只有真相。

报纸编辑的地位很奇怪。报纸能否赚钱依赖于广告商向读者的间接收费，而要想获得广告商的青睐，则要看报纸能否把一批有影响力的顾客聚拢在一起。这些顾客通常会根据自己的个人经验和刻板印象来做出判断，因为他们本质上并不能独立阅读与理解自己看到的大多数新闻。如果客户的评价还不算太差，那么编辑至少能获得一定的发行量来维持生计。但是，若要获得足够的发行量，编辑就不能完全依赖那些重大新闻。编辑当然也会尽可能地让这些新闻读起来有趣一些，但一般性新闻的质量，尤其是关于公共事务的新闻，其本身并不足以吸引大量读者，因此很难在众多不同的报纸中独树一帜。

报纸与公共信息之间这种有点不协调的关系反映在了新闻工作者的薪水上。从理论上讲，新闻报道是整个机构业务的基础，却是薪水最低、最不受重视的工作。因此，总的来说，有能力的人通常只有在迫不得已或为了积累经验的情况下才会选择从事这个行业，并且他们往往打算尽快转行。因为纯新闻报道并不是一份能带来丰厚回报的工作。新闻业中能拿到丰厚报酬的都是一些特殊岗位，比如能写高质量通讯的作者、管理人员、有各种独特诀窍和有品位的人。这无疑是由于存在一种经济学家所称的"能力寻租"的原理。然而，这种经济原理在新闻业中表现得尤为激烈，尽管新闻采集工作对公众而言非常重要，需要大量训练有素、有才能的人，实际上却并没有吸引来多少这样的人。事实上，有能力的人从事"纯新闻报道"是为了尽快离开这一行，我认为这是新闻行业未能像其他行业那样形成好声望、令从业者培养出强大自尊心的传统的主要原因。因为有了这种行业传统，就能使从业者产生自豪感，会提高入职标准，惩罚违反准则的行为，并赋予人们坚持和维护行业社会地位的力量。

然而，这一切并没有触及问题的根源。因为新闻业的经济学倾向于降低新闻报道的价值，我可以肯定，这种经济学是错误的决定论，我们应就此放弃对它的分析。记者的内在力量非常强大，从事过新闻报道的能干之士数量众多，因此，一定有更深层次的原因可以解释为什么相较于医学、工程学和法律等行业，旨在提升新闻行业的社会地位的努力如此之少。

厄普顿·辛克莱先生的观点代表了一大批美国人的意见[1]，他声称，在他所谓的"厚脸皮支票"理论中，他找到了这个更深层次的原因：

> 你们每周的薪水中都有"厚脸皮支票"，是的，说的就是你们这些昧着良心撰写、印刷和分发报纸与杂志的人！"厚脸皮支票"是你们抛弃自己的羞耻心赚取的黑心钱！——你们拿着公正的真理在市场上出售，背叛了人类的纯洁理想，卖身到肮脏的大财团的妓院。[2]

由此看来，似乎的确存在着一系列已知的真相和合理的希望，而这些还都被以财力左右报纸内容的大企业或多或少有意识的阴谋所玷污了。如果这个理论是正确的，那么就会得出一个确定的结论，即只要与大企业没有任何联系，新闻媒体就能保持真理的公平之躯不受侵犯。那么，如果一家不受大企业控制甚至不友好的新闻机构，在某种程度上也未能展现真理的公平之躯，那么辛克莱先生的理论就出问题了。

---

1 希莱尔·贝洛克（Hilaire Belloc）先生对英国报纸也进行了类似的分析。参见 *The Free Press*。
2 Upton Sinclair, *The Brass Check. A Study of American Journalism*, p.116.

确实存在这样的新闻机构。奇怪的是，在提出解决方案时，辛克莱先生并没有建议他的读者订阅激进派的报纸。为什么不呢？如果美国新闻业的困境可以追溯到大企业的"厚脸皮支票"，那么为什么不让读者们去阅读那些完全不接受"厚脸皮支票"的报纸呢？为什么要资助一个由许多"拥有各类信仰或事业"的大型董事会组成的"国家新闻"，来刊登出一份充满事实真相的报纸，"罔顾受伤的到底是钢铁信托、世界产业工人联合会、标准石油公司还是社会党"呢？如果问题在于大企业，即钢铁信托、标准石油公司等，那么为什么不鼓励每个人都去阅读世界产业工人联合会或社会党的报纸呢？辛克莱先生并没有解释为什么不这样做。但原因很简单。他无法说服任何人，甚至连他自己都不相信反资本主义的新闻能成为资本主义新闻界的解药。他在"厚脸皮支票"理论和建设性建议中都忽视了反资本主义的新闻。但是，如果你要"诊治"美国新闻业，就不能忽视这些新闻。如果你关心的是"真理的公平之躯"，就不要犯下严重的逻辑错误，在某一类报纸上找到所有不公平和谎言的实例，却忽视在另一组报纸中可以轻易找到所有实例，然后根据自己所调查的内容，就认为所有的新闻都是弄虚作假。如果你要将新闻界的错误归咎于"资本主义"，你就必须证明这些错误只存在于资本主义控制的地方。辛克莱先生无法做到这一点，从他在"诊治"中将一切都归咎于资本主义，而在"开处方"时又忽视了资本主义和反资本主义就可以看出。

人们本以为，既然无法将任何非资本主义的报纸作为真实性和能力的典范，那么辛克莱先生和那些同意他观点的人就会更加批判性地看待他们的假设。例如，他们会问自己："真理的公平之躯"被大企业玷污了，但在那些反大企业的报纸中，真理似乎也并没有出现过？我相信，这正是因为触及了问题的核心，即什么是新闻。

第二十三章

新闻的本质

即使全天下的记者都全天候工作,也无法见证世界上发生的所有事情。记者的数量并不多,他们没有同时出现在多个地方的超能力。记者们也不是千里眼,不能盯着水晶球随心所欲地观察世界,也无法通过心灵感应来协助报道。然而,如果没有标准化的流程,仅靠这些为数不多的记者,报道范围如此之广的主题,那简直如同期待一个奇迹。

报纸并不会密切关注所有人。[1] 报纸的观察员只会驻扎在某些特定地方,如警察总部、验尸官办公室、县书记员办公室、市政厅、白宫、参议院、众议院等。他们会观察,或者在大多数情况下,会与所属协会合作,与协会一起雇人观察"相对较少的几个地方",当某人的生活偏离了普通轨迹时,或者当发生了值得讲述的事件时,人们就会知道。例如,假设有一名经纪人名叫约

---

1 请参阅约翰·吉文先生的著作《揭露新闻》(*Uncovering the News*)中第五章的精彩描述。

翰·史密斯。十年来,他过着平稳的生活,除了他的客户和朋友,没有什么人关心他。对报纸来说,他就像不存在一样。但是,在第十一年的时候,他遭受了巨大的损失,最终导致财产被耗尽,于是他请来了律师,并安排了财产清算。律师将文件寄到了县书记员办公室,那里的书记员在官方记录中做了必要的记录。这时,报纸介入了。当书记员正在写史密斯的破产布告时,一名记者从他肩膀后面偷看了一眼。几分钟后,记者们就知道了史密斯的困境,并对他近十年的商业状况了如指掌,就好像他们这十年来每天都在他门口安排了一名记者一样。[1]

当吉文先生说报纸知道"史密斯的困境"和"他的商业状况"时,并不是说他们能像史密斯自己那样了解,或者如阿诺德·本涅特先生那样了解——如果本涅特把史密斯写成三卷本小说的主人公的话,他肯定会将这件事描述得栩栩如生。报纸只刊登了记者于县书记员办公室"在几分钟内"了解到的记录上的相当直白的事实。这种公开的行为"揭露了"关于史密斯的新闻。新闻是否会有后续报道就是另一回事了。问题的关键是,在一系列事件成为新闻之前,它们通常需要以某种公开的形式引起人们的注意,并且通常采用的方式也是简单直接的。史密斯的朋友们可能多年来一直知道他的工作有风险,如果他们再多嘴一些,谣言甚至可能还会传到财经编辑的耳中。但除了事实,史密斯朋友们的话都不能发表,因为这可能会成为诽谤。这些谣言中没有任何明确的

---

[1] *Op.cit.*, p.57.

东西可以用来撰写新闻,充其量只能编造一个故事。新闻必须是已经发生的一些确凿无疑的事实。或许是破产行为,或许是火灾、冲突、袭击、暴乱、逮捕、谴责、法案的提出、演讲、投票、会议、知名公民的公开意见、报纸的社论、销售、工资表、价格变动、建造桥梁的提议……必须有一种明确的且公开表现出来的事实,事件的进程也必须呈现出某种可定义的形态,并且在某个阶段,只有当某些内容成为既定事实时,才能被报道成新闻,否则新闻就很难与那些道听途说的消息区分开来。

自然,对于一个事件何时会具备能够被报道的特征,人们的看法大相径庭。优秀的记者比平庸的同行更善于发现新闻。如果他看到一座建筑有倒塌的危险,他不会等到建筑倒塌之后才意识到这是新闻。曾有一名杰出的记者,在得知某位大人物询问印度的气候时,就猜出了下一任印度总督的名字。虽然也有侥幸的成分,但能做出此类猜测的人实在寥寥无几。通常情况下,只有事件在引人注目的地点呈现出某个特定的形态时,记者才会把它写进新闻内容里。而这种特征最明显的地方就是人们的私事与公共权力交会之处。法律不关心细微之事。正是在这些地方,婚姻、出生、死亡、合同、破产、抵达、离开、诉讼、骚乱、流行病和灾难等消息才会成为新闻,并为人所知。

因此,新闻本来就不是用于映照社会状况的镜子,而是对某一引人注目方面的记录报道。新闻不会告诉你种子是如何在地里发芽的,但可以展现第一株嫩芽破土而出的时刻。新闻甚至可能会报道别人对地下的种子的看法,还可能会预测嫩芽或许并不会如期出现。对任何事件而言，可以被确定、客观描述、衡量、命名的特点越多，就越可能成为新闻。

所以，即便有一天立法机构已经用尽了各种方式来改善人类生活，最终想用禁止棒球比赛计分的办法给人类带来新的希望，人们还是有可能继续进行这一运动的。其中，裁判根据自己认为的公平条件来决定比赛应该持续多久，每个球队应该在什么时候击球，以及谁应该被视为赢家。如果报纸报道这场比赛，它将记录裁判的判罚记录、记者对人群欢呼的印象、对某些选手在未标记的草皮上像无头苍蝇一样乱跑几个小时的模糊描述。你越是试图去想象如此荒谬可笑之事的逻辑，就会越清楚：没有命名、评分、记录的装置和规则，对收集新闻（更不用说让比赛进行下去了）来说，就什么也无法完成。因为这套机制远非完美，裁判精力有限，对许多关键性的比赛他不得不凭肉眼来判罚。有人认为如果对每一场比赛都进行拍摄记录，那么就可以消除比赛中的争论，就像只要遵守规则，人们就不会对国际象棋比赛产生争论一样。由于人眼反应迟钝，直到出现了电影技术，许多记者心中的疑问才得以最终解决，比如，到底是登普西的哪一击打倒了卡尔庞捷。

只要有了良好的记录技术，现代新闻机构就能以极高的精度工作。证券交易所就有这样的技术，股票价格变动的消息能够准确无误地通过电报机传送出去。也有针对选举结果的记录技术，如果计票和统计做得很好，通常在投票当晚就能知道国家选举的结果。在文明社会中，死亡、出生、结婚和离婚都会被记录下来，除非被有意隐瞒或疏忽。在工业和政府的一些方面——证券、货币、支柱商品、银行清算、房地产交易、工资标准，以及进出口（因为它们通过海关并可以直接记录）——也存在精确程度不一的记录技术。但对于国内贸易，尤其是柜台交易，这种技术则不存在或不完善。

我认为，新闻的准确性和记录系统之间存在直接的联系。如果回想一下那些改革者控诉新闻界的原因，你就会发现，在他们控诉的问题中，报纸所扮演的角色就像非计分棒球比赛中的裁判员。所有关于心理状态的新闻都属于这一类：个性、真诚、志向、动机、意图、群众情感、民族情绪、舆论、外国政府政策的描述以及许多关于将要发生的事情的新闻，都是如此。涉及私人利润、私人收入、工资、工作条件、劳动效率、教育机会、失业[1]、单调无聊的生活、健康、歧视、不公平、贸易限制、浪费、"落后民族"、保守主义、帝国主义、激进主义、自由、荣誉、正义的问题也是如此。所有这些议题最多都只有一点零星的记录。这些数据之所以缺失，可能是因为审查制度或隐私传统而被隐藏，或者是因为那时还没有人认识到记录的重要性，认为这种记录属于繁文缛节，或者是因为从未有人发明过比较客观的测量系统。那么，关于这些主题的新闻如果还没有被完全忽视，那必然具有一定的争议性。没有记录的事件要么作为个人和传统的观点来报道，要么就不能

---

1 想想 1921 年的《失业报告》（Reports of Unemployment）中充斥着多少猜测内容。

算是新闻。除非有人抗议，或是进行调查，或是有人公开将整个事件当成一个问题提出来——我指的是那种本来意义上的问题，它们才会具有新闻的形态从而被报道出来。

这是公共关系行业存在的根本原因。因为对于应该报道哪些事实和如何阐述观点，事实上并没有一个统一的标准。这让每一个有组织的团体成员都越来越相信，无论他们是否希望获得公众关注或避免被关注，关于新闻的自由裁量权都不能留给记者。因此，雇一个能"站在"该组织和报纸之间的公关人员就显得尤为必要，且操作起来更安全。公关人员的战略地位非常重要。"战争爆发前，"弗兰克·科布先生说，"纽约的报纸对经常雇佣和定期认证的公关人员进行了调查，发现大约有1200名公关从业人员。现在（1919年）有多少人，我不敢妄言，但我知道的是，新闻传播的渠道已经被这些人把持住了，而且公众所接触到的信息往往也要先经过公关人员的过滤。公关人员的身影遍布多个行业：大公司、银行、铁路以及所有商业、社会和政治活动的组织。公关人员已经成了新闻传播的媒介。甚至政治家也有自己的公关团队。"[1]

如果报道只是简单地让显而易见的事实重现，那么公关人员只不过就是办事员而已。但是，就大多数重大的新闻主题而言，事实并不清晰明确，也一点都不明显，要看人们如何来择取事实

---

[1] 源自1919年12月11日在纽约市妇女俱乐部（Women's City Club of New York）发表的演讲。*New Republic*, Dec. 31, 1919, p.44.

和阐述观点。当然，每个人都希望自己选择的事实能成为登上报纸的新闻。公关人员就是做这个的。在选择的过程中，他们为记者省去了很多麻烦，因为他们能为记者清晰地描述事情，让记者们在面对陌生事物时，不会手足无措。但随之而来的问题是，公关人员为记者描绘的画面是他们希望公众看到的画面。公关人员是审查员，也是宣传者，但他们只对雇主负责，只将符合雇主自身利益和理念的事实公之于众。

公共关系行业的繁荣发展清晰地表明，现代生活的事实并不会自发地形成一种可知的形态，这些事实必须由某些人来塑造。由于在日常生活中，记者无法将所有的事实都塑造成易于传播的形态，也很少有不带偏见的情报组织，所以需要相关利益组织站出来填补这一空白，将某个事实重塑成易于传播的形式。

优秀的公关人员清楚，他们并不是凭借撰写新闻报道而立足的，除非这些事件极为奇特反常乃至脱离日常生活。这并不是说报纸没底线，一味追求吸引眼球，而是在还没人期待发生什么的时候，特意强调"什么都没发生"是没有意义的。因此，如果公关人员希望获得人们的关注，得到免费"宣传"，准确地说，必须挑起点事情，他们就会安排一些噱头：阻碍交通，戏弄警察，设法让他们的客户或他们自己的事业与已经成为新闻的事件卷在一起。那些希望扩大参政权的人也知道这一点，虽然不是特别喜欢使用这种伎俩，但他们还是会采取行动。在他们的操作下，即使对于赞成和反对选举权的争论已经式微，他们仍然让有关该问题的新闻报道在媒体上保持曝光度，人们也开始慢慢习惯把选举运动看作美国生活的既定制度之一。[1]

幸运的是，与女权主义者不同，参政权扩大论者有一个非常具体且简单的目标。正如最有能力的支持者和反对者所知道的那样，投票的象征意义并不简单。但投票权只是一个简单且人们都熟悉的权利。如今，总是过多报道劳资纠纷，可能是人们对报纸的主要指责。罢工权和投票权一样，是十分简单的权利。但是，罢工活动的原因和目标，和妇女运动一样，都是非常微妙的。

假设导致罢工的现状很恶劣。那么，衡量恶劣现状的标准是什么？这涉及我们对生活水平、卫生、经济保障和人类尊严的适当标准的理解。一种情况是，整个行业的条件可能远低于人们在理论上能接受的标准，工人则可能过于软弱而无法抗议。另一种情况是，行业的条件可能高于人们普遍认同的标准，但工人选择激烈抗议。所以标准也只不过是一个模糊的东西。不过，让我们假设一种情况，当某个行业的薪资条件低于一位编辑所理解的"合格"水平时，不等工人发出威胁，只要有一个社会工作者给了点提示，编辑就会派记者去调查，并呼吁人们关注工人所处的恶劣条件。但他不能经常这样做，因为这些调查不但耗费时间、金钱，还对记者的才能和报纸版面的容量有较高的要求。为了让一份报告能真实地反映出恶劣的现状，通常需要很多版面。比如，为了

---

[1] 参见 Inez Haynes Irwin, *The Story of the Woman's Party*。本书不仅是关于一次重大骚乱中重要部分的精彩叙述，而且是在现代社会中的公众关注、公共利益和政治习惯的条件下，关于成功、非革命、非阴谋的骚乱的资料汇编。

讲述匹兹堡地区钢铁工人的真实情况,往往需要一组调查人员、大量的时间和数期报纸版面的支持。很难想象,在正常情况下,哪家日报会把制作《匹兹堡调查》甚至《联合教会钢铁报告》视为其日常工作。需要这么多复杂的条件才能获得的新闻,已经超出了日报的能力范围。[1]

上文所言"恶劣的现状"本身并不是新闻,因为大多数时候,新闻都不是对原始材料的第一手报道,而是被"程式化"后的报告。因此,如果某一工业区死亡率异常高,那也只有经过卫生局的报告,这种"恶劣的现状"才可能会成为新闻。如果没有这种干预,这些事实就不会成为新闻,直到工人们真正组织起来开始向雇主提出抗议。即便如此,如果和解很容易就达成了,那么新闻价值也就很低了,无论和解本身是否解决了问题。但是,如果劳资关系破裂导致了罢工或停工,新闻价值就会提升。如果停工直接影响到了新闻读者的生活,或者影响了社会秩序,新闻价值也会达到很高的水平。

一些隐患会通过某些容易辨认的征兆出现在新闻中,比如抗议、罢工、骚乱。从工人或正义之士的角度来看,抗议、罢工和骚乱对他们来说只是非常复杂的过程中发生的单独事件。但是,由于所有"即时的现实"都超出了记者和大多数报纸所依靠的直

---

[1] 不久前,贝比·鲁斯因超速驾驶而被捕入狱。在下午比赛开始前,刚从监狱获释的他匆匆赶往赛场,为了弥补在监狱里失去的时间,他一路超速行驶,但这次没有警察阻止他。一名记者计算了他的速度,并在第二天早上公布了这一结果。贝比·鲁斯是个例外。记者不可能测量公路上所有司机的速度,他们必须从警方那里获取超速新闻。

接经验的范围，他们通常还要等待一个信号，即等待"即时的现实"变成真正的公开行动。当信号到来时，事实就具备了可被报道的形态。比如工人真的罢工了或警察真的传唤了人，才会激发起人们对罢工和骚乱的刻板印象。这种看不见的斗争没有任何自身的特点，它被抽象地记载下来，然后读者和记者的直接经验又使这种抽象变得生动具体。显然，这与罢工者所拥有的经验是截然不同的。他们所感到的是诸如工头的脾气、单调又令人神经紧张的机器、令人沮丧的污浊空气、妻子的苦差事、孩子的发育不良、公寓的肮脏。罢工的口号中蕴含着由这些事引发的情绪。但是记者和读者却只能看到罢工和一些口号，他们是根据自己的感受来看待罢工的这些事情的。他们的感觉可能是：他们自己的工作也没有安全保障；因为罢工导致他们所需的货物停产，这会造成商品短缺和价格上涨，一切都会非常不方便。这些也是现实。当记者们开始给"罢工"这个具有抽象性的新闻赋予某种"色彩"时，工人们自然就处于不利地位了。也就是说，由于现有的劳资关系制度的本质，工人的不满或所持有的希望几乎总是要通过这种对生产的公开攻击才能引起人们的关注，也只有这样，他们的"攻击"才能成为新闻。

因此，整个新闻报道体系就由以下要素组成：纷繁复杂的背景情况、为人所知的标志性的公开行为、在刻板印象下对事件进行报道的报纸以及读者从直接影响自己的经验中提取出的观点。现在，读者对罢工这一问题的经验可能确实非常重要，但从导致罢工发生的核心根源来看，读者的经验是有所偏离的。然而，读者的那些偏离问题根源的观点往往也是最有趣的部分。[1]对读者来说，要想了解事件的核心，必须富有想象力，并且摆脱自我束缚，了解那些与自身截然不同的生活。

因此，在报道罢工时，最简单的方法就是从一个明显的行动切入去进行报道，并将事件描述为与读者生活有联系的故事。这是读者的注意力首先被激起的地方，也是最容易被激发兴趣的地方。我认为，在工人和改革者看来，在报纸故意歪曲的事实中，大部分内容实际上都是在揭露新闻的实际困难，或是为了突破"让遥远的事实变得有趣"的情感困境的直接结果，除非我们能像爱默生所说的那样，"把（它们）看作我们熟悉的经验的一个新版本"，并能"立即着手将它们翻译成我们所知的'平行事实'"[2]。

如果研究新闻媒体报道罢工的方式，你会发现，有些核心问题通常很少出现在头条新闻中，也几乎不会出现在导语段落中，有时甚至在任何地方都不会出现。在另一座城市发生的劳资纠纷，必须非常重要，当地的新闻才会报道其中有关争议的具体信息。这就是新闻报道的惯例，对政治问题和国际新闻的报道同样如此。新闻是对有趣且显而易见的公开行动的描述，报纸受到多方面的压力不得不固守这一准则。原因包括：经济压力往往让新闻报道只关注事件中符合常规刻板印象的一部分，而不去深入挖掘整个事件的真相和背景；难以找到足够敏锐的、能发现他们经验范围

---

[1] 参见第十一章，"调动兴趣"。
[2] 引自爱默生的文章《艺术与批评》（Art and Criticism）。

外的新事物的记者；还有一个几乎无法避免的问题，即没有足够多的版面空间让最优秀的记者来阐述非传统的观点并令读者接受；报纸要生存，因此报道的内容必须迅速吸引读者，若报纸的内容完全不能吸引读者，或因不恰当的描述而冒犯读者带来了经济风险，报纸通常也是难以承受的。所有这些困难结合在一起，使得编辑在涉及危险问题时容易举棋不定，并自然倾向于选择无可争议的事实和更容易引发读者兴趣的处理方式。而无可争议的事实和容易引起兴趣的事物，就是罢工及其给读者造成的不便。

所有本来更详细、深刻的事实，在当前的工业组织结构中都变得非常不可靠。在缺乏确切的记录和数量分析的情况下，涉及对生活水平、生产力、人权的判断会引起无休止的争论。只要工业中一直不建立这些记录和分析的机制，有关工业的新闻报道就会趋向于谬妄无稽，正如爱默生引用伊索克拉底的话说，"把鼹鼠变成山，把山变成鼹鼠——小题大做，大题小做"[1]。在工业中没有宪法程序，也没有专家对证据和主张进行筛选的情况下，追求具有轰动效应的事实几乎是每个记者都会去做的事。鉴于工业中的劳资关系的存在如此普遍，即使在有会议或仲裁的情况下，如果没有对事实进行客观的过滤和提取，报纸读者认为的"大问题"往往也不是工业真正面临的问题。因此，通过报纸上诉来审理纠纷，也就是通过"舆论断案"，会给报纸和读者带来他们不能也不应该承受的负担。只要真正的法律和秩序一直不确立，除非能自觉地、勇敢地加以

---

1 引自爱默生的文章《艺术与批评》(*Art and Criticism*)。

纠正，否则大部分新闻报道对那些没有合法有序的表达方式的人都是不利的。来自现场的新闻报道只会关注因维权而引发的麻烦，而不会关注维权的原因，因为其原因往往是错综复杂的。

新闻报道都出自报纸编辑之手。报纸编辑坐在办公室里，阅读并处理记者从现场发回的新闻稿件，但编辑很少会亲眼看到新闻事件的任何经过和内容。就像我们看到的那样，他们每天都必须吸引至少一定数量的读者，因为如果碰巧有一家竞争对手的报纸引起了这些读者的兴趣，那么读者们就会毫不留情抛弃这家报纸。编辑在巨大的压力下工作，因为报纸之间的竞争之大要求他们"分秒必争"。编辑对每一条新闻报道都需要进行迅速而复杂的判断与处理。报纸编辑不但要让新闻报道能被大多数读者理解，还要将这篇报道与其他新闻报道联系起来，并根据他们自己脑海里所认为的读者可能感兴趣的话题点来对新闻报道进行强调或淡化的加工处理。如果没有标准化程序，没有刻板印象，没有常规的判断力以及如果无法相当无情地刻意忽视很多事件的微妙之处，要处理如此庞大而复杂的信息，编辑可能很快就会活活累死。报纸版面的大小是固定的，而且必须在规定时间内准备好内容；每张报纸上新闻标题的数量，每个标题里字母的数量，也都有相应的规定。此外，总是有购买报纸的读者情绪不稳定，编辑们还需要努力规避诽谤法中可能会带来无尽麻烦的内容。因此，如果没有系统化的机制，整个流程根本无法顺利进行。标准化生产可以节省时间和精力，并且能在一定程度上确保减少可能会出现的谬误。

正是在这一点上，报纸之间存在着非常深刻的互相影响。因此，当战争爆发时，美国报纸显得茫然无措，因为他们面临的是一个从没有涉猎过的报道主题。一些财力雄厚、能够支付电报费的日报率先从欧洲获取了新闻电讯，而其新闻的呈现方式也成了整个新闻媒体行业的典范。但这种模式是从哪里来的呢？它来自英国报刊。这并不是因为诺思克利夫子爵拥有美国报纸，而是因为起初相比美国记者亲赴欧洲战场采访，直接购买英国的报刊更容易，而且，美国记者阅读英国的报纸比阅读欧洲其他国家的报纸更方便。伦敦是电报和新闻中心，正是在那里，报道战争新闻的特定技术得以发展。在报道俄国革命时也发生了类似的事情。当时，俄罗斯和同盟国的军事封锁切断了外界与俄罗斯的联系，而且美国记者不会俄语，这成了另一个障碍；更要命的问题是，报道骚乱本身就非常困难，因为骚乱是一个不断演变的过程，这让记者无法对骚乱进行有效的报道。各种因素导致俄罗斯的新闻往往产生于赫尔辛福斯、斯德哥尔摩、日内瓦、巴黎和伦敦等地，并且有关新闻的编排工作也落入了这些地方的审查人员和宣传人员手中。这些审查人员和宣传人员在很长一段时间内都不受任何制度的约束，我们不得不承认，在人们意识到他们的荒谬行径之前，他们从大动乱某些真实的事情中，创造了一系列引人憎恨和恐惧的刻板印象，而新闻行业本来奉行的准则，即"行动、观察、传递真相"，在很长一段时间内都被压制了，并处于支离破碎的状态。[1]

---

1 参见 *A Test of the News*, by Walter Lippmann and Charles Merz, assisted by Faye Lippmann, *New Republic*, August 4, 1920。

每份报纸在被送到读者手里之前，都经过了一系列的精心选择：印刷什么内容，刊登的位置，每篇占多大篇幅，每篇应强调什么。这里没有客观的标准，只有惯例。以同一天早上在同一城市出版的两份报纸为例，第一份的头条新闻标题是《英国承诺援助柏林抵抗法国侵略；法国公开支持波兰》，第二份报纸的头条标题是《斯蒂尔曼夫人的另一段爱情》。二者中，你更喜欢哪一个主要取决于个人的品位，与编辑的品位没有太大的关系。至于什么东西更能吸引某些读者花费半小时来阅读报纸，也只是编辑判断的一个问题。现在，获得读者的关注绝不等同于要以宗教教义或某种伦理文化所规定的视角来展示新闻。这是一个关于激发读者情感，引导其对自己所读的新闻报道产生认同感的问题。如果新闻没有让读者沉浸在新闻所描述的斗争中，那么就无法吸引广大读者。读者必须像参与戏剧一样参与到新闻中来，这要通过个人认同感来实现。就像当女主角处于危险之中时，每个人都会屏住呼吸；或者就像感到自己帮助了贝比·鲁斯挥动球棒一样，读者也会以更微妙的方式进入新闻。而为了进入新闻，读者必须在故事中找到一个熟悉的立足点，此时他就会借助自己的刻板印象。刻板印象会让读者认为，如果一个水管工人协会组成联合体，那么，他们就倾向于对协会产生敌意；如果这个协会被称为"商业领袖群体"，那么读者就倾向于产生正面积极的反应。

这些元素结合起来就产生了创造舆论的力量，社论也会起到强化的作用。有时，新闻版面上的内容过于混乱，让人无法辨认，此时社论就会给读者提供一条"线索"，让读者通过这个"线索"

沉浸在新闻之中。而匆匆阅读新闻的大多数人往往都需要有一条线索能够让其迅速"浸入"新闻，他们需要这种暗示，并借由那个暗示把自己想象成这样或那样的人，也会把自己的感受与读到的新闻结合起来。

沃尔特·白哲特[1]写道："有人说过，如果你能让一个中产阶级英国人思考'天狼星中是否有蜗牛'，他很快就会对此发表意见。让他思考会很难，但如果他真的开始思考了，他就不会只停留在疑问的层次上，一定要得出一些判断和结论。当然，在任何一般性的话题上也都是如此。一个杂货商会对外交政策有一系列自己的看法，一名年轻女士对宗教仪式也会有一套自己的完整的理论，他们对自己的观点深信不疑。"

然而，那个杂货商或许会对他销售的杂货情况有疑问，而那名对宗教圣事充满信心的年轻女士，则可能会对自己是否要嫁给杂货商的想法心存疑虑，以及会纠结如果不嫁给他，接受他的殷勤是否合适。存有疑问意味着要么对结果缺乏兴趣，要么就是更认同另一种相反的情况。在外交政策或宗教事务方面，人们对结果的兴趣非常浓厚，而检验其观点正确与否的方式却很匮乏。这是一般性新闻读者的困境。如果他要阅读这种新闻，他必须对它感兴趣，也就是说，他必须进入新闻所营造的情境中，还得非常关心新闻的结果。但是，如果他这样做了，他就不能只停留在疑问的层次上，还需要做出判断并得出结论。但除非报纸能为读者

---

[1] On the Emotion of Conviction, *Literary Studies*, Vol. III, p.172.

提供一些手段，让他们去检查报纸所暗示的观点是否正确，否则，读者越是对新闻感兴趣，反而越有可能误入歧途，容易失去辩证看待问题的平衡、客观的立场，并与事件真相渐行渐远。读者越是充满激情地积极"浸入"在新闻报道中，就越认可自己所持的观点，憎恶与自己相左的观点，甚至对与自己观点不相符的新闻报道感到愤怒。这也是为什么许多报纸发现，一旦已经获得了某一立场的忠实读者，就不能再轻易改变自己的立场了。即使报纸出于某种逼不得已的原因，必须改变立场，也必须小心翼翼，还要运用一些高明的技巧。通常，一份报纸不会轻易尝试做出这样危险的转变。若是真到了那个地步，报纸会让有关这个主题的新闻逐渐减少，进行冷处理，实现"釜底抽薪"，这样更容易，也更安全。

第二十四章

新闻、真相与结论

当我们开始更深入更精确地研究新闻媒体时，就会发现，实际上我们的观点在很大程度上取决于我们预先设置的假设。如果我们像辛克莱先生及其大多数反对者那样，认为新闻和真相是一体两面，那么我相信我们将一无所获。我们会证明报纸在这一点上撒了谎。我们会证明辛克莱先生在那个问题上撒了谎。我们可以证明，辛克莱先生在说某人撒谎时撒了谎，我们还可以证明某人在说辛克莱先生撒谎时也撒了谎。我们大可以发泄我们的情绪，但结果都只是徒劳。

在我看来，最有说服力的假设是，新闻和真相不是同一件事，必须加以明确区分。[1]新闻的作用是宣告一个事件的发生，而真相的作用则是揭露隐藏的事实，使它们相互关联，并描绘出一幅现实的图景，以便让人们据此采取行动。只有在社会条件呈现

---

[1] 当我写《自由与新闻》时，我并未足够清晰地理解这种区别，因此，也没有明确阐述出来，不过，请参见本书第175页及其后续内容。

出可识别和可衡量的形态时，真相和新闻才会一致。但这种情况在人类兴趣的广阔领域中，只是一个相对较小的部分。也只有在这种情况下，对新闻真实性的检验才能摆脱立场的限制，达到足够准确的程度。如果报纸轻信一个已被多次证明非常不可靠的报告，并将其当作唯一的信息源，宣称"列宁已死"，那即使他们反复刊登6次这个新闻，也不能免除或减轻他们的"罪责"。在那个例子中，新闻不应该写成"列宁死了"，而是应该写成"赫尔辛基传来的消息说列宁去世了"。而且，报纸也要承担判断新闻来源是否可靠的责任，因为他们不能一边把重点放在详细描述列宁的逝世情况上，一边又不对新闻来源是否可靠进行判断。要问编辑最应该对新闻的哪一部分负责，那就是对新闻来源的可靠性的判断。但是，如果涉及处理例如"俄罗斯人民想要什么"这样的故事时，编辑就无法进行检验了。

我认为，精确检验的缺失造成了新闻行业的某些特性，除此之外几乎再无其他原因。新闻行业所需的确切知识其实非常少，也不需要杰出的能力或专门的训练来处理这些知识，对其余事务的报道则取决于记者的自行判断。一旦记者离开了有明确记录的地方，比如记录约翰·史密斯破产的事的县书记员办公室，所有的固定标准就会消失无踪。约翰·史密斯破产的原因、他性格上的弱点、对他遭遇的经济困境的分析等，所有这些都可以用上百种不同的方式来讲述。在应用心理学领域，没有像医学、工程学甚至法律那样具有权威性的规范法则来指导记者的思维，当记者从新闻转向模糊的真相时，并没有什么规范能指导记者自己的思维,也没有什么法则能规范读者或出版商的判断。记者对真相的理解只是他自己的理解。那么他要如何证明自己所看到的真相呢？他无法证明，就算能证明，也不会比辛克莱·刘易斯先生证明他已经完全揭示了《大街》的真相更高明。记者越了解自己的弱点，就越容易承认，在没有客观检验标准的情况下，他自己的观点在某种程度上就是由他自己的刻板印象、准则和利益所构成的。他知道自己是通过主观的视角来看待世界的。他不能否认，自己也像雪莱所说的那样，"是一座彩色玻璃穹顶，玷污了永恒的白色光辉"。

因此，通过这种方式，记者的自信心得到了锻炼。他可能拥有各种道德和勇气，有时也确实如此，但记者缺乏能够让自己从始至终坚持某种信念的方法，这种方法能使科学摆脱神学的控制，也正是这种不可抗拒的方法的逐步发展，才使物理学家获得了与世界上的所有力量相对抗的智力自由。这种方法使科学家的证据更清晰，比传统证据更有力，最终让科学家摆脱了所有的控制。但是，对记者而言，无论是在良心上还是在事实上都没有这样的支持。他的雇主和读者的观点对他的控制，并不是偏见对真理的控制，而是一种观点对另一个相对不那么真实的观点的控制。加里法官断言工会将摧毁美国制度，而龚帕斯先生断言工会是维护人权的机构，在两人之间选择哪一个，在很大程度上取决于你更愿意相信谁。

平息这些争议并将其简化到可以作为新闻报道的程度，不是凭记者就能够完成的任务。新闻记者有可能也有必要让人们认识到，他们的意见所依据的真相具有不确定性，并且要通过批评和宣传的方式促使社会科学对社会事实进行更有益的规范，也要促使政治家建立更透明的制度。换言之，新闻媒体可以争取扩展可报道真相的范围。但是，由于当今社会的组织方式，真相无法自发地浮出水面，新闻行业还不具备用大量版面传播和普及民主理论相关知识的能力。从激进报纸的新闻品质就可以看出，这并非因为"厚脸皮支票"，而是因为新闻媒体关注和报道的是一个对统治力量的记录十分不完备的社会。认为新闻媒体可以记录这些力量的理论是错误的。新闻媒体通常只能记录制度运行过程中允许新闻媒体记录的内容，其他的就是争论和观点了，而这些还将随着人类思想的变迁、自我意识和勇气的变迁而波动不定。

新闻媒体既不像辛克莱先生希望我们相信的那样，可以简单地将整个行业的标签定为"普遍邪恶"，也没有多么计之深远。新闻媒体实际上比民主理论迄今为止所承认的要脆弱得多，其脆弱程度之高导致新闻媒体无法承担捍卫人民主权的全部责任，也无法自发地提供民主主义者所认为的那种顺理成章的真相。那么，当我们期望新闻界提供这样的真相时，我们就是采用了一个具有误导性的判断标准。我们误解了新闻的局限性、社会的无限复杂性；我们也高估了自己的耐力、公共精神和各种能力。我们以为自己对不涉及利益问题的真相有种渴望，却并没有通过分析自己的品位，实实在在地将之发掘出来。

如果报纸被赋予了解释人类整个公共生活的责任，以便每个成年人都能对每一个有争议的话题发表自己的观点，那么这样想的人恐怕要失望了，因为无论何时，报纸都无法承担这种责任。我们不能觉得，一个靠劳动分工和权力分配来维系的世界，还能靠全民的普遍意见来治理。该理论下意识地认定每个读者在理论上都是无所不能的人，并把本该由代议制政府、产业组织和外交政策完成的任务交给了新闻媒体，可那些任务他们自己都没能完成。在24小时内，报纸只能对每个人施加30分钟的影响，但哪怕只有这么短的时间，人们还妄想新闻媒体能创造出一种神秘的力量，即舆论，来弥补公共机构的不足。而新闻媒体还经常错误地假装自己能够做到这一点。为此，新闻媒体付出了巨大的道德代价，鼓励那些仍固守着原始前提的民主政体去促使报纸自发地为无法生产信息的全部政府部门、每个社会问题提供信息，并建立起相应的机制。而那些未能建立起内部知识机制的机构，最终就变成了社会中的一堆"问题"，而这些问题顺理成章地被全体民众要求新闻媒体去解决。

换句话说，新闻媒体已被视为了一个直接民主的机构，渐渐地，其所负责的领域和功能越来越广泛，包含倡议、公民投票和罢免等职能。"舆论法庭"日夜开放，还要随时对一切事物进行"裁决"。这是行不通的。要是想想新闻的本质再来看这些，这一切甚至是不可想象的。因为正如我们所看到的，新闻的准确性与事件被记录的准确性是要成正比的。除非事件能够被命名、衡量、塑造、具体化，否则它要么不会成为新闻，要么就会沦为偶然性和观察偏见的附庸。

因此，总的来说，现代社会的新闻质量是衡量其社会组织机构运行状况的一个指标。制度越完善，所有相关利益就越能在新闻中得到充分的表现，问题就越清晰，新闻报道的方式也会越客观，事情就越能完美地呈现出来。情况好的时候，新闻媒体是制度的仆人和守护者；情况坏的时候，它就是少数人利用社会混乱为自己谋利的工具。当机构无法发挥作用时，某些肆无忌惮的记者就会浑水摸鱼，而有良心的记者则必须与不确定性博弈。

新闻媒体不能代替社会机构。它像一束不停移动的探照灯光，照亮一个又一个黑暗中的事物，使其显现在人们的视野中。人们不能仅靠这束光来完成世界上的工作，也不能仅靠插曲、事件和争端来治理社会。只有当他们自身有稳定的观念，并且新闻媒体同时也把焦点对准了他们时，一个足够清晰的情况才能被揭示出来，民众也才能据此做出决定。问题的根源远比新闻媒体揭露出的更深，解决办法也是如此。要想从根本上解决问题，必须让社会组织建立在分析和记录系统的机制之上，并将一些原则向社会推广开，包括放弃"全能公民"的理论，决策权下放以及通过具有可比性的记录和分析来协调决策。如果在管理中心能有一个审查流程，使那些在其中担任各种岗位的人都能更好地理解自身的工作，那么当出现问题时，他们就不会茫然无措了。此外，新闻媒体还可以通过这个卓越的审查系统来发现新闻，这个系统也会对新闻媒体报道的环节进行审查。

不过，这种方式还是比较激进的。因为新闻界的问题与代议制政府的问题是一样的——无论是地域性政府还是职能性政府，与工业界的问题也是一样的——无论其性质是资本主义的、合作社的还是共产主义的。他们的问题实际上都能追溯到一个共同的根源：自治的人民未能发明、创造和组织一个知识机制，因此也未能超越自身的偶然经验和偏见。

这是因为他们往往只能在缺乏可靠的世界图景的情况下去行动，而政府、学校、报纸和教堂在许多问题上发挥的作用都成效甚微，他们难以弥补民主显而易见的缺陷，无法改变人们对某些旁门左道之事的偏见与冷漠，也很难让人们少去关注那些与枯燥重要之事相反的猎奇琐事，比如他们总是喜欢看杂耍，还容易被三条腿的牛犊所吸引。

这是大众政府的主要缺陷，是根植于其传统中的一种缺陷，而且我认为，其他的所有缺陷也都源自这一缺陷。

第八部分

有组织的情报

第二十五章

楔子

如果说补救措施都很有趣的话,那么像查尔斯·麦卡锡、罗伯特·瓦伦丁和弗雷德里克·泰勒这样的美国先驱也就不必费尽心思去争取听证会了。但很显然他们不得不努力,因为政府研究局、工业审计局、预算局等机构都是改革中的"丑小鸭"。他们颠覆了有趣的舆论的形成过程。他们不是在向公众呈现一个偶然的事实,也没有提供大量的刻板印象和戏剧性的身份认同,而是打破了戏剧性,突破了刻板印象,并向人们展示出了一个陌生且与他们自身无关的事实图景。对公众来说,这一过程并不痛苦,但单调乏味。而感到痛苦的人——通常是那些为了利益要隐藏交易的政客和党派分子——往往会利用公众的厌烦情绪,消除自身的痛苦。

然而,每个复杂的社群都会寻求特殊人群的帮助,比如占卜师、牧师和长者等。我们的民主虽然建立在"普遍胜任"的理论上,但也会寻求让法律人士来管理政府,同时辅助政府管理工业。人们往往认为,经过专门训练的人能够比普通人更容易接受真理,并且会主动寻求真理。但经验表明，那些以传统的方式培养出来的法律人士，其实是不足以完成上述任务的。技术知识的应用使"大型社会"得以迅猛而大规模地发展。而这个"大型社会"的形成则有赖于那些会使用精确的测量和定量分析的工程师。人们开始发现，社会不能仅由那些在考虑事情时只会分"对"与"错"的人来管理。只有凭借形成这个社会的专业技术，人类才能控制社会。于是渐渐地，那些更开明的领导开始召集专家，这些专家或者经过了专业的培训，或者自学成才，他们能让管理者们更容易理解"大型社会"的某些部分。这些人包括统计学家、会计师、审计师、工业顾问、各类工程师、科学管理者、人事管理者、研究人员、"科学家"，还有的甚至只是普通的私人秘书。他们每个人都带来了自己的行业话语，也带来了文件柜、卡片目录、图表、活页装置，尤其是带来了一个完美的理想图景：管理者坐在平板桌前，面前放着一份打印好的文件，正在思考拒绝还是批准眼下的决策问题。

这一整个发展过程与其说是某种自发地创造性演化的结果，还不如说是盲目地自然选择的结果。政治家、行政人员、政党领袖、志愿者协会的会长开始发现，如果在一天之内要讨论二十几个不同的议题，自己就必须寻求别人的指导。他们开始依赖备忘录。雪花般飞来的邮件让他们不得不找人用蓝笔标记出重要信件中的关键句子。桌上堆积如山的打印报告让他们无法消化，不得不找专人去进行总结和摘要。一系列无休止的数字让他们愁眉不展，于是能将数字做成彩色图表的人受到了他们的欢迎。不同机器之间的区别也让他们一头雾水,于是他们便雇了工程师来挑选机器,介绍机器的费用和用途。这些领袖一个接一个地卸下自己身上的包袱,就像一个人在搬运笨重的货物时,会先脱下帽子,然后脱下外套,再解开衣领一样,这样他们才能轻装上阵,将精力集中在重要的事情上。

然而奇怪的是,尽管他们知道自己需要帮助,却迟迟不肯请来社会科学家。反而是化学家、物理学家和地质学家更早地受到了更友好的接待。人们为了更快地征服自然,为这些科学家建立了实验室,提供了各种优厚的待遇。但是那些以研究人性问题为主的科学家却有着不同的处境。这有很多原因,最主要的原因是,他们几乎没有什么可展出的成就。之所以成就不多,是因为除非他们研究历史,否则在将其理论普及给大众之前,他们是无法在公众面前证明自己的理论的。物理学家可以做出一个假设,检验它,然后数百次地修改这个假设,如果在那之后,仍然是错的,也没有人会要其付出代价。但是,社会科学家不能靠实验测试的办法给出必定能成功的保证。如果他们的建议被采纳,而事实却证明他们错了,那么产生的后果可能是无法估量的。所以,从事情的性质来看,社会科学家更需要负责任,而非给出确定性。

但不止如此。在实验科学中,研究者已经克服了思想和行动的困境。他们可以把行为样本带到一个安静的地方,在那里样本可以随意重复其行为,并且研究人员可以在毫无压力的情况下对样本的运行情况进行检查。但是,社会科学家却经常陷入两难的困境。如果他们只是待在图书馆里,给自己许多时间思考,他们就只能依赖于通过官方报道、报纸和采访得到的极其随意和贫乏的印刷记录来开展研究。如果他们走了出去，进入千变万化的"现实世界"，他们就必须耗费大量的时间去学习并融会贯通，然后才能抓住事物的本质。社会科学家最不能做的事就是随心所欲地按照自己的想法行动，他们只是听众，没有任何特权能用于获取更多的信息。当决策者发现，社会科学家只能从外部了解一些内容，而这部分内容决策者自己就可以通过内部渠道获知的时候，他们便意识到，社会科学家的许多假设在本质上是无法在实验室中得到证明的，那些假设只能在"真实"的世界中去验证，因此，对那些不赞同自己的公共政策观点的社会科学家，决策者的评价相当低。

在内心深处，社会科学家自己也认同这种评价。他们对自己的研究工作也不确定。他们半信半疑，对任何事情都没有把握，因此，他们找不到一个令人信服的理由来坚持自己的理论观点。在自己给自己的道德约束下，他们实际上能主张什么呢？[1]他对自己采集的数据感到不确定，但又缺乏验证手段。他身上最好的品质反而成了他感到挫败的根源。因为如果他真的具有强烈的批判精神与科学精神，他就不能陷入教条主义，也不能为了一个连自己都不确定的理论而与受托人、学生和公民联合会以及保守派媒体大动干戈，掀起"末日之战"（源自《圣经》，世界末日是善恶

---

1 参见 Charles E. Merriam, *The Present State of the Study of Politics*, *American Political Science Review*, Vol. XV. No.2, May, 1921。

决战的战场）。即便挑起"末日之战"，那也得是为上帝而战，而政治学家总是有点怀疑上帝是否召唤了他。

因此，如果社会科学的辩解性总是多于建设性，那么这其实并不是由"资本主义"造成的，而是与社会科学自身的特点有关。自然科学家通过建立一种方法，得出了无法被反对或被忽视的结论，从而摆脱了神权的束缚。于是，他们对自己的事业愈发坚定，不仅获得了尊严，也清楚地知道自己要为何而奋斗。社会科学家也只有在摸索出属于自己学科的方法后，才能获得尊严和力量。社会科学家将把"大型社会"的领袖们对分析工具的需求转化为机会，并通过这种分析工具，将"大型社会"中那些不可见的事物变得可理解。

但就目前的情况来看，社会科学家还在从大量彼此毫不相关的材料中收集数据，而对社会进程的记录往往是断断续续、零零碎碎的，记录的事件通常也只是"管理事故"。一份给国会的报告、一场辩论、一次调查、法律简报、人口普查、关税、税收表等等，所有这些材料就像皮尔丹人的头骨一样，研究人员需要通过巧妙的推论将其拼凑到一起，才能对正在研究的事件有一定的了解。尽管社会科学研究的是公民的精神生活，但它常常令人难以理解，因为试图将其进行概括的研究者们实际上无法监督自己对数据的收集方式。想象一下，如果医学研究是由那些很少能进入医院，无法进行动物实验，而只能从病人自己的讲述、护士给出的各种各样的诊断结果以及税务部门关于药物行业暴利的统计资料中得出结论的研究人员来进行，会是怎样的一番情况。社会科学家通常必须尽其所能,利用那些在官员眼中不那么重要的资料,并从中提炼出理论,还要去证明、说服、确认或证实某些事情。研究人员深知这一点,为了防范这种情况,社会科学领域甚至还发展出了一个分支学科,来帮助他们对获得的信息进行细致的筛选与鉴别。

这种对资料进行仔细审查的态度,对学术研究而言,当然是一种良好的习惯。但是,如果这种审查仅仅只是为了纠正和弥补社会科学的一些缺陷,那就算不上什么好习惯了。因为社会科学家注定总是会敏锐地猜测,为何在某些情况中无法清楚地理解某些事或者为何另外一些事会发生。但是,那些受雇作为代表之间的调解人,也被当作行政管理的镜子和标准尺度的专家,对事实有着截然不同的控制力。这些专家不再是从掌权者交给他的事实中概括结论的人,而成了为掌权者准备事实的人。这是一种战略地位的深刻变化。这些专家不再站在外围,咀嚼着那些忙碌的掌权者提供的"反刍食物",也不再跟在决策后面紧追不舍,而是在决策之前就参与了决策。当前的情况是,掌权者先获得了一些事实,并据此做出决定,一段时间之后,社会科学家会对该决策是否明智做出判断,并给出做出这种判断的充分理由。但这种"事后诸葛亮"式的关系对学术而言是很不好的。真正的顺序应该是:公正的专家首先为掌权者搜集、整理、阐述相关事实,然后通过比较分析他所理解的决策和整合组织出来的事实,尽可能地发挥出身为专家的智慧,并最终为决策者提供参考。

对自然科学而言,这种战略地位的变化刚开始时比较缓慢,但后来获得了迅速发展。曾有一段时间,人们认为发明家和工程师满脑子都是不切实际的幻想,而且总是饥肠辘辘的样子,他们不被社会接纳,并被当作怪人来对待。商人和工匠们掌握了他们手艺的全部奥秘,然而这些奥秘开始变得愈发神秘,最后导致工业需要依赖肉眼看不见的物理定律和化学组合,而只有受过训练的专业人士才具备这种技能。于是,科学家们从位于拉丁区的阁楼搬进了办公楼和实验室,因为只有他们才能创造出工业赖以生存的现实图景。从这种新的关系中,科学家们得到的和他们贡献的一样多,也许更多:纯自然科学的发展比其在实际生活中的应用速度快,尽管它从与实际决策的不断接触中获得了经济支持以及大量的灵感,甚至更多与之相关的回报,但是自然科学仍然受到巨大的限制。因为决策者只能用他们的常识来指导自己,他们在没有科学帮助的情况下管理着一个被科学家复杂化的世界,于是他们不得不再次处理自己无法理解的事实,就像他们曾经不得不请工程师一样,现在,他们又不得不请统计学家、会计师和其他各种各样的专家。

这些被决策者请来的专家,也是新型社会科学的真正先驱。他们"与社会发展的车轮同步前进"[1],从科学与行动的这种实际的结合中,两者都将从根本上受益:行动会因对科学的信念而愈加明智;信念则会因在行动中不断得到验证而愈发坚定。虽然我们仍处于起步阶段,但是,如果承认由于难以克服的实际困难,所

---

1 参见美国哲学协会会长拉尔夫·巴顿·佩里(Ralph Barton Perry)先生于1920年12月28日的演讲。演讲内容已发表在该学会第二十次年度会议记录中。

有人类的大型组织团体都非常需要那些"能对其特定环境提供专业报告"的人,那么,我们就必须先搞清楚前提,再去发挥想象力的作用。我认为,在专家团队之间互相交流技术和成果的过程中,可以瞥见社会科学实验方法的开端。当教育、财政、医疗卫生、工业和税务等领域的知识材料可以互通,数据也可相互比较时,我们就可以拥有足够多的经验来进行真正的实验和研究。在48个州、2400个城市、277000所学校、270000家制造企业、27000家矿山和采石场中,社会科学家积累了大量的资料和数据,只要将这些都记录下来并公开,社会科学理论就可以利用这些资料和数据变得更精确。此外,进行尝试和犯错的风险也相对较小,任何合理的假设都可以得到公平的检验,而不会动摇社会的基础。

社会科学研究的"楔子"已经开始被"放入"世界。放置楔子的,不仅有工业主管和一些需要社会科学家帮助的政治家,还有市政研究局、立法调研图书馆[1]、公司、工会、某些公共事业的专门游说团体和志愿组织,如妇女选民联盟、消费者同盟、制造商协会,数以百计的贸易协会和公民联盟,像《国会瞭望》和《观察》这样的刊物以及像普通教育委员会这样的基金会。无论如何,

---

[1] 在美国,这类组织的数量非常多。有些组织活跃,有些则半死不活。它们处于快速变化中。底特律政府研究机构的厄普森(L. D. Upson)博士、纽约市市政资料馆的丽贝卡·兰金小姐(Rebecca B. Rankin)、威斯康星州教育局秘书爱德华·菲茨帕特里克(Edward A. Fitzpatrick)先生以及纽约市工业研究局的萨维尔·齐曼德(Savel Zimand)先生等人提供了详细的组织名单,包含数百家组织。

并非所有人都是无私的,但这不是问题的关键。所有这些都开始表明,在公民个人和其所处的广阔环境之间,的确需要专业力量的介入。

第二十六章

情报工作

民主的实践已经走在了民主理论的前面。因为该理论认为,聚集在一起的成年选民会根据他们自身的意愿做出决定。但是,随着统治中的层级制度逐渐形成,人们发现,在实践过程中依然存在着一些理论上的空白,需要做出大量建设性的调整,民主图景也无法对此做出解释。人们想尽办法寻找能体现出许多通常看不见的利益和职能的方法。

在司法领域,我们明显意识到了这一点:当我们解释法院的立法权和否决权时,所依据的理论是,当选的官员可能会忽视一些需要被保护的利益。当人口普查局对人口、事物进行统计、分类和关联时,它们也是在展现环境中的不可见因素;地质调查让我们了解了矿产资源的分布情况;农业部在全国委员会中代表着每个农民的哪怕很微小的利益;学校的权威部门、关税委员会、领事馆、国内税收局给了那些永远不会自动参与选举的个人展示自身观点和目标的机会;儿童局是一系列复杂利益和职能的代言人,而选民们通常难以察觉到那一系列问题,因此,无法自发地成为舆论的一部分。每次在儿童局公布婴儿死亡率统计数据之后，婴儿的死亡率通常都会降低。在统计数据公布之前，市政官员和选民根本没有考虑过婴儿的情况。统计数据使这些婴儿的状况变得可见，就好像婴儿们选举了一位市议员来表达他们的不满一样。

政府在外交部门中设有一个远东事务司。它是用来做什么的？日本和中国政府都在华盛顿设有大使，他们还不是合格的远东代言人吗？大使虽然是国家的代表，但是，没有人会认为美国政府可以通过咨询这些大使来了解所有关于远东的相关信息。即便这些大使已经尽可能地坦诚相告了，但对美国政府来说，从大使们那里获取的信息仍然有限。因此，为了扩展信息渠道，美国政府在东京和北京设有大使馆，并在许多其他的地点开设了领事馆。此外，我认为还有一些特工会向美国发送相关报告，这些报告会通过远东事务司递交给国务卿。那么，国务卿对远东事务司有什么期望呢？据我所知，有人希望远东事务司能花光政府拨过去的财政款，以便发挥其作用。但是，有些国务卿拒绝以这种方式获得那些特殊报告，他们喜欢求助于自己管理的其他部门。他们最不愿意看到的情况，就是只凭那些人的简单论证来证明美国的立场。

国务卿要求由专家进行报告，并且在报告的时候专家们要把所有与远东地区相关的要素摆到自己的办公桌上，好让他们感觉就像是亲临了远东地区一样。专家必须翻译、简化、概括自己的报告，但是，从结果中得出的推论必须适用于东方的实际情况，而不仅仅是基于报告的前提。如果国务卿足够称职的话，他绝不能容忍的就是专家代替自己制定"政策"。他对专家本人是否喜欢日本在中国的政策毫无兴趣,他想知道的是不同阶层的中国人、日本人、英国人、法国人、德国人和俄罗斯人对此有何看法以及这些国家可能会采取什么行动。他希望获得所有这些信息来作为他做决策的依据。各部门越能忠实地表达出日本或美国大使、西海岸各州参议员和众议员等未能表达出来的信息,国务卿就越能做出正确的决策。他可能会参考西海岸议员的观点制定政策,但他对日本的观点只能从日本那里获得。

最好的外交服务一定是将信息收集和政策决策二者完美地分离开的。在战争期间,英国的许多驻外大使馆和英国外交部中几乎总是有一些人,无论是全职官员还是特派员,都相当成功地忽视了当时盛行的战争思想。他们抛弃了对正反两方的刻板印象,抛弃了对某一国籍的偏爱、对某一事物的厌恶以及尽量避免对自己内心深处的想法夸夸其谈。他们把这些空间留给了做出决策的政治领袖。但我在美国驻外大使馆曾听到一名大使说,他只向华盛顿报告能让国内人民感到振奋的事情。他八面玲珑、长袖善舞,帮助了许多陷入困境的战争工作者,并且在为某座纪念碑揭幕时表现得神采飞扬。

他并不知道,正是因为与决策者保持一定的距离,不对决策的结果有所异议,专家的力量才得到体现。那些像大使一样,有自己的立场并干涉决策的人,很快就会失去决策者的信任。在决策者看来,那些存在感过强的专家是在站队,只不过是让那个问题的一边多了一个人而已。因为一个人一旦投入过多的个人情感,即使是专家也只能看到自己内心想看到的东西,而无法看到他应该看到的东西,事实上,这名专家已经失去了客观中立的立场,也无法为那些没投票的"无形"之人做"代言"。他应该代表的是非选民、隐藏职能的选民、那些在人们视线外的事件、沉默的人、未出生的人、物与人的关系。专家背后的支持者是许多无形之人,而那些无形的人无法成为政治上的多数派,因为投票归根结底是一种对力量的考验,一场高层次的战斗,而专家代表的是眼前不可见的力量。但是,专家可以通过扰乱力量的排列来干预现有格局。通过将看不见的东西变得可见,他能让那些大人物直面一个新的环境和力量,让大人物的思想和感情受到影响,甚至可以让这些大人物失去原有的地位,进而可以在最根本的意义上影响决策的进程。

人们无法长期在自己无法完全适应的环境中行事。如果他们决心以某种方式行事,那就必须重新构想环境,他们必须进行审查,使其合理化。但是,如果在他们面前有一个突出到无法解释的事实,那么就有三种选择。第一种,他们一味地忽视它,在这个过程中他们最终会自我毁灭,会因过度反应而陷入困境。第二种,他们考虑这个事实,但不去采取行动。这样他们会在内心感到不适和沮丧。第三种,我相信这也是最常见的情况,他们最终还是会调整自己的整个行为,以适应更大的环境。

如果你因为专家不能自己做决策就认为专家是无能之辈,那就大错特错了。事实上,恰恰相反,决策过程中涉及的因素越微妙,专家影响决策的过程就越不为人知,他们所掌握的权力就越不受限。这样一来，相比以前，专家肯定会拥有更多的权力，因为选民和管理者会越来越想要了解更多的相关事实。所有政府机构都倾向于依靠组织研究和信息机构，这些机构将伸出"触角"并不断扩张，就像世界上所有军队的情报部门一样。但专家们说到底仍是人类，他们会享受权力，也想作为审查员，最终获得决策权。除非对他们的职能有明确的限制和规范，否则他们往往就会传递他们认为合适的事实，并做出他们自己认为正确的决策。简而言之，这些专家往往最后会成为官僚。

避免这种情况发生的唯一制度保障，就是尽可能地将执行人员与调查人员区分开。这两者应该是平行而截然不同的团队，从不同的渠道招募人员，如果可能的话，从不同的预算类别中支付薪水，让他们对不同的上级负责，将他们的考核评价体系从根本上分割开。在工业领域，审计师、会计师和检查员应该独立于经理、监工、领班之外，而且我相信，随着时间的推移，我们会看到，为了使工业处于社会控制之下，渐渐地统计记录机制也必须独立于董事会和股东。

但是，在构建工业和政治情报部门时，我们并没有一个明确的着手之处。除了坚持这种基本的功能分离，要想在采取任何行动时都精确地坚持很多原则是很麻烦的。有些人相信情报工作，并会采用情报；有些人不理解情报工作，但在工作中却不得不依赖情报；也有些人抵制和厌恶情报工作。但只要这一原则在每个社会机构的某个地方能站稳脚跟，情报部门就会取得进展，所以，不需要考虑太多，尽快开始行动就可以了。例如，在美国联邦政府中，没有必要为了给华盛顿迫切需要的情报机构一个安身之所，就去费力理顺一个世纪以来不断加剧的行政混乱和不合逻辑的重复。在选举之前，你可以承诺自己会勇敢地突破常规传统，但是当你真正开始处理那些问题时，就会发现每一个荒谬之处都与个人习惯、强大的利益和虚伪的国会议员有关。循着这些问题去进行治理，你就会受到各方力量的反对。就像诗人说的，"你勇往直前，但你终会倒下"。比如，你可以在这里裁掉一个累赘的办公室和一群职员，把两个办公室合并。但到那时，你会发现自己已被关税和铁路问题搞得焦头烂额，消耗了绝大部分精力，于是，你推动改革的计划就这样草草搁置了。此外，为了真正合乎逻辑地对政府进行重组，就如同所有候选人总是承诺的那样，你将不得不付出比平时更多的精力。而且，任何新的方案——假设你已经想出来了一个，也都需要官员来执行。尽管人们对这些官员的评价褒贬不一，但如果能有许多有经验的老员工回来负责，那会是连苏俄政府也喜闻乐见的事，且对方案的顺利实施也是非常有利的。不过这些政府"老油条"如果不满意自己当前的待遇，很可能不会老老实实干活，反而会阻碍新方案的执行。

没有良好的意愿，任何行政方案都难以实施，而如果没有教育，人们就很难对陌生的做法产生良好的意愿。更好的方法是，将那些每周、每月都能够反映出实际情况的机构引入现有的机制中。这样，就有希望让那些实施方案的人以及那些负责的主管，还有外面的公众都能看到方案运行的情况。当办公室里的工作人员开始看到他们自己，或者甚至当很多外行人士、主管和下属都开始看到相同的事实时，方案运行的阻碍就会减少。改革者认为某个机构效率低下，这只是他自己的观点，在机构看来，这种观点未必就正确。但是，如果这个机构的工作被分析并记录下来，然后与其他机构和私人公司进行比较，争论就会上升到另一个层面。

假设华盛顿的10个部门在内阁中都有代表，假设各部门都有一个常设的情报机构，那么要想让这些情报机构有效运作需要满足哪些条件？最重要的是，情报官员应独立于负责管理该部门的国会委员会和该部门的负责人，既不应卷入决策，也不应卷入行动。而独立性主要取决于资金、任职期限和获取事实信息的途径。显然，如果特定的国会或部门官员能够控制情报机构的资金，解雇他们或禁止他们查阅相关档案记录，那么这些情报人员就会为其所控制。

资金问题既重要又棘手。如果一个研究机构只依赖国会每年的拨款，而国会可能心生嫉妒或吝啬拨款，那么这个机构就不可能真正独立。然而，资金的最终控制权还是要放在立法机构手中。财务安排应固定下来，不可随心所欲，同时还应为增长提供保障。工作人员应该得到很好的保护，以免在暗地里遭到诋毁。也许，机构可以在联邦宪章下工作，创建一个信托基金，并根据该部门的拨款情况定下一个在一段时间内的浮动比例。基金所涉及的金额实际上没有多少。信托基金可能涵盖某些员工最低限度的日常开支和资本支出，浮动资金则可以支付其他大部分的费用。无论如何，这笔拨款应该像支付长期债务一样保持稳定。这比通过宪法修正案或发行政府债券来"束缚国会之手"要轻松得多。国会可以废除宪章,但最多只能废除它,而不能在其中制造麻烦。

情报人员的任期也应为终身制,退休时应该享受丰厚的退休金,设置学术休假年,以便他们通过高级研究和培训进行学习提升,并且,如果要解雇一名情报人员,也需要经过专业同事的评估。适用于从事非营利性工作的知识分子的待遇,也都应适用于情报人员。如果想让这项工作取得显著的成绩,那么从事这项工作的人就必须有尊严,有安全感,而且至少在更高的层面上,他们应该拥有心灵自由,而不是背上"决策"的思想压力。

情报人员对信息的获取权应在组织法中进行明确的规定。情报局有权检查所有文件,并有权询问任何一位官员或外部人员。这种例行的调查与现在的政府普遍会引发轰动性的立法调查和时断时续的"捞鱼式"调查截然不同。情报局应当有权向部门提出核算方法建议,如果建议被拒绝或在接受后被违反,则情报局也应有权根据宪章向国会提出上诉。

每个情报机构都是国会与部门之间的连接纽带,在我看来,这比内阁官员同时出现在众议院和参议院议席上的情况要好。虽然二者并非互相排斥。情报机构是国会执行其政策的"眼睛",它是国务院对国会批评的回答。然后,由于国务院的运作过程总是可见的,也许国会便不再感到有必要制定出源于不信任和错误的三权分立原则的细致法律,实际上这些立法在很大程度上使有效的行政管理变得困难。

但是,当然,这10个部门中的每一个都不能在与世隔绝的环境下工作。它们之间的相互关系很好地展现了"协调",而这种"协调"是我们听得多看得少的。显然,各种人员需要尽可能采用可比较的测量标准。他们会交换记录。那么,如果战争部和邮局都购买木材、雇用木匠或建造砖墙,他们也不必一定要通过同一机构来做这些事情,因为这可能导致权力过分集中。但他们能够对同样的事情使用同样的衡量标准,意识到这些比较,并被对方视为竞争者。某种程度上,这种竞争越激烈越好。

正是衡量竞争的标准的价值决定了竞争自身的价值。因此,我们不应该问自己是否相信竞争,而应该问自己是否相信竞争者所竞争的东西。没有人会期望"废除竞争",因为当竞争机制消失时,社会将只剩下对惯例的机械性服从,少数人会因天生的灵感而受到约束。然而,没有人期望将竞争推向逻辑上的极端,成为每个人对所有人的残酷斗争。问题在于选择竞争的目标和游戏规则。几乎总是最明显的衡量标准在决定游戏规则:比如金钱、权力、知名度、掌声或凡勃伦的"炫耀浪费"。除此以外,我们的文明通常还提供哪些衡量标准?它们又如何衡量我们一直在呼吁的效率、生产力以及服务?

总的来说,没有衡量标准,因此,实现这些理想的竞争并不激烈。因为高尚动机和低俗动机之间的区别,并不是人们经常以为的利他主义和利己主义之间的区别。[1] 二者的区别其实在于:是为易于理解的目标而行动,还是为含糊不清的目标而行动。劝一

---

1 参见第十二章。

个人比他的邻居赚更多的钱，他知道该如何努力。但要是劝他为社会做出更多的贡献，他该如何才能确定什么样的服务是社会性的？检验标准是什么？衡量标准是什么？那只是一种主观的感觉，是个人的意见。在和平时期告诉一个人，他应该为国家服务，你便是在说陈词滥调。但要是在战争时期这样告诉他，"服务"这个词就有了意义，它意味着一系列具体的行动，比如参军、购买债券、节约食物，或不计报酬地工作。并且他会明确地看到，这些服务中的每一项都是为了把一支比敌人规模更大、装备更好的军队投入前线而设立的。

因此，越能分析管理并研究出可比较的元素，你就越能为自己想推广的品质发明定量的衡量标准，也就越能将竞争转向理想的目标。如果你能设计出正确的指数[1]，那就可以在车间里的工人之间、车间之间、工厂之间、学校之间[2]、政府部门之间、团体之间、师之间、船之间、州之间、县之间、城市之间建立起竞争关系。这一指数设计得越好，竞争效果就越好。

交换资料的可能性是显而易见的。但某个政府部门一直在询问的想要获得的信息，或许早已被其他部门获得了，可能只是形式有所不同。例如，国务院需要了解墨西哥石油的储备情况、其

---

[1] 我并不是在纯粹的技术意义上使用"指数"这个词，而是指任何用于比较测量社会现象的指标体系。

[2] 例如，参见 Leonard P. Ayres, *An Index Number for State School Systems*。配额制度在自由公债运动（Liberty Loan Campaigns）中得到了非常成功的应用，在更为困难的条件下，盟军海上运输委员会（Allied Maritime Transport Council）也采用了这一制度。

与世界其他地区的供应关系、墨西哥石油土地的现有所有权、石油对目前正在建造或计划建造的军舰的重要性、不同领域的比较成本等。那么现在国务院应该如何获得这些信息？这些信息可能分散在内政部、司法部、商务部、劳工部和海军部。那么或许是国务院的一名职员在一本参考书中查找墨西哥石油的情况，但这本书的准确性可能几乎没有保障；或许是某人的私人秘书打电话给另一个人的私人秘书，索要一份备忘录，这样也许过了一段时间，一个一头雾水的信使就会抱着一大堆莫名其妙的报告过来。国务院应该能要求自己的情报部门以有利于外交决策的方式收集信息。而外交情报局将从中央情报中心获得这些信息。[1]

这个机构很快就会成为最特别的信息聚集地。其中的成员将会了解到政府真正面对的那些问题。他们将处理定义、描述、统计技术和逻辑等方面的问题；他们的职能会涉及社会科学的全部领域。除了少数外交和军事秘密，让人很难理解的一个问题是为什么所有这些材料都没有向国内学者开放。如果能开放，政治学家就能在这里找到真正需要解决的问题以及真正供学生研究的问题。这些工作不一定要全部在华盛顿进行，但可以围绕与华盛顿相关的问题展开。因此，这个中央机构就具有了国立大学的潜力，可以从大学毕业生中招募情报机构的员工。在国立大学的馆长和分散在全国各地的教师之间进行协商后，这个机构将根据需要来

---

[1] 在行业协会中，这类服务得到了巨大的发展。1921年纽约建筑业的调查揭示了滥用这些服务的可能性。

确定研究的方向。如果该协会具有我们认为其应有的那种灵活性，在常设工作人员之外，还会有来自大学的临时任命的专家以及从华盛顿请来的交流讲师，并进行稳定更替。这样一来，对员工的培训和招聘就可以同时进行。部分研究工作将由学生完成，由此，大学中的政治学便与美国的政治学实践紧密联系起来了。

这一原则的大部分内容同样适用于州政府、市政府和农村地区。对信息的比较和交换工作可以通过州、城市和县级机构的联合会来进行。有了这些联合会，任何理想的区域组合机构都能被组织起来。只要核算系统具有可比较性，那么就可以避免大量的重复工作。区域协调尤其重要。因为法律上的边界往往与有效的环境并不一致。然而，二者在传统上有一定的关系基础，扰乱它们将付出高昂的代价。通过协调彼此之间的信息，几个行政区域可以调和自主决策与合作。例如，纽约市是一个庞大的单位，市政府已经难以实现良好的治理。在许多方面，如卫生和交通，大都市区也都能算得上真正的行政管理单位。然而，在这个地区，还有像扬克斯、泽西城、帕特森、伊丽莎白、霍博肯、贝永等这样的大城市。它们不可能全部由一个中心管理，因此它们必须在许多职能上协同行动。最终，韦伯夫妇提出的某种灵活的地方政府方案可能是合适的解决方案。[1]但第一步应该是协作，即对于研究信息的协作，而不是在决策和行动上的协作。这样各市政官员

---

1 "The Reorganization of Local Government" (Ch.IV), in *A Constitution for the Socialist Commonwealth of Great Britain*.

在相同的事实基础上就会看到他们身上共同存在的问题。

如果在缺乏深入理解的情况下就不假思索地认为政治和工业领域的情报机构网络只能带来沉重的负担和麻烦,这其实是毫无意义的。人们可以很容易地想象到,情报工作对寻求轻松工作的人、学究和爱管闲事的人是富有吸引力的。还有人可能认为,情报工作都是些繁文缛节、官样文章,要每天面对堆积如山的资料、繁复冗长的调查问卷、单调重复的文件付印工作、文件签署、计划延误、文件遗失、表格分类……有时候,仅仅因为使用的是铅笔而不是钢笔,或者用黑色墨水填了本该用红色墨水填的表格,文件就被退回。于是,一些人认为情报工作可能是非常难做的,因为无法确保蠢笨之人不会进入这个机构。

但如果能假设整个系统(包括政府部门、工厂、办公室和大学)之间有人员、数据和评价的流通,那么情报机构看起来就不会再那么单调死板了。也不能说,这些情报机构会使生活复杂化。正相反,它们往往会通过揭示那些人类无法管理的复杂情况来简化问题。当前不可见的政府体系如此错综复杂,大多数人都不想再去遵循它,而且正因如此,人们也很容易被蒙蔽,认为政府机构相对简单,事实上,政府机构是难以捉摸的、隐蔽的、不透明的。使用情报系统就意味着每个单位最终所需的人员会减少,因为通过部门间的经验共享,就不再需要反复检验信息,错误也会大大减少;并且,由于情报机构使社会过程更透明,也会帮助情报人员进行自我批评。只要看看目前特别调查委员会、大陪审团、地区检察官、改革组织和许多困惑的公职人员试图在混乱中寻找出路所浪费的时间，我们就会认识到，情报机构实际上并不需要增添大量情报人员。

如果对舆论和民主理论与现代环境的关系的分析在原则上是合理的，那么我不明白为何还会有人不理解这一点：情报工作是解决问题的关键。我并不是指本章中所包含的一些建议，它们只是一些构想。若想将构想变成现实，还是要靠那些受过专业训练的人，但即使是他们，直到今天也不能完全预见情报工作的形式，更不用说再去设计一些细节了。现在对社会现象的记录数量仍然很少，分析工具也非常粗糙，许多相关概念往往是模糊的和未经批判的。但我认为，我们其实已经做了足够的工作来证明一点，即看不见的环境是可以得到有效的报告和记录的。而且这些报告可以不带偏见地传递给不同的群体，客观中立的态度也能让各种主观性很强的人所接受。

如果真能如此，那么在制定情报原则时，人们就能找到克服自治困难的方法，即处理不可见的现实问题的困难。由于这一困难，任何自治社群都不可能调和其孤立的需要和与外界进行广泛接触之间的矛盾；无法协调地方决策的尊严和个性与协作的安全性；无法在不牺牲责任的情况下选出强有力的领袖；也无法在不试图就所有问题形成普遍的公众意见的情况下，获得有用的公众意见。如果无法对不可见的事件建立共同的看法，对不同的行动建立共同的衡量标准，那么，即使是理论上的民主，也只能建立在一个与世隔绝的某一社群的基础上。而根据亚里士多德的著名格言，在这一群体中的人，其政治能力也会因视野范围的狭小而受限。

　　但是现在有一条出路，虽然是一条漫长且曲折的道路，但总归是一条路。这条路可以在根本上使芝加哥市民比古代雅典公民看得更远，听得更多。现在，这种改变已经发生。未来，人们会将精力更多投入其中，减少所设想的环境与实际环境之间的差异，这条道路的前景也将随之愈加光明。随着这一点的实现，联邦制将越来越多地通过达成共识而非强制来发挥作用。因为虽然联邦制是让自治团体进行联合的唯一可能方法[1]，但如果联邦的各个成员社群不是基于正确和普遍的共识来处理联邦事务的，那么联邦制就会在帝国集权和地方无政府的状态之间摇摆。这些想法并不是自发产生的，而是通过分析概括出来的。所以，有必要发明分析工具，并通过研究对其进行测试和验证。

　　任何选举手段、任何对地区的操纵、任何财产制度的改变都无法触及联邦制问题的根源。每个人的政治智慧都是有限的，因此不能苛求他们能做到足够英明。任何改革，无论多么令人激动，都无法做到真正的激进，改革不能克服个人经验的限制，也不能克服其自身的主观主义。有些政府、选举和代议制度确实比其他制度发挥了更重要的作用。但归根结底，知识不是来自良知，而是来自良知所面对的那个环境。若人们遵循情报的原则行事，他

---

[1] 参见 H. J. Laski, *The Foundations of Sovereignty*，以及其他文章，特别是与此书同名的文章，以及《治理区域问题》("Problems of Administrative Areas")、《人民主权理论》("The Theory of Popular Sovereignty")和《多元主义国家》("The Pluralistic State")等。

们就会向外探索更多事实，并积累智慧。若他们忽视情报的原则，就只能看到有限范围内的东西，其结果就是会不断深化自己的偏见，无法增长自己的知识。

第二十七章

诉诸公众

在现实生活中，没有人会认为他可以对每个公共议题都发表中肯的意见，并据此来行事。有个事实常常被掩盖：当一个人没有任何针对公共议题的意见想表达时，他就会认为并不存在什么公共议题。就像布赖斯爵士所设想的那样，"舆论的作用是连续的"[1]，尽管"其作用……只涉及一些广泛的原则"[2]。但在我们的政治理论中，我们的思考甚至比布赖斯爵士更浮于表面，因为我们更倾向于认为即便自己并不完全确定什么才是"广泛的原则"，也可以持续地产生意见。我们很自然地就会对那些涉及大量政府报告、统计数据、各类图表的论证感到痛苦和厌烦。因为所有这些在一开始就像党派言论一样令人困惑，而且更无趣。

若是假定所有公民在专心阅读了所有情报部门的出版物之后，就会对大量实际问题变得警惕、明智，并且对许多不那么符合"广

1　*Modern Democracies*, Vol. I, p.159.
2　同上，footnote, p.158.

泛的原则"的议题都能保持热情，那这种设想的正确性多少还是无法确定的，人们对这一问题的关注也还远远不够。因为情报机构主要还是行动者、决策代表人和各行业相关工作人员的工具，如果情报机构不能帮助他们，那么最终情报机构的存在几乎毫无意义。但是，只要情报机构能帮助他们理解自己所处的环境，就能让他们的工作内容变得更加清晰可见。并且通过这一方式，情报机构对公众事务也会更有责任感。

因此，建立情报机构的目的并不是把专家意见强加给每个公民，而是要让负责任的管理者能听取专家的意见。情报系统当然有价值，它既可以作为一般信息的来源，也可以用作日常对新闻媒体的检查监督。但这些都还是次要的。情报机构真正的作用是为代议制政府和工业方面的行政管理提供帮助。对会计师、统计人员、秘书处等专业人士的需求并非来自公众，而是来自那些从事公共事务的人，他们无法再凭经验行事了。情报机构在起源和理想上都是一种优化公共事务的工具，而不是对公共事务一味挑刺的工具。

普通公民以及拥有投票权的选民，都不能彻底理解与消化这些官方文件。但是，对争论某个议题的人员，立法机构的委员，政府、企业或工会的官员，行业理事会的成员而言，针对具体争议事项的详细报告将越来越受到他们的欢迎。而那些对某个事业感兴趣的普通公民，往往也只是受雇于志愿组织的人，他们会研究文件并做成报告来检查官场体制或作风。新闻记者会对这些材料开展一些研究，专家和政治学家也会进行大量研究。但对外部人士来说——我们每一个人在现代生活的大多数方面都算是外部人士，我们既没有时间、注意力，也没有兴趣和专业的方法用以对各类事务做出专业的判断。对社会事务的日常管理必须依赖于能在健全合理条件下工作的内部人士来完成。

处于外部的公众只有在事件出了结果以后，或是在开始走程序前才能判断这些"条件"是否合理。使舆论活动得以持续的"广泛的原则"实质上就是程序原则。局外人可以要求专家告诉他决策人员是否考虑了相关事实，但在大多数情况下，他自己也不清楚到底什么算是"相关的"，什么又算是"适当的"考虑。局外人或许还可以判断决策中涉及的各方意见是否得到了适当的采纳，如果进行了投票，投票过程是否公正以及结果是否为人们所真正接受。当新闻表明有值得关注的情况时，他就会观察整个程序。如果正常结果与他对美好生活的理想相冲突，那么他就可以质疑程序本身是否正确。[1] 但是，如果他试图在每个案例中都用个人情感和观点取代程序，认为舆论像戏剧中的救世主一样能解决一切问题，那他就会加剧自己的困惑，无法对问题进行连贯思考。

因为若是在各种错综复杂的问题上总是诉诸公众的意见，那就几乎意味着我们无法听取知情人士的批评。若是这样，判决就会取决于谁的声音最大或谁最有魅力，谁最熟练或最厚颜无耻，以及谁最能争取到报纸上的最大版面。因为即使编辑能非常谨慎地对"另一方"保持公平，只有公平也是不够的。在对立双方之

---

[1] 参见第二十章。

外，可能还有其他几个方面的意见，但它们没有被任何有组织的、有资金支持的、积极的党派所提及。

那些被各党派制造出的各种舆论所困扰的普通公民，很快就会意识到，这些党派的呼吁并不是对自己智力的恭维，而是对自己善良天性的一种利用，也是对其证据意识的侮辱。他所接受的公民教育让他意识到自己所处的环境非常复杂，这使他能够关心程序的公平性和合理性，甚至在大多数情况下，他会期望由自己选出的代表来替自己把关。所以，他会拒绝接受做决策的"负担"，并且在大多数情况下，他会鄙视那些急于求胜、急不可耐地向记者透露消息的人。

现代社会中的"忙碌公民"坚持认为，那些自己要处理的问题必须先走完程序，然后才会试图以自己可以理解的方式去处理这些问题。因为问题，如某个党派人士所陈述的，几乎总是由一系列复杂的事实组成，就像他观察到的那样，这些事实还被大量会刺激情绪的刻板话语所包围。根据当时的流行趋势，党派人士一从会议室出来，就会坚称他想要的是一些可以深入人心、充实灵魂的理念，如正义、福利、美国主义、社会主义等。对他们说的这些问题，作为外部人的公民有时会被激起恐惧或钦佩之情，但他们绝对无力对此做出明智的判断。在他们能够根据这些论调采取行动之前，必须先把这些话里的"水分给甩干"。

要"甩干水分"，可以让内部代表在某些人——如主席或调解人面前进行讨论，这样一来他们就可以用专家提供的分析来影响讨论的过程与结果。这是一种代议机构处理人们不熟悉的相关事务的基本机制。不同的党派可以发声，但党派人士应该明白，他们也要面对那些与他们没有私人关系的人的质疑和询问，这些人掌握着足够的事实，并拥有辩证的能力，能从刻板印象、模式和阐述中找出真正的观点。这是苏格拉底式的对话，展现着苏格拉底精神，即竭力打破语言界限，寻找真理与意义。而且要做的还不止这些，因为现代生活中的辩证法必须由那些既探索过环境又探索过人类心灵的人来完成。

例如，钢铁行业存在严重争议。双方的发言都充满了崇高的理想。在这一阶段，唯一值得尊重的舆论意见就是人们坚持认为要组织一次会议。对那些声称自己的事业绝对正义、不容会议玷污的人，我们很难同情，因为在寻常人看来根本不存在绝对的事。也许那些反对会议的人并不会表达出自己的反对；也许他们会说，对方太邪恶了，自己不想和叛徒握手言和。这种时候，舆论能做的就是组织公职人员听证会，去听听那些人宣称的"邪恶"的证据到底有哪些。舆论不能仅听党派人士的一面之词。但假设会议最终达成了一致，并假设有一位中立态度的主席，他还可以随时向公司的咨询专家、工会和劳工部咨询。那么情况又会如何呢？

作为美国钢铁公司的创始人，盖里先生非常真诚地表示，他的手下薪水很高，工作也不超负荷，然后他概述了从彼得大帝时代到沙皇遇刺这一时期的俄罗斯历史。之后福斯特先生站了起来，同样真诚地表示，钢铁工人被剥削了，然后他概述了从拿撒勒的耶稣到亚伯拉罕·林肯的人类解放史。此时，主席要求从事劳资关系研究的专业人员提供一份工资表，用工资表取代"薪水很高"

和"被剥削"这两种描述，从而为大家展示不同阶层的人的收入。盖里先生认为工人的薪水都很高吗？是的。福斯特先生认为工人都被剥削了吗？不，他认为只有C、M和X三个群体被剥削了。那么他所说的"被剥削"又是什么意思呢？他的意思是工人们没有获得足以维持生活的工资。盖里先生却说，工人们获得了他们应获得的工资。"那么，一个人用这些工资能买到什么呢？"主席问道。福斯特先生回答说，什么都买不到。盖里先生却说，工人们能买到他们需要的所有东西。于是主席又查阅了政府的预算和物价统计资料。[1] 之后他裁定，X群体的工资可以满足生活所需，但C群体和M群体则不能。盖里先生于是又声称官方统计的数字不可靠。他认为，如今的工人们可支配的生活费过高，但市场上物价已经下跌。福斯特先生提出了异议，他认为工人们可支配的资金太少了，而物价已经上涨。主席只好裁定，这一点不在会议的讨论范围内，官方的数字是有效的，而盖里先生和福斯特先生手下的专家团队应该向联邦情报局的常设委员会提交上诉。

然而，盖里先生也说："如果改变现在的这些工资标准，我们就会破产。"主席问："你说的'破产'是什么意思？把你的账目拿出来。"盖里先生说："我不能，这只是我个人的想法。"主席说：

---

[1] 请参阅1921年7月27日《新共和》（*New Republic*）杂志上利奥·沃尔曼博士（Dr. Leo Wolman）撰写的一篇题为《生活成本和工资水平均下降》（"The Cost of Living and Wage Cuts"）的文章。该文对人们不加辨析地使用这些数字和轻信"伪原则"进行了精彩的讨论。这一警告尤为重要，因为它来自一名为改善工业领域专业技术做出了很多贡献的经济学家和统计学家。

"我们对个人想法不感兴趣。"因此,主席向公众发表了一份声明,宣布C群体和M群体的工人的工资低于官方规定的最低生活工资,而盖里先生拒绝增加工资,并且他没有说明为何拒绝增加工资。经过这样的程序,就可以形成舆论(褒义上的)。[1]

专家调解的价值不在于强迫党派接受其制造的舆论,而在于以证据瓦解党派之争。在会议结束后,盖里先生和福斯特先生可能仍然坚持自己的观点,但是他们不得不换一种语气来进行对话。对那些没有私人纠葛的人来说,他们几乎都可以避免被卷入其中,因为那些容易煽动人的刻板印象和口号,已经通过这一过程被消解掉了。

在许多重要的公众议题上以及在不同人群中那些重要程度不同的私人问题上,记忆和情感的线索往往总是乱作一团。同一个词会蕴含许多不同的思想,而情感从它们原本所属的形象中转移到了与这些形象相似的概念之中。在人们思维未经批判的部分,有一个由大量纯粹的声响、接触和更迭构成的联想空间。那里有杂散的情感依恋,也有很多语意不明的词语。在梦境、幻想和恐慌中,我们会发现自己头脑中混乱的一面,足以看出我们的头脑有多么天真以及在没有清醒的尝试和外部阻力的约束下会如何表现。我们会发现自己头脑里的秩序并不比一个布满灰尘的旧阁楼更整齐。在事实、想法和情感之间常常很难协调,就像演出中的

---

[1] 此处与洛威尔先生在他的《舆论与大众政府》(*Public Opinion and Popular Government*)一书中的用法一致。

歌剧院一样，所有的服装都堆成一堆，所有的乐谱都混在一起，蝴蝶夫人穿着瓦尔基里的裙子，诗意地等待着浮士德的归来。一篇社论说："在圣诞节期间，过去的记忆使人们的心灵变得柔软。当思绪重返童年时，人们会重新想起曾经那些神圣的教义。当你回忆起已逝去的亲人时，往往感到半喜半悲、思绪纷飞，而此时再看这个世界，它似乎也没有那么糟糕了。没人能不被这神秘的影响所触动……国家充斥着红色宣传——但这里有很多绳索、肌肉和路灯……只要这个世界还在运转，自由的精神就会在人们的胸中燃烧。"

能写出这样一段话的人，脑子多少不太正常。他需要一个苏格拉底式的人物来把这些词分开，对自己进行反复质问，直到理解这些词的意思，并用这些词去表达思想，要让这些词代表一个特定的对象，再无其他。因为这些意指激烈的词已经通过原始的联想在他的脑海中连接起来，并且，借由他对圣诞节的记忆、他作为保守派的愤怒以及他作为革命传统继承人的激动，这些词被捆绑在了一起。有时，精神太混乱，混乱存在得又太久，无法对其进行快速的梳理。有时，就像在现代心理治疗中一样，层层叠叠的记忆可以追溯到婴儿期，而这些记忆需要被分离和命名。

命名的效果立竿见影。比如，说"C 和 M 两个劳动群体，而不是 X 群体工资过低"就比说"工人被剥削"的效果更清晰。这样，人们就可以从自身感受出发，被唤起的情感也会更具体，因为它不再是通过一切大而偶然的联系得到加强的，就像从圣诞节胡乱联系到莫斯科那样。通过"命名"，我们可以区分开不同的想法，仔细反思自己的情绪，这样我们的观点会更开放，更容易根据新数据和信息进行纠正。"命名"的思维方式嵌在我们的整个人格中，与整个自我有某种联系：一个挑战会在整个灵魂中引起共鸣。在经过彻底的自省之后，我们才能厘清自己真正的观点到底是什么。"命名"是客观的，与自我保持一臂之距。它的命运并不与自我的命运紧密相连，而是与自我正在行动的外部世界的命运紧密相连。

因此，上文所讲的这种"再教育"将有助于舆论与环境相适应。这样才能消除庞大审查、刻板印象和戏剧化工具的不良影响。只有在能没有困难地知道相关环境如何的情况下，批评家、教师和医生才可以启发人们的思想。但是，如果环境对分析家及其学生来说都非常模糊，那么任何分析技术都不足以解决问题。进行情报工作势在必行。在政治和工业问题上，批评家可以做一些事情，但除非他们能依靠专业人士获得可以有效展现环境的画面，否则他们的评论也无法走得太远。

尽管像在其他大多数事情中一样，"教育"是至高无上的补救措施，但这种教育的价值将取决于知识的演变。我们对人类制度的知识仍然非常贫乏和印象化。总的来说，我们对社会知识的收集仍然是随意的、偶然的，无法随时随地对我们的行动提供帮助。然而，可以肯定的是，当前对信息的收集还没有使信息得到充分的使用。我们之所以要收集信息，是因为现代决策需要它。随着信息收集工作的成熟，政治科学就能积累一系列数据，并据此对各项事务进行概括总结，还能为学校里的学生构建出一个概念化的世界图景。当这个图景形成时，公民教育就可以用来应对看不见的环境。

随着社会系统的运作模式逐渐被教师掌握，他们就可以运用这一模式来帮助学生们清晰地认识到自己的大脑是如何处理陌生的信息的。在这一模式形成之前，教师不能充分地为学生进入现实世界做好万全的准备。他们所能做的，就是教会学生以更加复杂的思维方式来处理其即将面对的世界。教师可以通过案例教学法，让学生养成审视信息来源的习惯。例如，教师可以教学生查看报纸来弄清新闻稿的提交地点、记者姓名、新闻社名称、报道的依据以及报道发布的背景情况；教师还可以教学生质疑记者是否亲眼看到了他们所报道的内容，同时还能去回顾一下这名记者过去是如何报道其他事件的；此外，教师可以向学生讲解审查制度和隐私观念，并为学生提供一些有关过去的宣传活动的知识；教师还可以合理利用历史知识，使学生意识到刻板印象的存在，培养他们的内省习惯，让他们对文字所引发的意象进行反思。通过比较历史学和比较人类学的课程，教师可以帮助学生认识到规范是如何对想象力产生特殊影响的。教师还可以让学生学会捕捉自己在创作寓言、戏剧化关系以及将抽象概念拟人化时的灵感。教师可以向学生展示人是如何将这些寓言与自己联系起来的、他们对寓言产生了多大的兴趣以及他们在持有某种特定观点时是如何选择英勇、浪漫、经济等态度的。对谬误的研究不仅具有极高的预防作用，还可以推动我们去研究真理。随着我们的大脑越来越深刻地意识到自己的主观性，我们越来越热情地去探索原本不存在的客观方法。我们可以生动地看到（以往并不会看到），偏见带来了巨大的灾难和随意的残忍。虽然消除偏见最初可能会很痛苦，因为它与我们的自尊有关，但一旦成功消除，我们就会感到极大的解脱和自豪。人们的注意力范围得到了极大的扩展。随着对当前社会的解构逐渐增多，世界原来那种简单而刻板的印象也会随之打破。世界开始变得生动而充实。随之而来的便是对科学方法由衷的感激和热情。若不是因为世界图景的转变，人们的这种热情很难被激发，也不可能持续下去。偏见总是更容易，也更有趣。因为如果你总是强调科学所具有的、早已是老生常谈的美德与特征——客观性，那么就会使它们变得枯燥乏味。但是，如果你先将科学视为战胜迷信的手段，让学生们体会到探索科学办法和征服迷信的兴奋感，就可能会成功地帮助学生克服自我经验的束缚，进入一个对科学充满好奇、更爱理性思考的阶段。

第二十八章

诉诸理性

我曾对这本书的结尾几易其稿。所有书似乎都需要一个终章，在终章里，作者的每个想法仿佛都找到了自己的位置，作者没有忘记的所有谜团也都被揭开了。而在政治中，英雄不会永远幸福地生活下去，也不会完美地结束他的一生。因为政治中没有最后一章，"政治英雄"的未来总是会比他的历史更为丰富。最后一章只是作者在感到有礼貌的读者开始不再能专注阅读、偷看手表的时候，所做出的一个总结。

当柏拉图到了应该总结的时候，一想到要说出他内心关于理性在政治中的地位的想法是多么荒谬，本来还很自信，一下子就有些怯场。在《理想国》第五卷中的那些句子，即使是柏拉图也很难说出口，它们如此纯粹、直白，以至人们既不能忘记它们，也不能按照它们的指导去生活。因此，柏拉图让苏格拉底对格劳孔说，他会因为说出"要使一个国家进入更真实的形态所要做出什么改变"[1]而被嘲笑至崩溃，因为如果他"没有觉得这太夸张的

---

[1] *Republic*, Bk. V, 473. Jowett transl.

话，他会很乐意说出"，即"除非哲学家成为国王，或者这个世界上的国王和王子拥有哲学的精神和力量，能将政治权力和哲学智慧融为一体……否则，城市将永远陷入病态——不，人类也是如此……"。

刚说出这些可怕的话，柏拉图就意识到它们太绝对且不应宣之于口，并会对那难以企及的宏伟想法感到难为情。于是他赶紧补充道，当然，"真正的领航员"总会被看作"空话家、观星者、一无是处的人"[1]。但这充满渴望的坦白，虽然让他免受希腊人对他缺乏幽默感的指责，却也给人留下了严肃的想法容易惹人羞辱的印象。柏拉图开始变得目中无人，警告阿德伊曼图，他必须"把哲学家的无用归咎于那些不信任他们的人，而不是哲学家自己的错误。领航员不应该谦卑地乞求水手们听从他，那不符合自然规律"。他带着这种傲慢的姿态，匆忙拿起理性的工具，消失在了学院里，把整个世界留给了马基雅弗利。

因此，在理性与政治的第一次重大交锋中，理性以愤怒撤退而收场。但与此同时，正如柏拉图告诉我们的那样，"船"还在海上。自柏拉图时代以来，海上已经有过许多"船只"，而今天，无论我们是明智还是愚蠢，我们都不能再仅仅因为一个人知道如何"注意年月、季节、天空、星星、风以及任何只有他自己关注的东西"[2]而称他为真正的领航员了。他不能忽视任何使船顺利航行

1　Bk. VI, 488-489.
2　Bk. VI, 488-489.

所必需的东西。因为要是船上有叛乱分子，他总不能说："这对我们所有人来说都更糟糕了……要我处理叛乱，这并不是自然的秩序……叛乱并不是我这种哲学家要考虑的事情……我知道如何领航……但我不知道如何驾驶一艘满载水手的船……如果他们看不到我才是掌舵的人，我也无能为力。我们所有人都将遭受毁灭，叛乱者会因为自己的罪孽而受到惩罚；而我，因为深知这一点，将得以幸免……"

每当我们想要在政治上诉诸理性时，这个寓言中的困难就会重演。因为使用理性方法来对付非理性的世界天然就存在着困难。即使你和柏拉图持一样的假设，认为真正的领航员知道什么对船最有利，你也要知道，真正的领航员并不那么容易被认出来，而无法确定真正的领航员是谁所带来的不确定性会让大部分水手都心存疑虑。水手们不知道领航员所知道的内容，而领航员看起来像是一味沉迷于对星星和风的观测之中，不知道如何让水手们意识到他所知道的事情的重要性。若发生海上叛乱，那么并没有足够的时间让每个水手都成为专家评委，领航员也没有时间询问水手，无法了解水手是否真的像他想象的那样聪明。因为教育需要数年的时间，而紧急情况却总让人措手不及。所以，如果告诉领航员真正的补救措施是教育——比如告诉水手们要有更敏感的证据意识，那就太不切实际了。你只能在陆地上对船长这么说。在危急时刻，唯一的建议是使用枪支，或者发表演讲，喊出激动人心的口号，或是提供妥协方案，或利用任何可用的快速手段来平息叛乱，让证据意识靠边站。只有在岸上的人们才能为多次航行做计划，这样他们才能也必须为了自救，去处理那些需要很长时间才能解决的问题。他们将处理数年和数代人的问题，而不仅仅是处理紧急情况。没有什么比从真正的危机中区分出虚假的危机更能考验他们的智慧了。因为当空气中弥漫着恐慌，危机接踵而至，实际的危险与想象中的恐慌混杂在一起时，就基本没有机会能建设性地运用理性，而任何秩序似乎都优于无序。

人们只有在长期稳定的前提下，才有可能遵循理性的方法。这并不是因为人类无能，也不是因为诉诸理性是虚幻的，而是因为理性在政治问题上的应用才刚刚开始。我们在政治上的理性观念仍然是笼统的一般概念，过于抽象和粗糙，不能作为实践的指导，除非总体足够大，可以盖过个体的特殊性，进而展现出大范围的统一性。理性在政治上尤其不擅长预测个体的行为，因为在人类行为中，哪怕最开始只是一个极其微小的变量到后来往往也会演变成最复杂的差异。也许这就是为什么当我们试图在处理突发情况坚持诉诸理性时，遭人笑话。

我们所拥有的理性，其自身发展的速度比我们采取行动的速度要慢。因此，在政治学的当前状态下，便出现了一种趋势，即一种情况在还没有被清楚地理解时就转变成了另一种情况，政治批评多是"事后诸葛亮"。无论是对未知事物的发现，还是对已被证明的事物的传播，都存在着一种时间差，如今这种时间差比以往任何时候都更受到政治哲学家的关注和重视。我们主要是在华莱士先生的启发下，开始研究隐形的环境对人们观点的影响的。迄今为止，除了过往的一些经验，我们还不了解政治中的时间因素所起的作用,尽管它最直接地关系到所有建设性意见的可操作性。[1] 例如,我们可以看到,任何计划的相关效果在某种程度上都要取决于执行该计划所需的时长。因为时间的长短能决定计划所假设的数据条件在事实上是否保持不变。[2] 现实主义的人和经验丰富的人都会考虑到这一因素,这样才能将他们与机会主义者、空想家、庸人和学究区分开来。[3] 但目前我们还没有任何系统的方法来了解时间因素是如何进入政治范畴的。

虽然我们还未能完全参透这些问题,但我们至少可以记住一点,即这是一个在理论研究上具有极大困难,并且实践起来也会招致相应后果的严重问题。认识到这一点,有助于我们珍惜柏拉图关于社会的理想观点,而不必非得赞成他认为那些不重视理性的人便是邪恶之人的仓促结论。在政治中很难遵循理性,而试图使二者并行是很难的,因为二者"步态不一",行进速度也不尽相同。除非理性能产生潜移默化的影响,并具有自己独特的力量,否则政治的直接斗争就还是要依靠大量天生的智慧、强制力量和那些模糊的信仰,而理性既不能提供这些力量,也不能控制它们。在理性"看来",生活中的各种事实其实是没有太多差别的。社会科学的方法还很不完善,因此在许多重大决策和大多数临时决策

---

1 参见 H. G. Wells,《人类的构成》(*Mankind in the Making*)一书的开头几章。
2 当然,任何机构的情报工作中,当前的分析越准确,人们就越不可能用昨天的事实来解决明天的问题。
3 我认为,反动派、保守派、自由派和激进派之间的部分差异,而非全部差异,源于他们对社会事务变化速度的不同直觉估计。

中，人们只能凭直觉和命运赌一把，此外别无选择。

但我们可以把对理性的信仰作为直觉之一。我们可以用我们的智慧和力量让理性站稳脚跟。在我们心中的世界图景背后，对一个事件未来的发展，我们可以努力看得更远一些，只要发现其中有办法能让我们逃离紧迫的现实，就可以根据那个远景来做出我们的决定。然而，即使我们有意愿让未来发挥作用，也会一次又一次地发现，我们还是不确定到底该如何根据理性的要求行事。理性能影响的人类事务还是相当少的。

然而，由于人们的自我认知和一种不可争辩的信念，人们普遍认为，作为群居的物种，所有人必然都渴望世界能变得更加友好，这种远景很美好，但实际上其中却隐藏着高尚的假象。人类在做出许多令人不悦的表情时，其实轻而易举，就如脉搏跳动那样简单，所以别人并不是那么重要。在如此多的不确定性中，在很多行动都只能基于猜测进行的情况下，我们需要留出一些体面，并且带着善意生活也是很有必要的。我们无法证明善意能在一切事情中起作用，也无法解释为什么仇恨、褊狭、怀疑、盲目、隐秘、恐惧和说谎是舆论的"七宗罪"。我们唯一能相信的，就是它们在诉诸理性时是不会有立足之地的。从长远来看，它们是一种毒药。并且如果从超越我们自身困境和生命的世界观出发，我们也可以对它们怀有强烈的偏见。

如果我们能不让恐惧和狂热在头脑里扎根，不被愤怒支配而采取行动，不因对人类失去信心就对未来失去兴趣，那么我们就可以把事情做得更好。没有时间绝望，因为正如詹姆斯所说，我们的命运取决于所有的假设，这些假设和以往一样重要。尽管我们看到了各种暴行，但因为这并非常态，所以对人类的命运来说这并不是最终结局。这些暴行只存在于1914年至1919年的柏林、莫斯科和凡尔赛，而不存在于我们之前所说的"末日之战"中。人们越能冷静地面对暴行和歇斯底里，就越有权利宣扬相信理性并不可耻，因为若是世界大战再次发生，仅凭情报、勇气和努力，是永远无法为人类创造美好的生活的。

尽管恐怖令人胆寒，但它并非普遍存在。这个世界上有腐败，也有廉洁；有混乱，也有奇迹；有弥天大谎，也有人会戳穿谎言。当人们否认了一些人曾经的行为时，可能就会有更多的人甚至最终会有足够多的人继续那样做，他们并不是根据判断才那样做的，而是根据情绪。你可以对从未发生过的事情感到绝望，比如对自己某一天可能会拥有三个头的幻想感到绝望——萧伯纳先生对此已经不再绝望了。但是，你不能因为没有看到别人表现出人类的美好品质而对未来感到绝望。如果你已经见识到了过去十年中的许多罪恶，而现在却还没能看清世界上形形色色的人，未曾体会到那种令人心驰神往的时刻，那么，上帝也帮不了你。

© 中南博集天卷文化传媒有限公司。本书版权受法律保护。未经权利人许可，任何人不得以任何方式使用本书包括正文、插图、封面、版式等任何部分内容，违者将受到法律制裁。

图书在版编目（CIP）数据

舆论 /（美）沃尔特·李普曼著；文雯译. -- 长沙：湖南文艺出版社，2025.3. --ISBN 978-7-5726-2214-4

Ⅰ.C912.63

中国国家版本馆 CIP 数据核字第 20256M3C04 号

上架建议：社科·新闻传播学

YULUN
舆论

著　　者：[美]沃尔特·李普曼
译　　者：文　雯
出 版 人：陈新文
责任编辑：张　璐
出 品 方：好读文化
出 品 人：姚常伟
监　　制：毛闽峰
策划编辑：程　斌　李　诺
特约策划：颜若寒
文案编辑：赵志华
营销编辑：刘　珣　大　焦
封面设计：✕ TT Studio
版式设计：鸣阅空间
出　　版：湖南文艺出版社
　　　　　（长沙市雨花区东二环一段 508 号　邮编：410014）
网　　址：www.hnwy.net
印　　刷：北京美图印务有限公司
经　　销：新华书店
开　　本：880 mm × 1230 mm　1/32
字　　数：270 千字
印　　张：12.5
版　　次：2025 年 3 月第 1 版
印　　次：2025 年 3 月第 1 次印刷
书　　号：ISBN 978-7-5726-2214-4
定　　价：68.00 元

若有质量问题，请致电质量监督电话：010-59096394
团购电话：010-59320018